Wenn wir unser Büro einrichten oder einen Parkplatz suchen, wenn wir wandern oder vor einem Feuer im vollbesetzten Kino fliehen, wenn uns auf einer Party Fremde ansprechen oder wir Aufzug fahren, dann kommen immer unser Raumerleben, unsere Orientierung und unser Sinn für Grenzen und Distanzen ins Spiel. Wir fühlen uns wohl oder unbehaglich, nicht selten entsteht Streit. Walter Schmidt klärt die populärsten Fragen der räumlichen Psychologie und zeigt: Wir verhalten uns oft noch so, als lebten wir in der Steinzeit. Sogar unser Bett platzieren wir, als fürchteten wir uns noch immer vor einem Bären, der unsere Höhle für sich haben will ...

Walter Schmidt, Jahrgang 1965, ist freier Journalist, Autor und Kulturlandschaftsführer. Nach seinem Geographiestudium in Saarbrücken und Vancouver absolvierte er die Henri-Nannen-Schule und arbeitete u. a. als Pressesprecher für den BUND. Für sein Buch «Dicker Hals und kalte Füße» (2011) erhielt er den Publizistik-Preis der Stiftung Gesundheit. Bei Rowohlt erschien von ihm «Morgenstund ist ungesund. Unsere Sprichwörter auf dem Prüfstand» (2012). Mehr Infos unter: www.schmidt-walter.de

Walter Schmidt

Warum Männer nicht nebeneinander pinkeln wollen

und andere Rätsel der räumlichen Psychologie

Mit Illustrationen von Oliver Weiss

Rowohlt Taschenbuch Verlag

2. Auflage Oktober 2013

Originalausgabe

Veröffentlicht im Rowohlt Taschenbuch Verlag,

Reinbek bei Hamburg, August 2013

Copyright © 2013 by Rowohlt Verlag GmbH,

Reinbek bei Hamburg

Redaktion Tobias Schumacher-Hernández

Umschlaggestaltung ZERO Werbeagentur, München

(Abbildung: FinePic, München)

Satz Proforma PostScript (InDesign)

Gesamtherstellung CPI books GmbH, Leck

Printed in Germany

ISBN 978 3 499 62996 9

Das für dieses Buch verwendete FSC®-zertifizierte Papier
Lux Cream liefert Stora Enso, Finnland.

Für Paula, Peter und Franz
in großer Dankbarkeit, dass es euch damals gab.

Inhalt

1. Unterwegs im Raum

Kennen Sie das? Sie sind zu Gast auf einer Party bei flüchtigen Bekannten, gerade frisch eingetroffen und haben am langen Esstisch einen der wenigen noch freien Sitzplätze ergattert. Sogar Ihr gefülltes Weinglas haben Sie schon an Ihren Platz gestellt, vorsorglich natürlich, denn man weiß ja nie. Doch kaum sind Sie für zwei Minuten ans kalte Buffet entschwunden, um sich den Teller zu füllen, hat ein Fremder Ihren Platz eingenommen, Ihr Weinglas achtlos zur Seite geschoben und plaudert so vergnügt wie weltvergessen mit Ihrem bisherigen Tischnachbarn. Wie reagieren Sie? – Ach so, Sie schmunzeln nur, nehmen kommentarlos Ihr Glas und machen sich erneut auf die Suche nach einem freien Stuhl. Dann sind Sie erstaunlich souverän, Hut ab und Kompliment! Wir anderen aber sind irritiert und angesäuert. Das war doch *unser* Platz! Schließlich stand dort gut erkennbar *unser* Glas. Hat dieser Schwadroneur denn keine Augen in der Birne? Mag sein, doch was ist es wirklich, das uns da so sehr verstimmt?

Wo immer wir laufen oder stehen, liegen oder sitzen, beanspruchen wir Raum. In vielen Fällen welchen, der uns vertraut ist, denken wir nur an unser Büro oder unseren Stammplatz in der Kneipe. Manchmal aber auch Raum, den wir uns erst noch schaffen müssen, mitunter auch erobern. Wir sichern uns Fensterplätze im Gasthaus, reservieren Sitze in der Bahn oder besetzen mit Handtüchern gut platzierte Sauna-Liegen. Wir errichten Zäune oder montieren ein Namensschild an unser frisch erworbenes Haus, damit alle wissen, wer hier wohnt. Selbst unseren Arbeitsplatz gestalten wir so, dass wir uns dort heimisch fühlen – und bitte schön niemand sonst!

Wann immer wir uns Lebensraum aneignen, geschieht das zudem nicht zufällig am ausgewählten Ort. Wir bewegen uns dorthin, wo wir uns behaglich fühlen, und meiden Orte der Gefahr und des Unwohlseins, wie übrigens alle Tiere auch. Über unser Verhalten regulieren wir zudem den Abstand zu anderen Menschen, laden sie zum Näherkommen ein oder halten sie auf Distanz. Wann immer wir das (oder vieles andere) tun, haben wir gute Gründe dafür, auch wenn sie uns meistens nicht bewusst sind. Wir machen all das jedenfalls nicht *einfach so*. Was wir tun, ist pure Psychologie. Und Biologie natürlich auch, denn unsere Vorfahren – nennen wir sie stark vereinfacht: die Steinzeitmenschen – stecken uns noch immer gehörig in den Knochen. Und wohl oder wehe auch im Gehirn.

Unsere Altvordern führten ein hartes Leben. Tagtäglich hatten sie mit Angriffen wilder Tiere zu rechnen, mit schlimmen Verletzungen beim Jagen oder beim Fällen von Bäumen. Nahrungsmangel, Krankheiten und harsche Kälte konnten das Aus für sie bedeuten. Auch der Kontakt zu fremden Menschengruppen endete bisweilen tödlich, mit dem Verlust wertvoller Güter oder dem Raub von Frauen, wie beim «Massaker von Talheim» vor 7000 Jahren, als nahe dem heutigen Heilbronn mindestens 34 Menschen getötet wurden, darunter 16 Kinder.[1] Auch im 21. Jahrhundert verhalten wir uns in vielem so, als lebten wir noch damals, obwohl wir das natürlich gerne von uns weisen. Auch unsere Sinne arbeiten im Wesentlichen noch so wie jene der Steinzeitmenschen. Sie brauchen ein Beispiel? Aber gerne.

Ein sicherer Platz zum Leben

Versetzen wir uns kurz an einen Strand, einen hübschen aus feinem Sand an der Küste der Nordsee. Es ist Sommer, ein warmer Tag beginnt, und unser Traumstrand füllt sich allmählich. Auch mit Ihnen übrigens, denn Sie und Ihre Familie sind jetzt in den Ferien und wollen heute baden. Sofort stellt sich für Sie die Frage: Wo breiten Sie Ihre Badematten und Handtücher aus, welches ist die beste Stelle, wenigstens aber eine gute, die Ihnen und Ihren Lieben gefällt? Noch ist der Strand nicht überfüllt, doch Sie wissen, das wird sich schnell ändern. Zu nah ans Meer dürfen Sie nicht, denn später wird die Flut heranrauschen (*Sie sorgen also vor*). Zu weit weg vom schwappenden Wasser wollen Sie allerdings auch nicht liegen, weil Sie dann Ihre Kinder nicht mehr im Blick haben, wenn diese matschen wollen oder in die Wellen hüpfen (*Sie sorgen sich also um Ihre Nachkommen, damit Ihre Gene weiterleben*). Sich irgendwie in der Mitte zwischen Dünen und Brandung zu platzieren, klingt nach einer guten Idee, aber dort werden bald die meisten Badegäste liegen, folglich wird es eng (*Sie wollen sich Konkurrenz vom Leib halten*). Und allzu weit zum Kiosk laufen möchten Sie nachher auch nicht, wenn Sie Lust auf ein Eis haben oder Ihre Kinder eine Limo begehren (*Sie möchten also mit Ihren Kräften haushalten*).

Endlich entdecken Sie eine saubere und noch dazu windgeschützte Stelle (*Sie beugen demnach Krankheiten vor*), aber dort lagern bereits drei finstere Gesellen mit geöffneten Bierflaschen, denen Sie nicht so recht über den Weg trauen (*Sie gehen riskanten und überflüssigen Konflikten aus dem Weg*). Und Ihren Wagen mit den Wertsachen, drüben an der Strandpromenade, würden Sie auch gerne im Blick behalten (*Sie möchten Ihre Ressourcen schützen, für die Sie hart gearbeitet haben*). Wo also, bitte schön, rammen Sie denn nun Ihren Sonnenschirm in den Sand (*und schaffen so einen behaglichen Lagerplatz*)? Ihre Kinder quengeln schon, und Sie wägen das Für und Wider noch immer ab. Bis Sie dann schließlich doch einen vertretbaren Kompromiss finden. Sie greifen zur Schaufel und graben eine Sandburg, die ebenfalls den Wind abschirmt und andere Badende auf Abstand hält. Auch wenn Ihnen das jetzt nicht bewusst gewesen ist, hatten bis dahin all Ihre Überlegungen damit zu tun, dass schon Ihre Vorfahren möglichst sicher überleben wollten.[2]

Nicht jeder Tag ist zum Baden geeignet, doch tagtäglich müssen wir raumpsychologische Entscheidungen treffen: Laufen wir mit anderen Menschen bei Rot über die Straße? Welchen Weg schlagen wir ein? Wie nähern wir uns Fremden? Sollen wir beim Chef unseren Wunsch nach einem Eckbüro anmelden, weil doch der andere Abteilungsleiter sich längst auch eines gesichert hat? Welche Botschaft würde unser Verzicht darauf aussenden – und welche das ersehnte Büro mit seinen vier großen Fenstern? «Alle unsere Sinneswerkzeuge, unser letztes Körperorgan, alle Funktionen der Organismen sind auf Raumnutzung eingestellt», schrieb der Schweizer Bergführer Charles Widmer vor fast hundert Jahren.[3] Und er hatte recht damit, denn wir sind Wesen der räumlichen Bewegung, oder genauer: Wir *sollten* welche sein. Mit einem Körper, der zum Gehen und Laufen wie geschaffen ist, verbringen wir heute etwa neun Zehntel unserer Lebenszeit in Gebäuden, und das auch noch meistens sitzend oder liegend.[4] Unsere Sprache verrät noch, dass dies einmal anders war: Da ist vom *Lebensweg* die Rede, der sich auf dem Sofa oder im Bett kaum bewältigen lässt. Da erkundigen wir uns nach dem *Ergehen* anderer Menschen und schlagen eine berufliche *Laufbahn* ein. Wir geraten auf die *schiefe Bahn* oder kommen vom *rechten Weg* ab. Und nicht selten werden wir im Leben auch *in die Irre geführt.* Schade eigentlich, dass wir solche Stubenhocker geworden sind. Für unsere *Gedankengänge* ist das gar nicht gut, wie wir noch sehen werden, und für Körper und Seele schon gar nicht.

Durch dieses Buch jedenfalls können Sie nach Lust und Laune streifen. Beginnen Sie vorne oder in der Mitte oder wo auch immer Sie wollen. Gehen Sie auf Entdeckungsreise auf dem weiten Feld der räumlichen Psychologie. Sie werden höchstwahrscheinlich sich selbst, Verwandte oder Freunde wiedererkennen in manchem, was Sie dort finden. Ein aus der Zeit gefallener Steinzeitmensch sind Sie deshalb noch lange nicht.

Wem soll ich bloß danken?

Am besten all jenen, die meine vielen Fragen beantwortet haben und deren Bücher, Artikel und Studien ich lesen durfte. Wer immer in diesem Buch mit einem Zitat auftaucht, das nicht durch eine

Quelle belegt ist, hat mit mir gesprochen oder meine Fragen schrift-
lich beantwortet. Hervorheben möchte ich die Evolutionspsychologen Harald Euler und Benjamin Lange sowie den Natursoziologen
Rainer Brämer. Ihrer Geduld und ihrer Bereitschaft, mir Auskünfte
zu gewähren, gebührt mein besonders herzlicher Dank. Erwähnt
sei auch der Psychologe und Bergführer Martin Schwiersch, den
meine Frage, was uns auf Berge treibt, dazu angestiftet hat, einen
eigenen kleinen Aufsatz über das *Gipfelgefühl* zu verfassen. Das hat
mich sehr gefreut.

Walter Schmidt
Bonn, im April 2013

2. Wie wir unser Revier verteidigen

Am 4. Juli 2012 wurde es einer Herde Mutterkühe auf dem Weissenstein, einem knapp 1400 Meter hohen Berg im Schweizer Kanton Solothurn, entschieden zu bunt. Eine 69-jährige Frau, unterwegs mit ihren zwei Enkeln und einem angeleinten Hund, war den Rindern beim Spaziergang offenbar zu nahe gekommen. Der Wanderweg, den die kleine Gruppe nutzte, kreuzte die Weide und damit das Revier der Kühe. Diese fühlten sich bedroht, griffen an und verletzten die Frau so schwer, dass ein Helikopter sie wenig später in ein Krankenhaus fliegen musste. Seine Kühe hätten wohl «Angst um ihre Kälber» gehabt, sagte der Bauer Franz Niederberger gegenüber einem TV-Team.[5] Immerhin blieben die Enkelkinder unversehrt. Man darf annehmen, dass sie Kuhweiden künftig nur noch mit klopfenden Herzen queren werden.

So schmerzhaft endet es zum Glück nicht immer, wenn wir ein fremdes Revier verletzen, sei es nun das eines Tieres oder eines anderen Menschen. Doch die Sache kann auch tödlich ausgehen, so wie im Juli 2007 im hessischen Steinbach nordwestlich von Frankfurt. Dort gerieten fünf Männer aus Afghanistan im Alter von 19 bis 44 Jahren in einen heftigen Streit, weil einer von ihnen sein Auto auf einem Firmenstellplatz geparkt hatte, der von einem anderen Afghanen angemietet war. Das erzürnte diesen und seinen Begleiter derart, dass die beiden Männer mit Messern auf die Falschparker losgingen. Beim nachfolgenden Kampf wurde ein 36-Jähriger erstochen, die anderen vier Männer trugen teils lebensgefährliche Stich- und Schnittverletzungen davon.[6] Rangeleien um den Parkplatz enden immer wieder tragisch. Im schwedischen Landskrona verlor Ende März 2010 eine Frau ihr Leben, als sie sich in den Kampf zwischen ihrem Mann und einem jungen Sportwagenfahrer einmischte. Die zwei Raufbolde stritten um einen Parkplatz vor einem Supermarkt, den der jüngere der beiden mit seinem roten Flitzer blockierte. Der 71-Jährige hatte seinen Rivalen angehupt, woraufhin dieser meinte, auf den alten Mann einschlagen zu müssen. Als die Frau ihrem Gatten helfen wollte, hieb der junge Mann ihr ins Gesicht, sodass die 78-Jährige hinfiel und mit dem Kopf so unglücklich aufschlug, dass sie an ihren Schädelverletzungen starb.[7]

Was war da bloß los? Von unheilvollen Begleitumständen einmal abgesehen, nichts anderes als dies: Wir beanspruchen für unsere Bedürfnisse Raum und wollen uns von Konkurrenten klar abgrenzen. Wer uns trotzdem zu nahe kommt oder unsere Kreise stört, muss mit Sanktionen rechnen. Das hat nichts mit menschlicher Schlechtigkeit oder gar einem düsteren Aggressionstrieb zu tun, von dem Sigmund Freud fälschlicherweise ausging. Vielmehr zielen wir von Natur aus darauf, mit anderen Menschen möglichst friedlich zusammenzuarbeiten. «Unsere evolutionären Vorfahren waren weder blutrünstige Jäger noch Mörder, sondern überwiegend vegetarisch lebende Wesen», urteilt der Freiburger Mediziner und Neurobiologe Joachim Bauer.[8] Sie hätten sich auf Dauer behaupten können, da sie erstens eine überlegene Intelligenz entwickelten, zweitens und vor allem aber deshalb, weil sie es mit der Zeit immer besser schafften, zusammenzuarbeiten und einander beizustehen. Nur wenn eine fremde Gruppe oder auch böswillige Mitglieder der eigenen uns daran hindern wollen, unsere Bedürfnisse auszuleben, reagieren wir ungehalten und schlimmstenfalls auch mit Gewalt. Denn natürlich liegt Bauer auch hiermit richtig: Ohne Aggression, die als biologisches Programm der Wehrhaftigkeit in uns verankert ist, hätte unsere Art nicht überleben können. «Wer sich der Schmerzgrenze eines Lebewesens nähert, wird Aggression ernten.»[9] Das Problem ist leider, dass die Schmerzgrenzen mancher Menschen durch meist früheste Fehlprägungen und spätere Schicksalsschläge mit Langzeitfolgen sehr eng gezogen sind. Bei den Parkplatz-Streithähnen wird das wohl so gewesen sein.

Im Alltag geht es zum Glück nur selten darum, das eigene Revier mit Fäusten, Messern oder gar Schusswaffen zu verteidigen. Doch Grenzen setzen müssen wir ständig. «Die Fähigkcit, sich abzugrenzen, bildet einen wesentlichen Gesundheitsfaktor», schreibt der Salzburger Psychiater Manfred Stelzig.[10] «Ohne Grenze gibt es keine Begegnung zwischen dem Ich und dem Du», aber auch «keine Liebe, keine Auseinandersetzung und keinen Austausch». Um auf Dauer nicht krank zu werden, müssten wir es immer wieder schaffen, schädliche Grenzübertritte anderer zu erkennen und angemessen abzuwehren. Jeder Mensch habe darauf zu achten, «was hereingelassen werden soll und was vor der Türe bleiben muss». Dummerweise hört sich das sehr viel einfacher an, als es im wahren Leben ist.

Warum wir nicht *runter* zum Chef müssen

Das Telefon klingelt, Herr Schulze geht ran. In der Leitung ist die Sekretärin des Chefs. Auweia, denkt der Versicherungskaufmann, ein Anruf von *ganz oben.* Ihm schwant nichts Gutes. Und tatsächlich bittet ihn die Vorzimmerdame unheilvoll: «Kommen Sie am besten sofort mal rauf zu Herrn Dr. Obenauf!» Schulze soll hoch und fühlt sich irgendwie ganz unten. Und im Keller war auch die Zahl seiner Vertragsabschlüsse zuletzt.

Die Sprache ist verräterisch: Wer sich nicht Chef nennen kann, ist *Unter*gebener. Will er das ändern, muss er die Karriereleiter *erklimmen* und in der Hierarchie *aufsteigen.* Nicht umsonst hieß Hans Falladas später verfilmter Roman aus dem Jahr 1953 «Ein Mann will nach oben». Die Höhe ist ja auch wirklich erstrebenswert: Mensch und Tier *blicken auf* zum Alphatier. *Unter*geordnete signalisieren ihre schwächere Stellung, indem sie sich *erniedrigen. Duck*mäuser senken den Kopf, in manchen Kulturen ist heute noch der *Bückling* üblich, auch Diener genannt: Um den Ranghöheren zu besänftigen, versichert man ihn seiner gehobenen Position auch körperlich bei jeder Begegnung, indem man den Oberkörper beugt – bis hin zum Arschkriecher, bei dem die dafür günstigste Haltung längst Programm ist. Beim Gruß nur mit dem Kopf zu nicken, ist ein gnädiges Überbleibsel davon.

«In allen Kulturen ist die erhöhte Position ein Zeichen von Dominanz», befindet der Evolutionspsychologe Harald Euler, bis 2009 Professor an der Universität Kassel. «Will ein Mann einer Gruppe von Personen, besonders anderen Männern, Befehle erteilen oder Anweisungen geben, dann ist es zweckmäßig, sich erhöht zu stellen.» Profi-Fotografen wissen, dass sie einen Politiker dominant erscheinen lassen können, wenn sie ihn von unten ablichten, und schwach, wenn sie das Foto von schräg oben schießen. Das ist pure Psychologie, was natürlich auch die Redner wissen und nutzen. «Wer oben ist, will sich nicht auf dem Kopf herumtanzen lassen; er will sich vielmehr über die anderen erheben, herausstechen, andere überragen – im übertragenen wie auch im wahrsten Sinne des Wortes», sagt der Hamburger Organisationspsychologe Jörg Felfe. Wer ganz oben ist, habe «die Kontrolle und die Übersicht, einen freien Blick». Man denke nur an den Feldherrnhügel, von dem Napoleon oder Wellington ihre Truppen lenkten. Oben kann man zudem strahlen wie der «Vater des Lichts, bei dem keine Veränderung ist noch Wechsel des Lichts und der Finsternis», wie es in der Bibel (Jakobus 1,17) an jener Stelle heißt, auf die eine bekannte Redensart zurückgeht: «Alles Gute kommt von oben.» So hat schon das Neue Testament das Oben zum Ort der Sehnsucht verklärt. Und dem Teufel bleibt nur die Hölle.

Allerdings hat erst der mit Dampfkraft und später elektrisch betriebene Lift vor über 150 Jahren einen so deutlichen Unterschied zwischen dem Oben und dem Unten bei Gebäuden möglich gemacht. Insofern ist Elisha Graves Otis (1811–1861), Gründer des Weltmarktführers bei Aufzügen, schuld daran, dass so viele Mitarbeiter weit nach oben zum Chef müssen. «Vor der Erfindung des

Liftes wurde nicht so hoch hinaus gebaut, und bei Bürgerhäusern war die Beletage, das schönste Geschoss, im ersten Stock oder im Hochparterre», sagt Felfe. Ganz oben war sie schon deshalb nicht, «weil die Herrschaften sich nicht so viele Treppenstufen hinaufmühen wollten». Das sollte auch den Gästen des Hauses erspart bleiben. Heute hingegen, in modernen Konzernzentralen, sausen auch hohe Besucher mit schnellen Liften aufwärts, und stolz kann der Chef ihnen vorführen, wie toll die Aussicht von hier oben ist und wie erhaben seine Position, wie groß seine Macht.

Wem das affig vorkommt, den bestätigt ein Erlebnis Benjamin Langes. Im Leipziger Zoo hat der Göttinger Evolutionspsychologe vor einigen Jahren einen dominanten Gorilla-Silberrücken dabei beobachtet, wie dieser die ganze Zeit «auf einem Stein saß und die anderen Männchen im Auge behielt». Von da oben hatte er die Konkurrenz im Blick. Eine Einzelbeobachtung, und man sollte sich davor hüten zu verallgemeinern, schon gar nicht in Hinsicht auf andere Affenarten. Denn schon die ranghohen Tiere unter den neunzig Mantelpavianen im Kölner Zoo verhalten sich anders. Dabei wäre der imposante, 1914 erbaute Affenfelsen wunderbar dazu geeignet, die Pavianhorde zu überwachen. Doch das führende Alpha-Männchen hockt dort keineswegs die meiste Zeit über auf dem hohlen Kunstfelsen, den nur ein Wassergraben von den Zoobesuchern trennt. Auch die renommierte Affenforscherin Julia Fischer vom Deutschen Primatenzentrum in Göttingen weiß von keinen «klar belastbaren Daten» als Belege dafür, dass sich ranghohe Paviane in der afrikanischen Savanne oder in Halbwüsten auf den Schlaffelsen ihrer Horde die höchste Position sichern.

In Köln jedenfalls verfolgt der Pavianboss eine andere Strategie. «Unser dominanter Pavian-Mann bevorzugt eher eine Stelle unter einem Überhang des Felsens, der regen- und windgeschützt ist», sagt der Zoologe Alexander Sliwa. Dies sei «eine Stelle auf dem Niveau des umlaufenden Ringes um den Felsen, also nicht erhöht».

Der Oberaffe hält also lieber Wache an einem überaus belebten Boulevard. Dort kommt, bei irrwitzig schnellen Verfolgungsjagden und anderen Kunststücken, jeder Pavian irgendwann einmal vorbei. Für den Ranghöchsten ist das vielleicht ja die wirksamere Form der Kontrolle.

In luftiger Höhe

Wie aber halten es nun die deutschen Wirtschaftsbosse? Wer in Bonn, dem Sitz zweier DAX-Unternehmen, Bücher schreibt, sollte wenigstens bei ihnen nachfragen, ob es vielleicht ganz andere Gründe für die Etagenwahl beim Planen von Chefbüros gibt. Bei der Deutschen Telekom etwa geht es auch um die Sicherheit des Vorstands, genauer: um «Einbruchschutz, Personenschutz, Abhörschutz und Informationsschutz», sagt Unternehmenssprecher Christian Fischer. Als die Telekom-Zentrale vor etwa zwanzig Jahren geplant wurde, sei die «architektonische Wahl für die Vorstandsbüros entsprechend auf die oberste, die fünfte Etage» gefallen, und zwar ausdrücklich auch, «weil der Zeitgeist geprägt war von zahlreichen Terrorismusanschlägen gegen Vertreter aus Politik und Wirtschaft».

Betont luftig hingegen residieren Frank Appel und die übrige Führungsriege der Deutschen Post. Im schicken Post-Turm, mit seinen 41 Stockwerken das höchste deutsche Gebäude außerhalb von Frankfurt am Main, sitzt der Konzernvorstand «in den Etagen 39 und 40», teilt Christof Ehrhart mit, der die Konzernkommunikation leitet. Darüber befinden sich nur noch eine Art Penthouse für Vorstandstreffen und ein Dachgarten. Der Grund für die hochgelegenen Chefbüros sei, «dass der Vorstand auf diesem Wege in unmittelbarer Nähe zu den entsprechenden Sitzungsräumen und anderen relevanten Infrastrukturen beheimatet ist». So hätten es die renommierten Architekten des über 160 Meter hohen Bauwerks geplant. Immerhin dürften sie die Vorlieben von Konzernlenkern gekannt haben.

Grämen sollte sich jedoch nicht, wer in seinem Arbeitsleben ein-

fach nicht über die dritte von zwanzig Etagen hinauskommt oder
sogar im Erdgeschoss ein düsteres Dasein als Büro-Lemur fristen
muss. Denn eine 2012 veröffentlichte australische Studie gelangt
zu dem Fazit: «Beruflicher Aufstieg macht nicht glücklich.»[11] Die
Forscher David Johnston und Wang-Sheng Lee untersuchten rund
2000 Beförderungen von Vollzeitbeschäftigten im Alter von 18 bis
64 Jahren und verfolgten deren Entwicklung über einen Zeitraum
von zehn Jahren. Ihr Fazit: «Beförderungen am Arbeitsplatz schaden auf Dauer der psychischen Verfassung, ohne positive Auswir-
kungen auf körperliche Gesundheit und Lebenszufriedenheit zu
entfalten.» Obwohl das Einkommen mit jedem Karriereschritt stieg
und der soziale Status zunahm, überwögen langfristig die «nega-
tiven Effekte von vermehrtem Stress und längeren Arbeitszeiten».
Spätestens nach drei Jahren war die Freude über den Aufstieg ver-
flogen, und der höhere Lohn wurde nicht mehr als fair bezeichnet,
wie es noch unmittelbar nach der Beförderung der Fall gewesen war.
Hingegen hatten ängstliche Unruhe und Nervosität zugenommen
und blieben auf Dauer unangenehm. Vielleicht können sich die
befragten Australier aber wenigstens noch über den weiteren Blick
aus ihren höher gelegenen Bürofenstern freuen – sofern der Aufstieg denn auch ein räumlicher war.

Weshalb der Boss so schwer erreichbar ist

Dass Vorgesetzte möglichst zugänglich sein sollen, ist seit jeher der
Wunsch ihrer Mitarbeiter. Nicht umsonst schätzt man einen *kurzen Draht nach oben*, und mancher, der ihn hat, bildet sich mächtig
etwas darauf ein. Doch ebenfalls seit Menschengedenken haben
Staatenlenker, Firmenbosse oder andere Machthaber Wert darauf
gelegt, sich abzuschotten, den Zugang zu sich zu erschweren und
mit geschickt gewährten Ausnahmen von dieser Regel Günstlinge

zu erhöhen und loyal an sich zu binden. «Willst was gelten, mach dich selten», lautet ein bekannter Spruch, auch wenn er eher die Häufigkeit als die Leichtigkeit des Kontakts anspricht. Dass Professoren, die ihre Bürotür offen lassen, bei Studierenden beliebter sind als ihre sichtbar verschlossenen Kollegen, passt hierzu gut – leider auch der Umstand, dass den zugänglicheren Dozenten nicht schon dadurch mehr Respekt erwiesen wird.

Ein bewährtes Mittel, um Macht zu inszenieren, ist seit jeher Architektur. Schon in der etwa 1700 Jahre alten Konstantin-Basilika in Trier mussten Besucher des römischen Kaisers lange Wege in Kauf nehmen, bis sie untertänigst vor dem Herrscher niederknien durften. Der Prunksaal, auch Palastaula genannt, ist der größte aus der Antike noch erhaltene; er misst in der Länge stolze 67 Meter, ist rund 27 Meter breit und 33 Meter hoch. «Er hat keine Säulen, die Decke ist also freitragend, und als jemand, der nach vorne zum Kaiser wollte, konnte man sich in diesem großen Raum schon ein wenig allein und isoliert vorkommen», sagt Robert Noll von der Trierer Touristeninformation. Nach der Audienz musste der Gast oder Bittsteller sich rückwärts vom Kaiser entfernen, durfte dem Potentaten also nicht den Rücken zuwenden – pures Machtgehabe, das zusätzlich einschüchtern sollte. Seit über 150 Jahren dient der Thronsaal nun als evangelische Kirche und damit einem anderen, für manche noch mächtigeren Herrn.

Auch die von Albert Speer entworfene und bis 1943 erbaute Neue Reichskanzlei für Adolf Hitler sollte Staatsgäste, Untergebene und Bittsteller beeindrucken – ach was: erschaudern lassen. Die Front des Gebäudes war 421 Meter lang. Vom Ehrenhof betrat man über eine Freitreppe mit Portikus (Säulengang) eine Vorhalle und danach den gut 46 Meter langen Mosaiksaal, der komplett zu durchschreiten war. Anschließend erreichte der Besucher einen runden Saal, der als architektonisches Gelenk diente, um möglichst unauffällig die Gehrichtung zu ändern. Dann war man noch immer nicht beim größten Verführer aller Zeiten, sondern betrat erst einmal die 146 Meter lange Marmorgalerie, die immerhin nur halb zu durchlaufen war, bis man endlich Hitlers Büro erreichte – und vermutlich nicht schlecht staunte: denn es maß fast 400 Quadratmeter und war, wie die anderen Räume auch, nahezu 10 Meter hoch. «All das war ganz klar eine Machtdemonstration und diente der Einschüchterung», sagt die Kunsthistorikerin Angela Schönberger, die 1978 ihre Doktorarbeit über das Bauwerk und die ideologisch gewollte Raumwirkung geschrieben hat.[12] «Speer wollte bei der Konzeption der Repräsentationsräume der Neuen Reichskanzlei bewusst an barocke Schlossarchitektur erinnern.» Der lange Weg zu Hitler war Teil des baupsychologischen Konzepts. Im Krieg nur leicht beschädigt, wurde die Neue Reichskanzlei von 1949 bis 1953 auf Geheiß der Sowjetverwaltung Ost-Berlins gesprengt.

Der Anmarschweg von Besuchern ist aber nur ein Aspekt. Nicht nur Vorgesetzte, sondern auch viele Angestellte bevorzugen nach Ansicht der Hamburger Psychologin Antje Flade ein eigenes Büro, «weil es einen höheren Status signalisiert»[13]. Wer sich mit zwei Kollegen einen Raum, mithin ein Revier, teilt, von dem nehmen unbefangene Besucher an, dass er das nicht freiwillig tut. Wer alleine arbeitet, so lautet die stille Botschaft, erledigt Wichtigeres, weil er sich öfter konzentrieren muss und nicht alle sehen sollen, was da an Wegweisendem entsteht. Auch das Arbeitsgefühl im geteilten oder gar Großraumbüro ist laut Flade ein anderes. Den Blicken anderer ausgesetzt zu sein, mache unzufrieden und mindere das Wohlbefinden. Chefs haben es da besser. Sie müssen sich den neugierigen oder auch nur gelangweilten Blicken von Untergebenen gar nicht erst aussetzen. Und sogar in Details zeigen ihre Büros, wer hier das Sagen hat. Um den Raum möglichst groß wirken zu lassen, steht der Schreibtisch von Entscheidern häufig möglichst weit von der Tür entfernt. Wer ein Anliegen hat, muss also buchstäblich weit *auf den Vorgesetzten zukommen* – eine subtile Form des Sichandienens.

Der Hamburger Managementtrainer Tom Schmitt kann dazu eine schöne Anekdote aus seiner Zeit als Angestellter eines mittelständischen Industrieunternehmens beisteuern. «Ich habe mir erlaubt, im Bereich EDV einen Verbesserungsvorschlag zu machen. Den hatte ich dem technischen Direktor vorgelegt. Wenig später hat er mich gebeten, nach dem Mittagessen mal in sein Büro zu kommen.» Schon daraus lasse sich eine übliche Statusregel ableiten: «Wer den höheren Status hat, bestimmt Zeit und Raum, zum Beispiel eines Treffens.» Schmitt hat ihr seinerzeit natürlich entsprochen und trat nach dem Anklopfen und dem «Herein» seines Vorgesetzten ein. «Da stand dann der Eichen-Schreibtisch des Direktors etwa acht bis zehn Meter entfernt ganz in der anderen Ecke des Büros, und dahinter saß er und las in seinen Unterlagen. Da geht man natürlich nicht einfach weiter auf ihn zu, sondern wartet erst mal, bis er aufschaut.» Das tat der Direktor dann auch und sagte, Schmitt solle doch mal zu ihm herkommen. «Bis ich dann vor seinem Schreibtisch ankam, war ich schon vorgeführt worden.»

Überhaupt der Schreibtisch: Ein großer wirkt als Barriere und erscheint nicht zufällig so, als wolle sich jemand dahinter verschanzen, zumindest solange die Arbeitsplatte nicht aus Glas ist. Wer noch weniger zugänglich erscheinen möchte, kann den Schreibtisch obendrein «so hinstellen, dass er andere symbolisch abwehrt»[14]. Will man Bittsteller vor dem eigenen Schalt- und Walt-Pult zusätzlich verunsichern, stellt man keinen Besuchersessel bereit oder bietet ein Stühlchen an, auf dem in Augenhöhe zu sitzen allenfalls zwei Meter großen Gästen gelingen würde. Antje Flades Fazit: «Die Macht einer Person spiegelt sich in dem Raum, in dem sie wirkt, sichtbar wider.»[15]

Menschen sind eben merkwürdige Leute. Wo immer sie aufeinandertreffen, tauschen sie stumme Statusbotschaften aus. «Neben der Möglichkeit, über die eigene Ausstrahlung den Status zu heben, gibt es natürlich auch Statusheber wie teure Handtaschen, Luxus-autos oder eben das Büro – also alles das, wofür wir bereit sind, viel Geld auszugeben, um uns dafür Status zu erkaufen», sagt Tom Schmitt, der auch Koautor eines Buchs über «Status-Spiele» ist.[16] Entscheidend sei der erkennbare Unterschied zwischen dem Chef und seinen Mitarbeitern. «Wenn nämlich alle im Unternehmen ein Einzelbüro hätten, würde es den angestrebten Unterschied machen, wenn der Oberboss von sich sagen könnte: ‹Ihr alle müsst in euren Einzelbüros hocken, ich aber darf im Viererbüro sitzen.› Das würde dann auch funktionieren.» Doch nicht jeder Chef besteht auf Sta-tusunterschieden, zumindest nicht auf große. «Vor einiger Zeit habe ich Michael Otto vorbeifahren sehen, er saß in einem ganz normalen VW Golf», berichtet Schmitt. «Das ist einfach ein ganz bescheidener Mensch.» Dabei belegt die Familie des früheren Chefs der Otto-Versandhandelsgruppe auf der Forbes-Liste unter den deutschen Milliardären den dritten Platz und Platz 34 weltweit.[17] «Er hat es offenbar nicht mehr nötig, seinen Status zu dokumentie-ren. Was seinerseits schon wieder statusträchtig sein könnte.»

Darin, wie man den Zugang zu sich erschwert, braucht Tom Schmitt seine Kunden nicht zu beraten. «Das wissen die schon von alleine. Denn das sind ganz gängige Statusspiele, so wie man früher einen bösen Brief geschrieben hat mit der Unterzeile: Nach Diktat verreist.» Soll heißen: Für dich bin ich nicht erreichbar, zumindest vorerst nicht, du musst also warten. Zum Beispiel gehöre es «zum allgemeinen Herrschaftswissen, dass man einem Mitarbeiter, dem man weh tun will, die Abmahnung freitags zustellen lässt». Das Wochenende verhindert sofortigen Widerspruch. Auch Ämter verführen so, wenn sie Zahlungsbescheide oder Mahnungen ver-schickten. Montags, wenn man sich frühestens beschweren oder auch nur Verständnisfragen stellen könnte, sei «der Ärger oft schon halb verraucht, weil man am Wochenende Zeit hatte, über den Vorgang mal in Ruhe nachzudenken». Auch der für Schüler nicht immer zugängliche Hausmeister oder ein Busfahrer, der Fahrgäste bei verschlossenen Türen unnötig lange vor dem Bus warten lässt, «baut über das verteidigte Territorium Status auf». Manchmal wirkt es lächerlich auf jene, die das Theater durchschauen. Und letztlich ist es das ja auch.

Wie wir unseren Platz markieren

Es mutet albern an, ist aber zutiefst menschlich. Ob in der Volkshochschule, im Hörsaal oder im Besprechungsraum der Firma: Belegt unser Sitznachbar nicht nur seine, sondern auch die Tischfläche vor uns mit seinen Unterlagen oder Schreibgeräten, schieben wir die frech in unser Revier ragenden Eindringlinge sachte dorthin zurück, wo sie unserer Ansicht nach hingehören. Auch Menschen dürfen uns nicht zu nahe treten. Denn mit unserem Distanzbedürfnis verhält es sich so ähnlich wie mit dem der frierenden Stachelschweine, über die Arthur Schopenhauer 1851 ein sehr anschauliches Gleichnis veröffentlichte. Die kleine Geschichte beginnt so:

> «Eine Gesellschaft Stachelschweine drängte sich, an einem kalten Wintertage, recht nah zusammen, um, durch die gegenseitige Wärme, sich vor dem Erfrieren zu schützen. Jedoch bald empfanden sie die gegenseitigen Stacheln; welches sie dann wieder von einander entfernte. Wann nun das Bedürfnis der Erwärmung sie wieder näher zusammenbrachte, wiederholte sich jenes zweite Übel, so daß sie zwischen beiden Leiden hin und her geworfen wurden, bis sie eine mäßige Entfernung von einander herausgefunden hatten, in der sie es am besten aushalten konnten.»[18]

Der kauzige Schopenhauer wäre nicht der hoffnungslose Pessimist gewesen, als den man ihn kennt, wenn er hinter den bildhaften Stacheln nicht die «vielen widerwärtigen Eigenschaften und unerträglichen Fehler» der Menschen gesehen hätte. Gerade noch erträglich sei das Leben durch «Höflichkeit und feine Sitte» – in der Fabel versinnbildlicht durch die «mäßige», soll heißen: mittlere Entfernung zueinander, die vernünftige Menschen einhalten sollten, um von ihren Artgenossen nicht derart gereizt zu werden, dass man einander bald die Schädel einschlägt. Vom nötigen Abstand, bei welchem «ein Beisammensein bestehen kann», schreibt der Philosoph dann weiter: «Dem, der sich nicht in dieser Entfernung hält, ruft man in England zu: keep your distance!» Hier haben wir es also aus berufenem Mund: unser Bedürfnis nach geziemendem Abstand. Und also errichten wir Mauern und Wälle, zimmern Zäune und ziehen Grenzen um unsere Länder. Wir *grenzen* uns ab und erwarten von unseren Mitmenschen dasselbe. Und wehe, ein Unbefugter hält sich nicht daran!

Unser Wunsch nach einem Revier, das von anderen beachtet wird, treibt sonderbare Blüten. Der Psychologe und Verhaltensforscher Graham Brown unterscheidet drei Arten von Reviermarkierungen, mit denen wir anderen Menschen unsere Raumansprüche verdeutlichen: erstens Identitätsmarken («Hier will ich *ich* sein!»), zweitens Kontrollmarken («Hier ist besetzt!») und drittens Verteidigungsmarken («Finger weg, das gehört mir!»). Als solche können Passwörter im Computer, verriegelte Kellertüren im Mehrparteienhaus oder Vorhängeschlösser an einem Schrank oder Spind gelten.[19] Verteidigungsmarken sind auch verriegelte Bad- oder WC-Türen, wie sie keineswegs überall üblich sind: In manchen Familien schließt man beim Gang ins Bad grundsätzlich die Tür hinter sich ab, in anderen bleibt diese auch dann offen oder zumindest unverschlossen, wenn man zur Toilette geht oder duscht. Hier spielt mehr oder minder große Scham die entscheidende Rolle.

Identitätsmarken als Signale unserer Besonderheit setzen wir zum Beispiel dort ein, wo wir einen uns völlig fremden Raum in Besitz nehmen und uns mit ihm vertraut machen müssen. Das kann ein neues Einzelbüro, aber auch eine Gefängniszelle sein. Wir bedienen uns solcher Marken auch, wo wir auf engem Raum mit Kollegen arbeiten, zum Beispiel in Großraumbüros, die mit ihren einförmigen Tischen oder Arbeitsnischen meist sehr unpersönlich wirken. Um unsere Unverwechselbarkeit zu unterstreichen, hängen wir Urlaubsfotos, Bilder unserer Lebenspartner oder Zeichnungen unserer Kinder auf. Oder wir verzieren unsere Arbeitsbox mit Cartoons und Aufklebern, die wir witzig finden.

Mit Kontrollmarken wiederum versuchen wir unser Revier als solches gegen mögliche Eindringlinge abzugrenzen und fremde Ansprüche abzuwehren. Im Zugabteil oder auch nur auf einem Zweiersitz im Intercity legen manche Fahrgäste äußerst effektvoll Zeitungen aus, auf dass sich niemand zu ihnen setzen möge. Noch abschreckender wirken die Füße auf dem gegenüberliegenden Sitz. Erstaunlich, wie viele Menschen das klaglos hinnehmen, zumindest solange noch andere Plätze im Waggon frei sind: Die Frage, ob der erkennbar nicht besetzte, aber doch markierte Platz noch frei sei, scheint vielen Reisenden entweder zu aufwendig oder zu peinlich zu sein.

Aus psychologischer Sicht gehen Unternehmen ein Risiko ein, indem sie zunehmend feste, persönlich zugeordnete Büroschreibtische abschaffen und ihre Angestellten damit am Arbeitsplatz heimatlos machen. Stattdessen finden sich immer wieder neu zusammengesetzte Projektteams zusammen, die sich in kleinen Konferenzräumen oder dergleichen treffen. Das spart Platz, wirkt innovativ und ermöglicht es, räumlich bedarfsgerecht zusammenzuarbeiten. Zeigen muss sich aber noch, ob die Beschäftigten eine vertraute, persönlich gestaltete Arbeitsumgebung auf Dauer nicht schmerzlich vermissen werden. Die Unternehmensgruppe Freudenberg in Weinheim hat in ihrem Innovationscenter offenbar gute Erfahrungen mit dem Auflösen fester Arbeitsplätze gemacht. Seither nehmen dort die Angestellten morgens ihren Rollcontainer mit ihren persönlichen Arbeitsmaterialien und setzen sich zu den Kollegen, mit denen sie gerade zusammenarbeiten. Das soll den Austausch von Ideen fördern und produktiveres Arbeiten ermöglichen. Wer in aller Ruhe nachdenken muss, kann sich nach wie vor ins Einzelbüro zurückziehen.[20]

Ungeliebte Zellbüros

Die vor allem in den USA weit verbreiteten Großraumbüros mit abgetrennten Arbeitsplätzen (im Englischen *cubicles* genannt) sind in Deutschland eher unbeliebt. Viele Menschen fühlen sich in solchen Bürozellen kontrolliert, sind genervt von lauten Telefonaten ringsum sowie abgelenkt durch das Gewusel umherlaufender Kollegen. Deshalb legen die Angestellten gerade in Großraumbüros Wert auf einen Rest von Privatsphäre und Abgeschiedenheit. Beides hängt entscheidend davon ab, wie hoch die Trennwände zwischen den Zellen sind: Einer Studie zufolge haben sich 1,40 Meter hohe Wände als besonders günstig erwiesen, denn sie schirmen einen sitzenden Mitarbeiter gut von seinen Nachbarn ab, erlauben im Stehen aber leicht den Kontakt zueinander.[21] Arbeitgeber sollten dieses Bedürfnis ihrer Angestellten nach einem eigenen, erkennbaren Revier ernst nehmen. Das legt eine Studie nahe, bei der die Versuchsteilnehmer aufgefordert waren, jeden Tag nicht nur ihren Arbeitsplatz im Büro, sondern auch die Utensilien zu wechseln, mit denen sie ihren Job erledigen sollten. Die Probanden fanden das offenbar so unerträglich, dass sie schon bald dagegen aufbegehrten und damit begannen, Plätze und Gegenstände, die für alle gedacht waren, für sich zu besetzen und entschieden gegen die Ansprüche anderer Testteilnehmer zu verteidigen.[22]

Wie bedeutsam die sogenannte Umweltkontrolle auch im Büro

ist und wie sehr sie die Arbeitszufriedenheit steigert, versuchen Wissenschaftler des Stuttgarter Fraunhofer-Instituts für Arbeitswirtschaft und Organisation (FAO) zu ermitteln, und zwar im Rahmen des Forschungsprojekts *Office 21*, das seit 1996 läuft.[23] Einer der zentralen Befunde bisher: Je eher Beschäftigte ihr Arbeitsumfeld nach eigenen Vorstellungen mitgestalten können, desto wohler fühlen sie sich im Büro – und dort hocken Tag für Tag immerhin rund 17 Millionen Bundesbürger. Büros sollen hell und in freundlichen Farben gehalten sein und Gespräche mit Kollegen ermöglichen. Wichtig ist vielen Angestellten auch, zwischen Sichtbarkeit und Rückzug wählen zu können und sich nicht ständig beobachtet zu fühlen – ganz gleich, ob jemand sein Geld im Zweier-Büro verdient oder im Großraum mit dreißig Kollegen. «Territoriale Souveränität am Arbeitsplatz kann und sollte planerisch gut gelöst sein», sagt Jörg Kelter vom FAO. Eine wirksame Reviergrenze könne zum Beispiel eine «seitliche Barriere oder Anlaufstelle am Schreibtisch» sein, bis zu der Besucher oder Mitarbeiter allenfalls vordringen können. Und keine Bürokraft sollte es erdulden müssen, dass sich in ihrem Rücken eine Tür oder ein anderer direkter Zugang befindet, weil dies ein Schlag gegen jede Umweltkontrolle wäre und Betroffene verunsichert und somit stresst. In Firmen, deren Mitarbeiter sich Arbeitsplätze mit Kollegen teilen müssen, also über kein eigenes Büro-Revier verfügen (neuhochdeutsch: «Desk-Sharing»), sollten alle Beschäftigten eindeutige «Ankerplätze» haben, die nur ihre Abteilung nutzen dürfe. Auf diese Weise bewegen sie sich bei der Arbeit trotzdem in einem vertrauten Revier, auch wenn dies über den einzelnen Schreibtisch hinausreicht.

Auch in der Freizeit beanspruchen wir gerne persönlichen Raum. Am Hotelstrand setzen wir Kontrollmarken, indem wir mit Handtüchern oder Bademänteln jene Liegen belegen, die unter einem schützenden Sonnenschirm stehen oder den besten Blick aufs Meer bieten – dies oft schon am frühen Morgen, Stunden vor dem eigentlichen Strandbesuch. Hinweise, die der Unsitte Einhalt gebieten sollen, werden meist geflissentlich ignoriert. Die amerikanische Reederei Carnival Cruise Lines griff deshalb im Sommer 2012 erstmals konsequent durch, um den Fahrgästen auf ihren Urlaubskreuzern mehr freie Sonnenliegen an Deck zu verschaffen: Testweise beschloss sie, auf ihrem gerade in Dienst gestellten Schiff *Carnival Breeze* die Liegen von Handtüchern, Bademänteln oder anderen Textilien zu befreien, wenn deren Eigentümer sich seit längerem anderswo auf dem Schiff aufhalten. Aufkleber auf einer beanstandeten Liege zeigen an, dass für das Handtuch darauf die Uhr läuft: Nach 40 Minuten wird es entfernt und muss beim Bordpersonal abgeholt werden. Der Test war jedenfalls so erfolgreich, dass die Liegen-Kontrolleure seither auf allen 24 Schiffen der Reederei unterwegs sind. Ähnlich verfährt die Konkurrenz: Bereits nach 30 Minuten werden Handtücher auf Schiffen von Aida-Cruises und Tui Cruises entfernt. Die *Süddeutsche Zeitung* überschrieb ihre Glosse zum Thema süffisant mit «Freie Sonnenliegen für freie Urlauber».[24]

Nicht nur *auf*, sondern sogar *aus* Sand gebaute Reviermarken sind schließlich die Strandburgen, wie sie an Nord- und Ostseeküste jeden Sommer zu Tausenden aufgeschüttet werden. In der Mitte, verborgen vor dem oft heftigen Küstenwind, steht zwar kein Bergfried wie in richtigen Burgen, sondern der ebenfalls windabweisende Strandkorb. Die Sitte, sich an Sandküsten einzulochen wie ein Golfball, sei «eine eher typisch deutsche Territorialität», sagt der Evolutionspsychologe Harald Euler. Dass der Bundesgermane sich liebend gerne einhege, ließen auch eingezäunte Vorgärten erkennen, «auch wenn sie noch so klein sind und nichts Schützenswertes drin ist». Euler vermutet als tiefere Ursache in beiden Fällen das dichte Aufeinanderhocken in Deutschland. Wer wenig Platz habe, grenze sich umso beflissener von seinen Nachbarn ab. Raumkonkurrenz macht sich in Gesellschaften wie der unsrigen deshalb viel eher bemerkbar als in spärlich besiedelten Ländern wie den USA: hier «dichtgepackte Ortschaften, womöglich noch mit Stadtmauern», dort «ausgedehnte Ortschaften und keine Zäune um die Grundstücke». Man denke nur an die Vorgärten amerikanischer Vororte, in die der Zeitungsbote vom Fahrrad aus ungehindert seine Papierrollen werfen kann – oder zumindest konnte, solange die Leute dort noch Zeitungen lasen.

Warum Frauen sich im Job abgrenzen sollten

Wer eine Single-Wohnung betritt, erkennt meist sehr rasch, ob darin eine Frau lebt. Klischees sind heikel, aber ein Balkon mit verkümmerten Zierpflanzen und einem kühnen Arrangement leerer Bierflaschen gehört deutlich eher zum Domizil eines Mannes als Fensterbänke, auf denen eine Porzellankatze wacht oder eine Glasschale mit hübschen Kieseln das Auge erfreut. Allzu verblüfft muss man also darüber nicht sein, dass die beiden Geschlechter ihre Reviere auch im Büro sehr unterschiedlich markieren. Nach Erkenntnissen einer türkischen Psychologin richten Frauen ihre Plätze so ein, dass nicht nur sie selber, sondern auch andere sich dort wohlfühlen, und nach Möglichkeit auch so, dass man dort angenehm plauschen kann.[25] Männer hingegen wollen nicht nur *an* ihrem, sondern auch *für* ihren Arbeitsplatz bewundert werden. Sie stellen statusträchtige Möbel auf und hängen gerne Fotos an die Wand, auf denen wichtige Politiker oder berühmte Schauspieler ihnen die Hände schütteln. Auch Trophäen als Nachweise intellektueller oder sportlicher Leistungen werden von den Herren gerne augenfällig dargeboten, so etwa Diplome und Zeugnisse sowie Pokale und Medaillen.[26] Darüber darf man schmunzeln.

Weniger lustig sind Konflikte, die dann auflodern, wenn Männer und Frauen die Signale missverstehen, die von den Reviermarken des jeweils anderen Geschlechts ausgehen. Vor allem die Damen werden hier offenbar nicht deutlich genug. Oder freilich die Männer erweisen sich als blind für die entsprechenden Signale – oder tun einfach so. Auch deshalb bietet der Unternehmensberater Peter Modler seit Jahren ein offenbar gut nachgefragtes «Arroganztraining» für Frauen in Führungspositionen an. Sie sollen «in einem diskreten Umfeld beobachten oder selbst austesten, wie weit sie in Betrieben und Organisationen gehen können (oder müssen), damit ihnen die männlichen Kollegen, Vorgesetzten oder Kunden den Respekt entgegenbringen, den kompetente Frauen verdienen».[27] Der promovierte katholische Theologe war selber Geschäftsführer und Unternehmer in der Medienbranche und hält nicht nur Vorträge zum Thema «Mehr Respekt durch gezielte Arroganz», sondern auch über «Machtspiele mit Männern in Firmen und Organisationen». Er bringt den fachlich oft sehr guten Frauen bei, wie sie ihr Revier gegen übergriffige Kollegen und Vorgesetzte verteidigen können.

Mit ihrem freundlichen und kooperativen Führungsstil neigten Frauen nämlich leider dazu, das eigene Revier dramatisch zu unterschätzen. «Wenn sie unter sich sind, ist es üblich, dass ständig jemand ins Büro kommt», sagt Modler.[28] Frauen fänden das «total in Ordnung», denn entscheidend sei für sie eine gute Zusammenarbeit. Bei den Herren hingegen zähle die Rücksicht vor der Stellung und dem Respektanspruch des anderen viel mehr. Wenn ein Mann ein anderes Büro betrete, empfinde er dieses «zunächst als vermintes Gelände, als fremdes Revier». Männer wissen damit üblicherweise ganz gut umzugehen: Kaum einer würde das Büro eines anderen betreten, ohne vorher anzuklopfen. Und wird er schließlich hereingebeten, wird dem Platzhirsch erst einmal erkennbar gehuldigt. Schwierig kann es aber werden, wenn ein Mann eine Chefin hat. Wenn er bei ihr «einfach eintreten und sich hinsetzen darf, womöglich noch etwas auf ihrem Schreibtisch ausbreitet, fühlt der Mann sich bombig», urteilt Modler. «Er hat fremdes Terrain erobert.» Die verdutzte Vorgesetzte verstehe dann oft gar nicht, wieso ihr Mitarbeiter immer selbstbewusster auftritt und womöglich in der Folge aufmüpfig wird. «Viele Frauen glauben nicht an die Bedeutung von Revier und Rangbotschaften, sie finden das lächerlich» – ein großer Fehler, wie der Unternehmensberater aus dem Breisgau findet. Revierverhalten solle vielmehr als Fremdsprache verstanden werden, die anwenden zu können sehr nützlich ist.

Eine Frau dürfe sich jedenfalls Grenzverletzungen und Respektlosigkeiten nicht gefallen lassen, wenn sie Wert auf ihr Ansehen im Beruf oder im Unternehmen legt. Und das zu schützende Revier beginnt an der Bürotür. «Wenn der Mitarbeiter nicht anklopft und auf ihr ‹Herein› wartet, sollte sie ihn gleich wieder herausschicken, und zwar so lange, bis er es kapiert. Dasselbe gilt, wenn er sich einfach hinsetzt.» Oft versuchten Frauen, Distanzlosigkeiten männlicher Kollegen zu ignorieren, weil sie es vorziehen, auf der Sachebene zu bleiben. Doch das hält Modler für völlig unangebracht und rät dringend zu einer angemessenen, aber deutlichen Reaktion. Komme zum Beispiel eine Frau als Letzte in den Besprechungsraum und finde keinen freien Stuhl mehr, müsse das irrsinnig witzige Angebot eines Kollegen, sich doch bitte gerne auf seinen Schoß zu setzen, unbedingt gekontert werden. Gerne übrigens so cool und schlagfertig, wie es eine Abteilungsleiterin tat, deren Reaktion Modler vorbildlich findet: «Sie ging langsam auf den Typ zu, legte ihm beherzt die Hand auf die Schulter und sagte laut: Dafür sind Sie viel zu alt!» Und die Reaktion der Abteilungsleiter-Runde? «Es gab großes Gelächter.» Und von da an hatte die Frau keine Probleme mehr mit den Kollegen. Sie hatte ihr Revier neu abgesteckt – ohne Elektrozaun, aber ähnlich wirksam. Männer brauchen so etwas offenbar. Stolz darauf müssen sie nicht sein.

Wie wir mit zu großer Nähe umgehen

Preisfrage: Wenn Sie einen leeren Zugwaggon mit 14 Vierersitzen betreten, wie viele freie Sitze finden Sie dann vor? Klar: genau 56. Doch wie viele sind es für einen zweiten Fahrgast, der eintrifft, wenn Sie schon sitzen? Aus mathematischer Sicht natürlich 55, aus psychologischer hingegen nur 52! Denn hat sich der erste Fahrgast irgendwohin platziert, fallen die anderen drei Sitze der betreffenden Vierersitzgruppe erst einmal weg, weil jeder zusätzliche Bahnfahrer sein eigenes Revier möchte – seinen persönlichen Vierersitz. Erst wenn keine Sitzgruppe mehr völlig frei ist, nehmen neu Hinzukommende die noch unbesetzten Plätze ein, in aller Regel erst einmal gegenüber den schon anwesenden Fahrgästen, nicht etwa neben ihnen. Nachdem sich zunächst also nur 14 anziehende Sitzmöglichkeiten geboten haben, kommen später 28 weitere Plätze in Frage (nämlich jeweils die beiden gegenüber den schon sitzenden 14 Personen). Dabei erkundigen sich die ersten quasi überzähligen Fahrgäste oft höflich, ob «hier noch etwas frei» ist. Erst wenn in allen Sitzgruppen zwei Reisende Platz genommen haben, füllen sich auch die restlichen 28 Sitze. Dasselbe Spielchen läuft auch in Gaststätten ab und ist der Grund dafür, dass Wirte es nicht mögen, wenn ein einzelner Gast einen Tisch mit vier oder gar sechs Stühlen *besetzt*. Menschen sind ganz schön kompliziert!

Aber wir sind eben auch biologische Wesen mit einer tierisch weit zurückreichenden Entwicklungsgeschichte. So wie Säuger, Vögel oder Insekten ihre Territorien haben, die sie mit Klauen, Schnäbeln und Stacheln verteidigen, mögen auch wir es nicht, wenn sich uns jemand ungebührlich nähert. Unsere Sprache bezeugt es: «Rück mir nicht so auf die Pelle», sagen wir, oder wir äußern beschwichtigend: «Ich möchte Ihnen ja nicht zu nahe treten, aber Sie tragen da einen wirklich dämlichen Hut.»

Der 2009 verstorbene US-amerikanische Anthropologe Edward

Hall entwarf das Konzept einer unsichtbaren und mehrschichtigen Schutzblase, die uns umgibt und deren Verletzen unweigerlich bestimmte, abgestufte Reaktionen zur Folge hat. Welche Distanz nicht unterschritten werden darf, hängt ganz davon ab, wie gut wir den Betreffenden kennen. «Enger Kontakt zu Fremden ist uns zuwider», schreibt der Mediziner und Autor Jürgen Brater in einem Buch über den Neandertaler in uns und zitiert Hidetoshi Kato. Der japanische Soziologe hält Städter im Vergleich zu Landbewohnern für weniger interessiert an unbekannten Mitmenschen, was in der Regel tatsächlich so sein dürfte. Doch weil es in Großstädten vor Unbekannten nur so wimmelt, stehen Städter vor einem heiklen Problem: Wie sollen sie auf so engem Raum ausreichend Abstand zu Wildfremden halten, die sie auf einem ansonsten menschenleeren Dorfplatz nicht näher als zwei Meter an sich heranlassen würden?

Kato zufolge erzeugt die erzwungene Nähe zu Unbekannten unguten Stress, beispielsweise in vollen Kaufhäusern oder einem Pulk von Wartenden. Schädlicher Stress kann aggressiv und angriffslustig machen, was nicht in Keilereien münden sollte, weil sonst in unseren Städten ständig die Fäuste flögen. Der «beste und sogar einzig mögliche Ausweg aus diesem Dilemma» bestehe darin, «die Menschen um uns herum zu verdinglichen»[29], sie als Sachen zu betrachten. Ganz anders als bei einem Fremden sei deren Anwesenheit in lediglich 30 Zentimetern Distanz nämlich problemlos erträglich.

Wohin es führen kann, wenn wir unsere Mitmenschen ausblenden, ist am besten in vollgestopften Nahverkehrszügen zu beobachten. Dort tun wir allerhand, um die Umstehenden oder dicht vor uns Sitzenden nicht anschauen zu müssen. Wir lesen ein Buch, senken den Blick oder heben ihn zur Decke. So wie man einen dominanten Gorilla-Mann im Urwald tunlichst nicht direkt anblicken sollte, um ihn nicht unnötig zu reizen, wenden wir uns von den anderen Fahrgästen vorsorglich ab. Noch wirksamer ist es, zu schlafen oder so zu tun. Dann verschließen wir buchstäblich die Augen davor, dass sich die anderen Bahnfahrer zum Teil in größtmöglicher Nähe zu uns aufhalten, was normalerweise heftigen Stress zur Folge hätte, weil unsere *Intimzone* verletzt worden ist. Edward Hall verstand darunter jenen innersten Schutzbereich, der an unserer Haut beginnt und 45 bis 50 Zentimeter entfernt von ihr endet. Jeder, der mit seinem Körperschwerpunkt – also nicht bloß mit den Füßen oder den Händen – in diesen Luftraum eindringt, sozusagen ins Allerheiligste, braucht eine sehr spezielle Erlaubnis, um nicht sofort abgewiesen oder sogar weggestoßen zu werden. «Bleib mir jetzt bloß vom Leib!», zischen wir sogar unseren Lebens- und Sexualpartnern zu, wenn wir uns mit ihnen streiten oder zum wiederholten Male kundtun wollen, dass wir gerade keine Lust auf Berührungen haben. Normalerweise jedoch gestatten wir unseren Lebensgefährten größte Nähe, bis hin zum Hautkontakt, sonst jedoch allenfalls einem engen Freund oder eigens befugten Menschen wie einem Arzt, der uns untersucht – und notgedrungen auch einem schwer abzuschüttelnden Manndecker beim Fußball, dessen Atem wir beim Eckball am Nacken spüren.

Unterschritten wird die Intimzone auch in vollgepackten Aufzügen. Als Reaktion darauf schauen alle im Lift in Richtung Tür; sie richten also ihre Blicke parallel aus, auch wenn diese so den einen oder anderen unschönen Hinterkopf streifen. Mit Fremden in einer Blechbüchse zusammengepfercht zu sein, die nur an Stahlseilen hängt und deren Tür sich nur ab und an öffnet, ist so ziemlich die unangenehmste Lage für Menschen, die einander nicht kennen. Zum Glück dauert sie meist nur Sekunden. Doch wehe, wenn nicht! Immer wieder haben Thriller, von «Abwärts» (1984) bis «Devil» (2011), die klaustrophobische Situation einer feststeckenden Fahrstuhlkabine spannend geschildert und dabei vorgeführt, wozu wir alle in Extremsituationen wie dieser fähig sind. Übrigens finden nicht nur Menschen es in Notlagen besänftigend, wenn alle in dieselbe Richtung starren können, sondern auch Kängurus. Um ihre

Rangeleien und Boxkämpfe versöhnlich abzuschließen, setzen die berühmten Hüpfer sich manchmal in eine Reihe und schauen gemeinsam in die Ferne, als hätte es die Rauferei nie gegeben.[30]

Die nächste, schon etwas weiter ausgreifende Sphäre um uns herum ist die *Privatzone* oder personale Distanz. Sie beginnt etwa einen halben Meter entfernt von uns und endet bei etwa 1,20 Meter. Aufhalten dürfen sich in diesem Bereich zum Beispiel gute Bekannte oder sympathisch wirkende Gesprächspartner auf einer Party. Je wärmer wir beim Plaudern mit dem Betreffenden werden und je vertrauter wir uns mit ihm fühlen, umso dichter heran lassen wir ihn im Verlauf des Gesprächs.

Was wir jeweils als aufdringlich empfinden, mitunter gar als aggressiv oder respektlos, hängt beispielsweise davon ab, in welcher Kultur wir aufgewachsen sind: So kommen viele Südamerikaner, Afrikaner und Araber, aber auch Menschen aus der europäischen Mittelmeer-Region einander beim Reden deutlich näher als Deutsche oder Engländer, und sie berühren ihr Gegenüber auch eher. Ebenso stehen die Tische in Pariser Restaurants deutlich näher beisammen als in vergleichbaren in Hamburg, was französische Paare beim Abendessen nicht weiter zu stören scheint, viele deutsche aber die Stimme senken lässt oder zum Flüstern nötigt. Männer wiederum halten mehr Abstand zueinander als Frauen, womöglich schon, «um den Anschein von Homosexualität zu vermeiden», vielleicht aber auch, weil sie es infolge ihrer Erziehung «vermeiden, Abhängigkeit von anderen zu zeigen» oder überhaupt zuzulassen, vermutet der auch psychologisch geschulte Geograph Thilo Eisenhardt in seinem Buch über «Mensch und Umwelt».[31] Generell achten Männer offenbar stärker darauf, dass räumliche Grenzen respektiert werden, handeln also territorialer. «Frauen fühlen sich weniger bedroht als Männer, wenn ihre Handlungsfreiheit eingeengt ist. Sie sind eher bereit, einen Raum mit anderen Frauen zu teilen als Männer ihren Raum mit anderen Männern.»[32]

Je älter, desto distanzierter

Selbst das Lebensalter spielt eine Rolle: Während Kinder bis zu etwa sechs Jahren einander noch dicht auf den Pelz rücken – wie auch solchen Erwachsenen, denen sie vertrauen –, wächst ihre personale Distanz mit jedem zusätzlichen Lebensjahr kontinuierlich.[33] Auch Erwachsene halten zu Kindern für gewöhnlich einen umso größeren Abstand ein, je älter diese sind. Die Nähe kleiner Kinder stört hingegen meist nicht. «In einem Experiment mit 5-, 8- und 10-Jährigen, die sich in eine Schlange Wartender drängten, lächelten die Erwachsenen den 5-Jährigen zu, ignorierten die 8-Jährigen und rückten von den 10-Jährigen ab.»[34] Schließlich spielt auch Lebenserfahrung eine Rolle: «Je ängstlicher jemand ist, umso stärker hat er das Bedürfnis nach Kontrolle seiner Umwelt», befindet Eisenhardt.[35] Wer distanzlose Übergriffe, womöglich gar sexuelle, erleben muss, wird sich künftig sehr viel reservierter verhalten. Somit steuern auch Emotionen unser Distanzbedürfnis, wobei die Grundregel gilt: Je ähnlicher oder vertrauter uns jemand ist und je weniger furchtsam wir selber, desto eher darf er oder sie auf Tuchfühlung mit uns gehen.

Wenn wir unseren Mitmenschen höflich begegnen und ihre ganz persönliche Intim- oder Privatzone achten möchten, tun wir gut daran, auf Distanzsignale zu achten, die uns ein Gesprächspartner jederzeit aussendet. Ein typisches Zeichen von Abwehr sind verschränkte Arme, vor allem, wenn diese Körperbarriere errichtet wird, noch während wir näher treten; ein unauffälliger Schritt zurück kann unser Gegenüber dann womöglich wieder entspannen. Wendet jemand während unserer Annäherung den Blick ab oder neigt er sich – wie zur Ausflucht – nach der Seite, empfiehlt sich ebenfalls ein sachter Rückzug. Deutlich Distanz schaffen kann auch das Übereinanderschlagen der Beine, umso mehr, wenn der nach vorne gerichtete Fuß wie ein Rammbock in Richtung des Aggressors weist.[36]

Sprechen wir jemanden auf der Straße an, um nach dem Weg zu fragen, oder haben wir geschäftlich mit anderen Menschen Kontakt, tun wir gut daran, von Fremden noch größeren Abstand zu halten als bei einem Stehempfang oder einer lockeren Feier. Die sogenannte *Sozialzone* umgibt uns in einer Distanz von etwa 1,2 bis 3,5 Metern. Wer diesen Bereich (außer notgedrungen im Gedränge) betreten möchte, sollte zuerst, quasi auf Zuruf, vorgefühlt haben, ob überhaupt Kontakt erwünscht ist und man buchstäblich näher treten darf. Das ist in etwa so wie anzuklopfen, bevor man einen Raum betritt. Nicht umsonst stürmen wir auf der Straße nicht einfach ungebeten auf jemanden zu, der uns gar nicht kommen sieht, und sprechen ihn dann aus nächster Nähe an. Stattdessen machen wir schon aus einigen Metern Distanz durch Winken auf uns aufmerksam oder rufen zum Beispiel: «Ach, hallo, Herr Wuttke, Sie auch hier!»

Solche Türöffner-Rituale kennen wir alle auch aus der Bahn oder dem Gasthaus: Bevor wir uns im Zug direkt neben jemanden setzen oder im Restaurant an denselben Tisch, fragen wir vorsichtig: «Ist hier noch frei?» Oft ist die Ursache nicht unsere Unsicherheit, ob der Platz bereits jemandem gehört, der gerade zur Toilette ist, sondern wir bitten letztlich um die Erlaubnis, in die personale oder gar intime Zone eindringen zu dürfen. Unsere Höflichkeit soll den Platzhirsch beschwichtigen. Noch weiter von uns entfernt, jenseits von etwa dreieinhalb Metern, liegt die *Öffentlichkeitszone*. Näher sollte man Menschen im unpersönlichen Kontakt, etwa bei einer Rede vor unvertrautem Publikum, nicht kommen.[37]

So weit die auf Versuche und Beobachtungen gestützten Erfahrungswerte. Eine Rolle spielt natürlich auch der Ort, wo wir auf andere Menschen treffen, ob wir alleine mit ihnen sind oder Teil einer Gruppe, ganz zu schweigen vom Geschlecht der Beteiligten. Es macht nun mal einen gewaltigen Unterschied, ob ein Mann sich einem Fremden mittags auf einem weiten, belebten Marktplatz

nähert oder ein männlicher Wanderer einer Frau in der Abenddämmerung auf einem einsamen und noch dazu schmalen Waldweg. Letzteres kann unbehaglich sein, selbst wenn es sich um zwei Männer handelt. Nicht zufällig ist es lange Zeit gute Sitte gewesen, einen Entgegenkommenden im Wald bereits aus einigen Metern Entfernung zu grüßen. Der Marburger Natursoziologe Rainer Brämer erklärt dieses rücksichtsvolle Verhalten so: «Im Wald fehlt der vermeintliche Schutz durch die Zivilisation, weshalb man dem Fremden möglichst frühzeitig per Gruß seine freundlichen Absichten signalisiert in der Hoffnung, dass auch er mit der Erwiderung des Grußes Entwarnung gibt.»[38] Wir Mitteleuropäer sind seit einigen Generationen gewöhnt an friedlich verlaufende Begegnungen mit Fremden, und zwar selbst in entlegenen Regionen des Böhmerwaldes oder auf einer einsamen Bergtour in den Alpen. Deshalb haben wir vergessen, wie gefährlich ein solches Aufeinandertreffen noch vor einigen hundert Jahren war, als das Gewaltmonopol noch viel weniger klar beim Staat lag – geschweige denn vor über zehntausend Jahren, als es Staaten mit für alle verbindlichen Gesetzen noch gar nicht gab.

Seinerzeit bestanden Jäger-und-Sammler-Gemeinschaften aus nur wenigen hundert Menschen, die alle ihren je eigenen Regeln folgten. Wenn hingegen heute ein Wanderer in den Wäldern der Eifel auf einen anderen trifft, den er nie zuvor gesehen hat, versucht keiner der beiden, dem anderen den Proviant im Rucksack zu stehlen, sondern die beiden grüßen einander, bleiben vielleicht auch kurz stehen und reden übers Wetter oder den weiteren Wegverlauf. Für Mitglieder traditionell lebender Naturvölker wäre so ein Treffen auch in unseren Tagen noch mit großer Angst verbunden. «Zwei Fremde, die sich friedlich unterhalten, das wäre in den traditionellen Gesellschaften von Papua-Neuguinea unmöglich», sagt der amerikanische Evolutionsbiologe und Biogeograph Jared Diamond, der den Inselstaat nördlich von Australien oft bereist hat.

«Unbekannte stellen dort in neun von zehn Fällen eine Gefahr dar:
Sie tauchen auf, um eine Frau zu stehlen oder einen Angriff vorzu-
bereiten.»[39] Wenn wir einander beim Waldspaziergang grüßen, ist
das also eine zivilisatorische Errungenschaft; dass alte Männer dabei
noch ihren Hut lüpfen, hingegen ein Relikt aus jenen Tagen, da Rit-
ter oder andere Kämpfer ihre Kopfbedeckung anhoben, um fried-
liche Absichten zu demonstrieren, ob ehrlich gemeint oder nicht.
Aber auch diese freundliche Geste erinnert letztlich bis heute an die
ehedem drohende Gefahr, wenn Wildfremde aufeinandertrafen.

Bedrohliche Schritte

Eigener Erfahrung nach fühlt man sich ebenfalls mulmig, wenn sich
einem nachts in einer stillen Wohnstraße jemand von hinten flinken Schrittes nähert, wenn auch in den allermeisten Fällen nur, weil
der Eilige einen überholen will. Viele Menschen halten das nicht aus,
treten irgendwann zur Seite und lassen den Unbekannten passieren. Oder sie wechseln, wenn der Abstand für sie bedrohlich gering
geworden ist, schon vorher die Straßenseite – was auch rücksichtsvollen Männern anzuraten ist, die im Dunkeln oder Dämmerlicht
auf dem Gehweg eine Frau möglichst stressfrei für diese überholen
möchten. Genauer zu klären indes ist noch der Sinn des Distanzver-
haltens. «Indem die anderen auf Abstand gehalten werden, kann
man sich vor unerwünschten physischen Berührungen, Übergriffen
sowie akuten oder potenziellen Bedrohungen schützen», meint die
Psychologin Antje Flade. «Man fühlt sich sicher, wenn die anderen
weit genug weg sind.» Das sei ganz wie im Tierreich. «Das Zebra
wird einen gehörigen Abstand zum Löwen einhalten; nähert sich der
Löwe, wird das Zebra fliehen.»[40] Von Zebras, die sich an dieses unge-
schriebene Gesetz der Savanne nicht halten, wird man bald schon
nichts mehr hören, von einem letzten Schrei vielleicht abgesehen.
 Die Konsequenzen aus all diesen Befunden sind ebenso nahelie-
gend wie weitreichend: Umsichtige Architekten, die Großraumbü-

ros oder Restaurants entwerfen, sollten die Gesetze der *Proxemik* (so der Name von Edward Halls Distanzlehre) ebenso beachten wie ein Stadt- oder Freiraumplaner, dem es obliegt, Sitzbänke auf öffentlichen Plätzen sinnvoll zu gruppieren. Anders als an Runden Tafeln oder Picknicktischen, wo Menschen miteinander ins Gespräch kommen sollen, sind Ruhebänke auf dem Marktplatz meist so angeordnet, dass die Blicke der darauf Sitzenden einander *gerade nicht* treffen, weil das schnell als unangenehm und distanzlos empfunden würde. Und im Wartezimmer einer Arztpraxis sollte viel öfter, als es leider der Fall ist, dem Versuch widerstanden werden, möglichst viele Stühle auf engem Raum unterzubringen – nicht nur weil dort auch Patienten mit ansteckenden Krankheiten sitzen. Das betretene Schweigen oder schamhafte Getuschel in solchen Wartebereichen hat seine Ursache auch darin, dass einander Fremde, die schon den Blicken der anderen kaum ausweichen können, nicht auch noch durch Geräusche auf sich aufmerksam machen wollen. Aus ähnlichen Gründen sind zumindest viele über 40-Jährige peinlich berührt, wenn sie sehr persönliche Handy-Telefonate im Zug oder Bus aus nächster Nähe mitverfolgen müssen. Immerhin sitzen sie als unfreiwillige Mithörer in manchmal intimer Distanz zu einer der beiden Turteltauben. So etwas kann Anlass zum Fremdschämen sein oder auch mächtig ärgern: Wieso mutet dieser Heini mir sein Liebesgesäusel zu?

Mit voller Absicht provozieren soll eine Körpertherapie, die auf den amerikanischen Psychiater und Psychoanalytiker Dan Casriel (1924–1983) zurückgeht. Das ursprünglich für schwer Drogenabhängige entwickelte Bonding-Verfahren baut geradezu darauf, die intime Distanz zwischen fast Fremden durch maximale körperliche Nähe, freilich ohne sexuellen Kontakt, zu unterschreiten. Nach Casriels Ansicht sind soziale Phänomene wie Einsamkeit, Gefühl- und Beziehungslosigkeit die Folgen davon, dass viele Menschen seit frühester Kindheit nicht ausreichend gehalten, angehört und angeschaut worden sind – und so als Mensch letztlich nicht ausreichend angenommen. Nicht umsonst geht auf Casriel der Begriff «Emotionale Mangelgesellschaft» zurück. Der Bonding-Ansatz soll es ermöglichen, «zwischenmenschliche Nähe neu zu erleben und dadurch wieder einen Zugang zu tiefen, verloren gegangenen inneren Gefühlen zu finden».[41] Solche Gefühle sind oft negativ besetzte, aber völlig legitime Emotionen wie Wut oder Zorn, die bisher niemals unverstellt ausgelebt worden sind, weil der Betreffende Liebesentzug fürchten musste. Stattdessen offenbart worden sind bisher nur weniger verpönte Ersatzgefühle: statt Hass nur Gehässigkeit; statt unverstellt schallendem Gelächter bloß sittsames Lächeln, statt tiefem Schmerz nur eine Weinerlichkeit, die im kraft- und machtlosen Wehklagen steckenbleibt. Die zugrundeliegenden Primärgefühle sollen erstmals erlebbar werden, indem sich in der Regel je zwei Teilnehmer der Therapiegruppe im Liegen oder Stehen umarmen oder aus nächster Nähe stetig und tief in die Augen schauen. Dabei aufwallende Gefühle nimmt der Gehaltene oder Angeschaute bewusst wahr und spricht oder schreit sie heraus, wodurch die Emotionen sich in positive verwandeln können. Auf diese Weise sollen als Kind erlittene Verletzungen heilen und erlernte Gefühlsblockaden sich lösen. Allerdings darf die aufwühlende Methode keinesfalls bei seelisch traumatisierten Patienten, etwa Vergewaltigungsopfern, angewandt werden, da sonst heftige Rückfälle drohen. Solchen Patienten schadet zu große Nähe, die meisten Menschen stört sie nur.

Bedrängend nah

Extreme Verteidiger ihres heimischen Reviers sind Menschen mit Beziehungsangst – oder genauer: mit Angst vor Nähe und Verbindlichkeit. Viele von ihnen haben große Schwierigkeiten damit, sich gegenüber den Wünschen anderer, speziell denen des Partners, abzugrenzen. Der Umzug in eine gemeinsame Wohnung ist ihnen ein Graus. Zieht ein Liebespartner – zunächst erwünscht – sogar in ihre eigene Bleibe ein, fühlt sich dieser Zuwachs an Nähe für sie oft so bedrückend an, dass sie plötzlich meinen, keine Luft mehr zu bekommen. Ein derart in die Enge getriebener Mensch verspürt dann den «Wunsch, sein Revier neu abzustecken».[42] Der Nähe-und-Distanz-Konflikt entzündet sich häufig an Kleinigkeiten, etwa dann, wenn der ins Refugium des Bindungsscheuen eingedrungene Partner dort aufräumt, wo bisher eine eher lässige Ordnung herrschte. Ein betroffener Mann schildert das mit Blick auf seine frühere Freundin so: «Ich hatte das Gefühl, dass sie mich aus meinem eigenen Terrain drängte.» So etwas macht ebenso verzweifelt wie aggressiv, wobei die Ursachen hierfür meist in frühester Kindheit liegen. Ein Mensch mit Angst vor Nähe bekommt das Gefühl, «dass er in der Falle sitzt und seinen Freiraum zurückerobern muss», schreibt die Trierer Psychotherapeutin Stefanie Stahl. Der Bindungspartner wird immer stärker als Aggressor erlebt, sodass die Gedanken zunehmend darum kreisen, wie man sich buchstäblich «aus der Affäre ziehen» kann.[43] Das mag ein Ausweg sein, doch gelöst wird das Problem so nicht, sondern lediglich verschoben: bis zum nächsten Beziehungsversuch, meist mit ähnlichem Ausgang.

Warum wir im Sitzen mehr Abstand brauchen

Verhaltensexperimente haben gezeigt, dass es Menschen messbar stresst, wenn eine Distanzzone verletzt wird. Das Herz schlägt schneller, und leichtes Schwitzen setzt ein. Obendrein sind wir irritiert und fragen uns: Was will dieser aufdringliche Typ hier von mir? Gerecht geht es bei solch unziemlichen Annäherungen oft ohnehin nicht zu. «Die Frage, wer in die persönliche Distanzzone von Menschen eindringen darf und wer nicht, hat immer etwas mit Status zu tun», sagt der Management-Berater Tom Schmitt. Zum

Beispiel klopfe so mancher Vorgesetzte einem Mitarbeiter lobend oder aufmunternd auf die Schulter – nicht aber umgekehrt. «Schön ist immer auch die Nummer, wenn der Chef von hinten an den Schreibtisch seines Mitarbeiters herantritt, ihm über die Schulter guckt und fragt: Na, was arbeiten wir denn da?» Was oft nur heißen soll: «Arbeiten Sie denn überhaupt etwas?» Ähnlich distanzlos äugt bis heute so mancher Deutsch- oder Mathelehrer seinen Schülern über die Schulter in die Hefte, während sie, ohnehin nervös, eine Klausur schreiben oder gar ratlos über ihrem weißen Blatt brüten. Noch lauter pochende Herzen und schweißnasse Hände sind auch hier die Folgen, von stummer Wut einmal abgesehen. Denn helfen darf der Lehrer in der Regel nicht. Was also soll der neugierige Einblick? Nur mutige Schüler wagen dann den Hinweis: «Ich mag das nicht so gerne, Herr Lämpel!»

In der Regel zeigen Menschen ohnehin durch nichtsprachliche Signale des Unmuts, wenn ihr Distanzbedürfnis missachtet wird. Manchmal reagiert nur verkniffen, wer bei einem Empfang oder einer Feier von indiskreten oder auch nur kulturell anders sozialisierten Gästen bedrängt wird. Wird diese mimische Reaktion übersehen, folgt meist eine Geste: Der Belästigte hebt abwehrend die Hände oder wendet immer wieder den Kopf ab, wodurch wenigstens der vermiedene Augenkontakt mehr Abstand vortäuscht.[44] Hilft auch das noch nicht, weicht der Belagerte meist einen kleinen Schritt zurück, dem zur Not weitere folgen. In Bibliotheken sieht man bisweilen, dass Menschen Barrikaden aus Büchern oder Taschen auf dem Tisch errichten, wenn ein Neuankömmling sich für ihr Gefühl zu dicht neben sie setzt. Doch manchmal ist die empfundene Zudringlichkeit schier unerträglich. «Nutzen alle Abwehrversuche nichts, dann fliehen die Personen vor dem Eindringling», schreibt der Geograph Thilo Eisenhardt.[45]

Besonders kurios wird es, wenn man sich die näheren Umstände einer solchen Situation anschaut. Es macht nämlich einen Unterschied, wo im Raum sich jemand einem Menschen nähert, und auch die Räumlichkeit selbst spielt eine Rolle. Eine Regel, auf die man nicht sofort kommen würde, formulieren die Umweltpsychologen Jürgen Hellbrück und Elisabeth Kals: «Je höher die Decke, desto mehr Nähe wird zugelassen.»[46] Höhere Zimmer gewähren schlicht mehr Raum und erleichtern somit eine etwaige Flucht, zumindest empfinden wir das so.

Zwei weitere Befunde aus Studien: Erstens erwarten sitzende Menschen mehr Abstand zu anderen als stehende. Und zweitens wollen sie mehr Distanz, wenn sie in der Ecke eines Zimmers stehen oder sitzen, benötigen aber weniger, wenn sie sich in seinem Zentrum aufhalten. Ein Mann, der eine attraktive Partybesucherin ansprechen möchte, kann ihr mitten im Raum also etwas näher kommen, bis sie ihn zudringlich findet, als wenn sich die Frau in der Zimmerecke aufhält. Die Psychologin Antje Flade erklärt dies mit den unterschiedlichen Fluchtchancen: «Aus Innenräumen kann man nicht so leicht entkommen, denn meistens gibt es nur eine Tür; deshalb braucht man einen Vorsprung, d. h. einen größeren Abstand. Aus der Ecke kommt man schlechter weg. Und wenn man sitzt, muss man erst aufstehen, bevor man weglaufen kann.»[47] Aus demselben Grund sollte der Mann der holden Dame etwas mehr Abstand zubilligen, wenn sie vor einer türlosen Wand steht, kann aber getrost einen Schritt mehr auf sie zu riskieren, wenn sie die beruhigende Tür hinter sich weiß. Ob auch Frauen solche Kniffe anwenden können? Es käme auf eine Probe an.

Wie Sex und Küsse Seitensprünge erschweren

Eine besonders interessante Entdeckung zum Distanzverhalten zwischen den Geschlechtern gelang 2012 einer Gruppe von Medizinern des Bonner Uniklinikums gemeinsam mit Forschern zweier anderer Universitäten. In Versuchen mit insgesamt 57 erwachsenen Männern wollten die Wissenschaftler eine naheliegende Vermutung überprüfen: Sie nahmen an, dass alleinstehende, aber auch gebundene Männer sich attraktiven Frauen im alltäglichen Kontakt dichter annähern würden, wenn sie zuvor das Hormon Oxytocin eingeatmet hatten. Der Eiweißstoff wird im Hypothalamus des Zwischenhirns gebildet und später von der Hirnanhangdrüse bei Bedarf ins Blut abgegeben. Er stärkt nachweislich nicht nur die Bindung zwischen stillenden Müttern und ihrem Säugling, sondern verschafft einem sich liebenden Paar nach dem Sex auch das wohlige Gefühl der Zusammengehörigkeit. Zudem entspannt und ermüdet der beim Orgasmus hochdosiert freigesetzte Stoff das Liebespaar, zum Glück erst nach dem Höhepunkt. Auch Zärtlichkeiten setzen im Körper Oxytocin frei, und das hat ganz klar evolutionsbiologische Gründe. Die wirkmächtige Substanz soll nämlich dafür Sorge tragen, dass *beide* Eltern sich geraume Zeit um den schutzbedürftigen Nachwuchs kümmern wollen. «Das Bindungshormon hält Männer davon ab, sich nach der Zeugung sofort einer anderen Partnerin zuzuwenden, und steigerte dadurch in vorzivilisatorischen Zeiten die Überlebenschancen des Nachwuchses», sagt René Hurlemann, Oberarzt an der Psychiatrischen Uniklinik Bonn.[48] Generell stiftet Oxytocin Vertrauen zwischen Menschen. Von daher könnte man in der Tat annehmen, dass mit dem Hormon behandelte Menschen selbst einem unbekannten Gegenüber ein wenig mehr als üblich auf die Pelle rücken.

Für ihre Studie verabreichten die Forscher ihren Probanden nun entweder das Hormon oder aber eine nichtwirksame Substanz, beides in Form eines Nasensprays. So gab es am Ende hormonell gedopte und wirkstofffreie Paar-Männer und Singles. Kein Mann wusste, ob er mit Oxytocin in Kontakt gekommen war. Lockvogel bei dem sich anschließenden Versuch im stets gleichen Raum war eine hübsche Wissenschaftlerin, die den Testpersonen nie zuvor begegnet war und als Experimentatorin auftrat. Sie näherte sich den Männern so weit an, dass diese den Abstand nach eigenem Bekunden gerade noch als angenehm empfanden; später konnten die Versuchsteilnehmer die Distanz zu ihr selber bestimmen.

Das Ergebnis: Im Durchschnitt wählten die Männer einen komfortablen Abstand von etwa 60 Zentimetern, gemessen von Kinn zu Kinn. Diese Entfernung gehört noch zur weniger verfänglichen *Privatzone* der sozialen Distanz, wohingegen die sogenannte *Intimzone* bereits bei etwa 50 Zentimetern beginnt. Doch eine Gruppe überraschte die Wissenschaftler sehr: die gebundenen Männer, die Oxytocin inhaliert hatten. Sie hielten, entgegen der Erwartung, nicht weniger, sondern sogar 10 bis 15 Zentimeter mehr (!) Abstand ein als unbehandelte Paar-Männer. Mit anderen Worten: Sie bevorzugten eine Distanz von 70 bis 75 Zentimetern zu der reizenden Frau, während die wirkstofffreien Männer mit fester Partnerin sich noch in einem Abstand von 55 bis 60 Zentimetern wohl fühlten, ganz ähnlich wie die Singles mit und ohne Wirkstoff. Bei den alleinlebenden Männern spielte das Bindungshormon also keine nennenswerte Rolle. Doch was hält die gebundenen und hormonell beeinflussten Männer derart auf Abstand? Ein Grund könnte sein, dass sie sich vor der verlockenden Frau ein wenig in Sicherheit bringen wollten, um ein abweisendes Signal auszusenden oder den weiblichen Reizen nicht zu erliegen. Dazu würde passen, dass ein Kontrollexperiment mit einem fremden Mann, dem sich die Testpersonen später ebenfalls nähern konnten, zu keinem Zusatzdistanz-Effekt führte – ein Mann ist für Geschlechtsgenossen, die Frauen begehren, halt keine intime Gefahr.

Was heißt das alles nun für den Alltag von Paaren? Zunächst einmal bedeuten die geschilderten Befunde eines ganz klar nicht: dass nämlich gebundene Männer ständig größeren Abstand zu schönen Frauen halten. Dazu bedürfte es einer Dauerschwemme des vielbesungenen Kuschel-Hormons in ihren Adern. Doch wohl oder wehe:

Einen solchen Treueschutz gibt es nicht. Zwar sei der Oxytocin-Spiegel im Blut von Männern und Frauen, die in einer romantischen Paarbeziehung leben, «etwas erhöht gegenüber dem von Singles», sagt René Hurlemann. Doch viel höher und damit wirkungsvoller ist er «während des Geschlechtsverkehrs sowie kurz nachher, aber auch beim intensiven Austausch von Zärtlichkeiten». Die Gabe des Oxytocin-Sprays im geschilderten Versuch täuscht also nur den eher ungewöhnlichen Zustand nach inniger Zuwendung vor. Nach Meinung des Psychiaters zeigt die Studie demnach, wie bedeutsam eine lebendige Sexualität sowie aufmerksame Streicheleinheiten für den Erhalt verlässlicher Paarbeziehungen sind. Denn nur dann ist die schützende Wirkung des Treue-Hormons stark genug, um Mann und Frau zusammenzuhalten.

Zum Schluss noch eine begründete Spekulation: Vielleicht hat ja der rituelle Abschiedskuss eines Paares, zumindest ein ausgiebiger und halbwegs leidenschaftlicher, eine biochemische Aufgabe im Dienst der Paartreue. Nämlich die, den davonziehenden wie den zurückbleibenden Partner zumindest etwas gegen den sexuellen Sog fremder Menschen zu wappnen, indem die Berührung mit den Lippen der Partnerin einen Schuss Oxytocin freisetzt. Hurlemann hält diesen Gedanken immerhin für eine «interessante Idee und absolut plausibel».

Warum wir Sitzplätze reservieren

Fluggäste möchten sich bitte einmal Folgendes vorstellen: Sie folgen brav dem Aufruf, sich an Bord der Maschine zu begeben, und müssen dort feststellen, dass alle Plätze besetzt sind. Der Flug von Frankfurt am Main nach Vancouver, schlappe zehn Stunden, ist also im Stehen zu absolvieren. Damit dies nicht passiert, aber vor allem aus Sicherheitsgründen, gibt es im Flugzeug nur reservierte Sitze, selbst für Spätentschlossene, die auf den letzten Drücker ein Billigticket ergattert haben. Im Schienenverkehr ist dies anders; dort kann schlimmstenfalls auch ein Fahrgast in der 1. Wagenklasse genötigt sein, auf seinem Koffer zu hocken, wenn er nicht reserviert hat und partout erstklassig reisen will. Die Eisenbahnverkehrsordnung spricht in Paragraph 13, Absatz 1 zwar von einem «Anspruch auf Beförderung», nicht aber vom Recht auf einen Sitzplatz. Übrigens auch nicht davon, dass weniger zahlen muss, wer stehend reisen darf.

Wer öfter Zug fährt, erlebt auch Folgendes wieder: Mal freundlich, mal drängend, bisweilen sogar triumphierend baut sich der Besitzer einer Platzkarte vor einem anderen Fahrgast auf und verweist mit Nachdruck auf seinen Beleg. «Das hier ist mein Platz, ich habe reserviert», sagt so ein Sitzplatzanwärter zum Beispiel, und die besonders unduldsamen Vertreter dieser Gattung halten ihren Mitmenschen die Reservierung hin, als handele es sich um die Anklageschrift der Spanischen Inquisition. Um Zeit zu gewinnen oder erst mal richtig wach zu werden nach dem Weckruf aus tiefem Schlummer, empfiehlt es sich dann, sehr freundlich auf die Möglichkeit zu verweisen, dass der Platzkarten-Inhaber sich einfach im falschen Wagen befinden könnte. Wenig hilfreich ist der Verweis auf andere freie und hoffentlich nicht reservierte Plätze im Großraum oder Abteil. Wo kämen wir denn da hin? Schließlich hat der Karteninhaber bezahlt für seinen Platzanspruch.

Die Deutsche Bahn AG blockiert im Fernverkehr täglich etwa hunderttausend Plätze für ihre Fahrgäste und kennt das Problem zur Genüge. Eigentlich aber sei es gar keines. «Viele Irritationen unserer Fahrgäste über tatsächlich oder vermeintlich reservierte Sitzplätze, die von anderen Reisenden besetzt sind, lassen sich schnell aufklären», sagt der für den Personenverkehr verantwortliche DB-Sprecher. «In der überwiegenden Mehrheit der Fälle liegt ein Missverständnis vor, und beim Vergleich der Sitzplatz-Reservie-

rungskarten löst sich oft im Gespräch zwischen den Reisenden alles in Wohlgefallen auf.» Verhärtet sich der Streit jedoch, sei das Zugpersonal «bestens geschult, deeskalierend einzugreifen und schnell eine für alle Seiten befriedigende Lösung zu finden».[49] Das ist doch überaus erfreulich! Nur beantwortet es nicht die Frage, warum der Tonfall der miteinander rivalisierenden Sitzplatzhirsche nicht selten den Eindruck erweckt, als gehe es um weit mehr als um 4 Euro.

«Vieles, was wir Menschen machen, erscheint hier und da lächerlich», sagt der Evolutionspsychologe Benjamin Lange. «Aber letztlich ist die Sitzplatzreservierung auch ein soziales Vorrecht, für das man obendrein durch eigene Ressourcen bezahlt hat, und diese hätte man ja auch anders einsetzen können.» Geld ist so eine Ressource: Man hat dafür Kraft und Können aufgewandt – nun gut, manchmal auch nur die Kräfte anderer oder seine soziale Herkunft, aber das ist ein anderes Thema. Doch generell sind Menschen darauf programmiert, ihre begrenzte Energie nicht zu vergeuden. Dank dieses Prinzips hat unsere biologische Art bisher ganz passabel überlebt. Die Damen und Herren aus dem Neandertal vor 42 000 Jahren mussten zwar keine Plätze am Höhlenfeuer reservieren, aber Gerangel darum wird es auch damals gegeben haben.

Was uns am Stammtisch reizt

Vor dem Auftakt einer jeden Bundesliga-Saison strotzen die Berichte in Zeitungen wie auch im Netz nur so von Sätzen wie: «Werde hart für einen Stammplatz arbeiten». Oder: «Bellarabi greift nach Renatos Stammplatz». Oder auch: «Höwedes: Stammplatz in Gefahr».[50] Ein Riesenthema also. Offenbar mögen wir alle nicht weit vom Stamm fallen, denn zu ihm – dem Verbund, nicht dem Pflanzenteil – wollen wir doch gehören. Ein Stammspieler zu sein, hebt einen hervor und klar über jene hinaus, die ihr sportliches Dasein meist auf der Ersatzbank fristen müssen, nur um dann auf albernste Weise noch in der vorletzten Minute eingewechselt zu werden. Selbst am Mittagstisch oder in der Cafeteria von Altenheimen werden Stammplätze verteidigt, dort allerdings vor allem, weil sie Vertrautheit vermitteln.[51] Denn sich immer auf denselben Stuhl zu setzen, ist eine beruhigende Gewohnheit. «Rituale schaffen Sicherheit», sagt Helmut Mersdorf, der in Saarbrücken ein privates Seniorenheim leitet. Wie überall, wo Menschen miteinander leben, kommt es auch im «Haus Sonnenwinkel» zwischen den überwiegend weiblichen Bewohnern ab und an zu Revierzwist um den Lieblingsplatz, zum Beispiel in der Cafeteria oder an den Fenstern der Aufenthaltsbereiche. Stammplätze am Mittagstisch haben in Altenheimen allerdings auch den Sinn, Senioren mit ähnlichen sozialen Kompetenzen zusammenzubringen, damit nicht geistig noch sehr wache Heimbewohner dauerhaft neben Demenzpatienten sitzen und sich deshalb nicht sinnvoll unterhalten können.

Bei Stammspielern hingegen geht es vor allem ums Prestige, das verloren zu gehen droht. Bei Profis zudem ums Geld. Doch auch Kicker-Millionäre sind Menschen. «Natürlich ist es kränkend, wenn man als Stammspieler plötzlich auf der Bank sitzt», sagt der Düsseldorfer Sportpsychologe Jürgen Walter, der schon Mannschaften aus diversen Sportarten betreut hat. Denn Menschen wollen und brauchen nun mal Anerkennung und Lob. Dennoch müsse keiner die Versetzung auf die Reservebank «als gnadenlose Niederlage sehen». Statt zu resignieren, sei für den Betroffenen zweierlei viel sinnvoller: erstens zu erkennen, dass man auch auf der Bank ein wichtiges Mitglied der Mannschaft ist, und zweitens das Gespräch mit dem Trainer zu suchen, um herauszufinden, wo dieser Defizite erkannt hat und wie sie sich am besten beheben lassen. Ein sozial kompetenter Trainer wiederum sollte seine Aufstellung «in der Regel offen begründen können und gleichzeitig allen Ersatzspielern zeigen, dass er sie grundsätzlich wertschätzt». Spieler, die sich mit einem dauerhaften Dasein als Reservist nicht abfinden, daran aber auch nichts ändern können oder wollen, haben letztlich immer noch die Möglichkeit, den Verein zu wechseln oder in einer niedrigeren Liga ihr Glück zu versuchen und womöglich dort wieder zum festen Stamm der Mannschaft zu gehören. Das hat Walter in seiner aktiven Zeit als Tischtennisspieler genauso gehandhabt und ist gut damit gefahren. Der dahinterstehende Grundsatz laute: «Love it, change it or leave it!», oder auf Deutsch: Mach deinen Frieden damit, ändere es oder lass es hinter dir.

Diese Wahl haben die Beisitzer von Wirtshaus-Stammtischen nicht. Aus Frust ins Gasthaus des Nachbardorfes überzusiedeln, kommt als Ausflucht kaum in Frage. Also bleibt den Wichtigen und Wichtigtuern und all jenen, die einfach gerne ihr Bier in netter Runde schlürfen möchten, nur die Stammplatzpflege in der «Dorflinde» oder im «Goldenen Hirschen» vor Ort. Hier gehört Mann hin, hier will er dazugehören. Auch wenn der traditionelle Honoratioren-Stammtisch in den letzten Jahrzehnten an Bedeutung eingebüßt hat, sind Stammrunden nach wie vor ein wichtiger Umschlagplatz für Nachrichten, schräge Witze und vor allem für Gerüchte. Früher saßen an dem oft runden oder ovalen Tisch einflussreiche Mitglieder der Dorfgemeinschaft: vor allem der örtliche Arzt, natürlich der Bürgermeister, der für sein Wissen geschätzte Lehrer und der ähnlich kluge Apotheker, manchmal auch der Förster sowie ein reicher Bauer, der so etwas wie der lokale Großgrundbesitzer war. In der Mitte des Tisches stand ein großer schmiedeeiserner Aschenbecher mit darüberbaumelndem «Stammtisch»-Schild. Fast immer kannte der Wirt die jeweiligen Trinkgewohnheiten der Stammtischhocker, weshalb nicht jedes Bier oder Schnäpschen eigens bestellt werden musste. Auf vielen Dörfern ist das noch heute so ähnlich, während sich in Städten eher von Spezialinteressen geleitete Zirkel versammeln, etwa ein gediegener Lateiner-Stammtisch oder eine munter plappernde Nordic-Walking-Runde. Längst treffen sich auch Frauen im Gasthaus oder Café zum gemeinsamen Plausch in mehr oder minder fester Besetzung.

Als Ortsfremder an einen Dorfstammtisch gebeten zu werden, gilt bis heute als Ehre, und wer dort sitzen darf, hat gute Chancen, bald auch im Dorf geachtet zu werden. Politiker hingegen befinden sich im Grunde ständig im Kampf um die Hoheit über die Stammtische, denn wer diese für sich einnimmt, beherrscht häufig bald auch die Diskussion im ganzen Ort. Wer am Stammtisch sitzen will, muss jedenfalls schon einiges geleistet haben oder es sich leisten können. Eher selten ist dort Platz für Grünschnäbel, viel eher aber für erfahrene, ältere Mitglieder der Dorfgemeinschaft.

Sie gelten viel und haben das Sagen; «da will man gerne dazugehören», sagt der Göttinger Evolutionspsychologe Benjamin Lange und begründet es recht biologisch: «Die Stammesältesten haben den höchsten Status, und dieser ist mit die wichtigste Variable für die Evolution des Menschen.» Männer könnten ihren Status recht gut in eine andere Währung ummünzen: den «Zugang zu attraktiven Mitgliedern des anderen Geschlechts», landläufig Frauen genannt. Das mag zwar sein, gilt aber für Stammtischbrüder doch nur eingeschränkt, wenigstens wenn die Kellnerinnen im Wirtshaus noch sehr jung sind, und das ist ja meist der Fall. Im Film werden dann immer mal wieder übergriffige Runzelhände gepatscht. Das soll wohl lustig sein.

Ich selber kann berichten, dass ich schon als kleiner Junge stolz war, neben meinem Vater oder Onkel am Stammtisch unserer Fußball-Vereinskneipe zu sitzen, bei all den großen Männern. Der alte Herr Pönnicke qualmte wie immer seine mörderischen Zigarren, Herr Alles nährte seinen ansehnlichen Bauch, und Herr Keffer erzählte von seinen Erlebnissen als Vereinskassierer. Mein Onkel gab die üblichen Witze zum Besten und fand immer welche, die noch lachten. Dabei sein war alles, darauf kam es an.

Warum wir auf unserem Stuhl beharren

Eines der auffälligsten Phänomene beim Revierverhalten ist der Stammplatz-Quickie, oft zu sehen bei mehrtägigen Seminaren oder Konferenzen. Es beginnt am ersten Tag der Veranstaltung damit, dass die Teilnehmer des Kurses «Schnellhäkeln für Fortgeschrittene» an der Volkshochschule Klein-Dudeldorf in den Seminarraum einlaufen, manche zielstrebig, andere eher scheu. Dann wählen sie einen Sitzplatz, wobei die Unsicheren nicht selten nehmen müssen, was übrig bleibt. Der Stuhl wird gleich mit der Jacke dekoriert, also markiert; manche Frauen hängen zusätzlich ihre Handtasche über die Lehne. Doch schon beim zweiten Termin betreten die Kursteilnehmer den Raum viel flotter und steuern zielsicher denselben Platz an, auf dem sie schon vor einer Woche saßen. Das funktioniert todsicher, auch ohne Namensschilder, die am Platz zurückgelassen werden. Allenfalls hört man bisweilen die vorsichtige Frage der ganz Rücksichtsvollen: «War das hier letztes Mal Ihr Stuhl oder doch meiner?» Dabei wäre es im Grunde einerlei, wo sich die Volkshochschüler platzieren.

Menschen machen sich mit der Fremde und mit Fremden gerne möglichst rasch vertraut, auch mit einem unbekannten Seminarraum und anderen, die sich hier versammeln. «Wir wollen in jeder Gruppe buchstäblich schnell unseren Platz finden, um uns möglichst rasch sicher zu fühlen», sagt der Organisationspsychologe Jörg Felfe. Doch dabei steht der Mensch vor einem Dilemma: Zwar geht es ihm einerseits klar um Zugehörigkeit zur Gruppe, andererseits aber auch darum, als Individuum erkennbar zu sein. Genau das ist das Motivgemisch, das uns am zweiten Seminartag dazu bewegt, erneut unseren Stuhl von gestern anzusteuern. «Wir wollen der Typ vorne rechts neben dem Projektor sein», sagt Felfe. Oder eben der Kerl ganz hinten rechts am Fenster, aber auf keinen Fall irgendeiner. Denn Irgendeiner ist ein Niemand, ein Mann oder eine Frau ohne Eigenschaften, jemand, der weder dazugehört noch erkannt wird. Es riskiert nun einmal seine Position, wer als austauschbar gilt. Auch TV-Talkshows werden nach einer sorgsamen Choreographie mit leicht unterscheidbaren Typen besetzt – und wehe, Deutschlands Lieblings-Blogger Sascha Lobo hätte sich seine Irokesen-Bürste auf dem Kopf abrasiert und sähe plötzlich so fad aus wie der Herr rechts neben ihm, seines Zeichens Bundesminister. Oder der als Fiesling eingeplante Börsenspekulant verpasste seinen Flieger. Dann würde es öde werden bei Jauch, Will, Plasberg und Konsorten.

Einen festen Platz zu haben und damit in Verbindung gebracht zu werden, ist also wichtig für unser Selbstgefühl. Genau daraus ergibt sich der Reiz eines Spiels wie «Reise nach Jerusalem», wahlweise auch «nach Rom». Denn das Spannende dieses zumindest früher einmal sehr beliebten Vergnügens auf Kindergeburtstagen liegt gerade darin, dass man keinen festen Platz hat, und nicht nur das: Es gibt in jeder von Musik untermalten Spielrunde auch einen Platz weniger, als Mitspieler um die aufgestellten Stühle rennen. Wer keinen Sitz erobert, wenn plötzlich die Musik erstirbt, hat das Nachsehen und muss ausscheiden. Möglichst nicht rauszufliegen aus der Runde, ist ein starkes Spielmotiv für uns Menschen, denn wir gehören nun einmal sehr gerne dazu, sei es zum Stammteam oder zur Stammbelegschaft.

Im Seminarraum einer Volkshochschule zumindest spart der vorübergehende Stammplatz geistige Energie, die ins Häkelergebnis oder das Erlernen einer Fremdsprache fließen darf. Es kann nämlich stressen, wenn man bei jedem Zusammentreffen einen neuen Sitzplatz auswählen und damit anderen womöglich wegnehmen muss. Wenn jeder sofort *seinen* Stuhl ansteuert, bleiben Irritationen und Konflikte aus. Sie kennen das doch: Wie kann sich diese Vorstadt-Ziege mit ihren albernen Pumps erdreisten, mir meinen Platz in der ersten Reihe gleich vor dem reizenden Seminarleiter wegzunehmen? Und woher nimmt dieser lange Lulatsch in der speckigen Lederjacke die Frechheit, sich heute genau vor mich zu setzen? Sein Platz ist doch hinten links, gleich neben dem Kartenständer, wie beim letzten Mal!

Weshalb wir uns mit Nachbarn streiten

Gelesen habe ich den Comic vor über vierzig Jahren, doch noch immer stehen mir die beiden betagten Goldgräber Dad und Daddy Digger klar vor Augen. Bis heute erinnere ich mich auch an den ganz eigenen Rosenkrieg der alten Knaben. Entbrannt ist der unversöhnliche Streit, weil der eine Weißbart seine geliebten roten Rosen ausgerechnet direkt an jene Grenzlinie gepflanzt hat, wo sein Schürfrecht endet und das seines Nachbars beginnt. Der aber sähe dort partout lieber gelbe Rosen. Diesem Farbwunsch verleiht er mit der Beharrlichkeit einer lästigen Stubenfliege Ausdruck, indem er immer wieder alle neuen Blüten gelb überpinselt. Was den Liebhaber roter Rosen wiederum zur Weißglut treibt und ebenfalls zum Farbeimer greifen lässt – und so weiter. Schon Friedrich Schiller wusste: «Es kann der Frömmste nicht in Frieden leben, wenn es dem bösen Nachbarn nicht gefällt.» Wobei es mit der Frömmigkeit beider Goldsucher nicht sonderlich weit her ist.[52]

Hätte Erhard Väth die alte Bildergeschichte vor sich liegen, würde er sicher schmunzeln. Ihm ist kaum Menschliches fremd geblieben, was neben seinem Alter von fast achtzig Jahren vor allem zwei Gründe hat: Erstens war der Jurist über zwanzig Jahre lang Amtsgerichtsdirektor in den rheinischen Städten Rheinbach und Euskirchen, was für sich genommen schon eine lehrreiche Schule fürs Leben war. Und zweitens steht der noch immer sehr aktive Pensionär seit 1996 dem Bund der Schiedsmänner und Schiedsfrauen (BDS) vor. Diese können eine Reihe von minder schweren

Rechtsstreitigkeiten schlichten, ohne dass ein Gericht eingeschaltet wird. Ärger zwischen Nachbarn über Lärm oder üble Gerüche von jenseits des Gartenzauns sind ein typisches Betätigungsfeld der Schiedsleute, mehr noch: «Etwa 60 Prozent der von uns behandelten Fälle sind Nachbarschaftskonflikte», sagt Väth. Man kann also sagen, dass die Streitschlichter Experten für das Verhältnis zwischen eng beisammenlebenden Mietern und Grundstückseignern sind. Und um dieses steht es nach Ansicht des BDS-Vorsitzenden hierzulande leider nicht zum Besten. Väth beklagt einen «Boom der Nachbarschaftskonflikte».

Über die entscheidende Ursache muss er nicht lange nachdenken: «Die Streitigkeiten ufern so aus, weil die Bevölkerung sich egoistischer verhält als früher.» Bis vor einigen Jahrzehnten seien die Menschen überzeugt davon gewesen, dass man die Nachbarn braucht, inklusive eines guten Drahts zu ihnen. Doch diese Sichtweise schwinde «immer stärker». Stattdessen verließen sich die Leute lieber auf die Notrufnummern 110 und 112. Infolgedessen könnten Zäune und Sichtblenden «gar nicht mehr hoch genug sein». Die Ursachen seien vor allem Bequemlichkeit und Wohlstand. «Nachbarschaftlicher Kontakt ist vielen mittlerweile zu aufwendig.» Lieber kauft man sich eine eigene Bohrmaschine im Baumarkt oder einen eigenen Rasenmäher, als sich von den Nachbarn ein Gerät zu borgen. Wer weiß schon, ob der Verleiher dann nicht denkt, man sei ein armer Schlucker oder gar ein Schnorrer. Väth zieht hier gerne einen Vergleich zur «Mangelgesellschaft» der DDR. Er selber hat 1989, noch vor der Wiedervereinigung, beim Aufbau des Schiedswesens in Ostdeutschland geholfen. «In der DDR spielten die Nachbarn eine große Rolle; man half einander mehr als bei uns.» Wo viele Nahrungsmittel und Werkzeuge knapp waren, lag es nahe, einander beizustehen. Väth hat den Verlust dieser engen Bande durch den absehbaren Konsumrausch und die größere Unabhängigkeit voneinander kommen sehen und ihn den Menschen im

Osten prophezeit. Und genau so sei es gekommen: Die Schiedsleute plagen sich heute in Thüringen oder Sachsen mit denselben Scharmützeln wie im Saarland oder an der Ruhr. «Im Frühjahr geht es um die Pflanzen, die zu eng an Grundstücksgrenzen gesetzt werden. Im Sommer um Grillschwaden, die Terrassen vernebeln. Im Herbst gibt es Probleme mit dem Laub», zählt Monika Ganteföhr, Schiedsfrau in Herne, typische Anlässe auf. «Ruhiger ist es nur im Winter, weil da jeder drinnen bleibt.»[53]

Wo man sich nicht mehr helfen muss, hat gegenseitiges Vertrauen es schwer. Im Streitfall fehlt dann die menschliche Basis, um sich friedlich zu einigen. Die Konsequenz sind Kämpfe, die auf Außenstehende albern wirken oder gar grotesk. «Der geringste Übergriff aufs eigene Revier löst dann sofort heftige Reaktionen aus», hat Erhard Väth oft genug erfahren müssen. Dann reicht es, wenn der Ast der Zierkirsche es wagt, über den Lattenzaun zu wachsen. «Dabei geht es gar nicht um den Ast; es geht ums Prinzip.» Und das lautet: Auf *mein* Grundstück ragt *dein* Ast nicht herüber! Es wird die Frauen nicht freuen, dass der Chef-Schiedsmann vor allem ihnen bescheinigt, die Konflikte um müffelnde Komposthaufen, quakende Frösche oder Tulpen zerquetschende Fußbälle anzuheizen. «Die Männer sind oft konzilianter, aber die werden von den Damen regelrecht in den Kampf geschoben.» Er wisse, wovon er rede. Der frühere Richter bedauert all das sehr. «Das Nachbarschaftsverhältnis ist ein anderes geworden.»

Das mag stimmen, beantwortet aber noch nicht die Frage, worum da eigentlich gestritten wird, wenn den einen der Kohlgeruch aus Nachbars Küche stört und den anderen die faulen Äpfel, die vom Baum nebenan auf den eigenen englischen Rasen plumpsen. «Wie bei allen Konflikten geht es um unterschiedliche Wertvorstellungen», sagt Barbelies Wiegmann, Fachanwältin für Familienrecht, die als Mediatorin seit 1995 auch zwischen zerstrittenen Nachbarn vermittelt. Nicht umsonst sind unterschiedliche Kon-

zepte von Sauberkeit und Ordnung häufige Konfliktanlässe. Nerven kann derlei so sehr, weil Nachbarn nun einmal nahebei leben. Der Begriff stammt ursprünglich vom *Nah-Bauer*, der die angrenzenden Felder beackerte. Nachbarn sind aber nicht nur nahe, sie sind es auch noch permanent. «Bei ihnen gibt es eine feste Nähe; man kann sich schlecht abkoppeln, wie man es bei Bekannten tun kann, mit denen man nicht mehr klarkommt», sagt die Bonner Streitschlichterin. Diese fixe Nähe habe man sich beim Einzug in eine Wohnung oder beim Kauf eines Eigenheims nicht ausgesucht, sondern nur hingenommen. Die Quittung bekommt man erst beim Streit: «Man kann sich kaum aus dem Weg gehen, es sei denn, man zieht weg», sagt Wiegmann. «Diese Situation macht hilflos und daher meist aggressiv.» Eine Kränkung ziehe die andere nach sich und führe zu einer «Serie gegenseitiger Vergeltungen», wie der Psychologe und Gerechtigkeitsforscher Leo Montada den Dauerkrieg nennt. Da der Zwist oft genug erhebliche Kräfte bindet, bekämen die Kontrahenten einen Tunnelblick. «Plötzlich scheint es nichts anderes mehr auf der Welt zu geben als den bösen Nachbarn und den Wunsch, ihm zu schaden.»[54]

Mein Auto, mein Vorgarten

Auch die Neigung vieler Nachbarn, sich miteinander zu vergleichen, ist eine Quelle von Ärger und Missgunst. Fährt der Anlageberater im linken Haus plötzlich einen teuren Sportwagen, provoziert das den Handwerker im rechten Haus, weil er sich neulich *nur* einen neuen Kleinwagen leisten konnte, über den er sich plötzlich kaum mehr freuen kann. Oder die Frauen der beiden rivalisieren insgeheim um das schönste Kostüm. Statt ihre Selbstwert-Problematik zu hinterfragen und sich mit dem Möglichen zu bescheiden, tragen sie alle den Streit nach außen und bezeichnen sich gegenseitig als «blöder Fatzke» oder «dämliche Schnepfe». Nicht selten auch wird in den Vorgärten um die Wette gerüstet. Nur rasselt man dort nicht mit den Säbeln, sondern bringt gewaltige kupferne Blumenkübel, marmorne Zierkugeln oder sündhaft teure Gartenzwerge in Stellung. Jan Philipp Recmtsma hat mit Blick auf Nachbarn jedenfalls keine Illusionen mehr. «Nachbarschaft ist eine Gewaltressource erster Ordnung», urteilt der Vorsitzende des Hamburger Instituts für Sozialforschung.[55]

Selbst wer gute Anrainer hat, kann sich nicht sicher sein, dass es so bleibt. In einen Aufsatz über Nachbarschaftskonflikte hat Reemtsma eine Comic-Zeichnung von Carl Barks eingebettet, dem wir so bekannte Disney-Figuren wie Dagobert und Donald Duck verdanken. Auf dem Bild kehren Donald und seine neunmalklugen Neffen Tick, Trick und Track von einem Besuch bei deren Oma zurück und müssen befremdet feststellen, dass in der Zwischenzeit jemand in das leerstehende Haus nebenan gezogen ist. Donalds verdrossener Kommentar: «Sehr unangenehm! Muss man sich wieder an einen neuen Nachbarn gewöhnen!» Diese Regung kennen nicht nur Comic-Enten: Kaum hat man sich halbwegs mit den Leuten von nebenan arrangiert, ziehen sie wieder aus und muten einem die nächste Anpassungsleistung zu. Gut, wenn der neue Nachbar keine Tuba bläst.

Falls doch, ist Diplomatie gefragt. Noch besser wäre Verständnis füreinander. Ideal aber sind vertrauensbildende Maßnahmen, die rechtzeitig einzuleiten sind, und das soll heißen: vor dem ersten Konflikt. Keine schlechte Idee, sich bei nächster Gelegenheit einfach mal ein Ei zu borgen und dabei die eigene Schlagbohrmaschine anzubieten, falls sie mal gebraucht wird. Das bringt Nachbarn ins Gespräch und schafft ein gutes Miteinander über Reviergrenzen hinweg. Auch die Bitte, künftig vielleicht ein wenig leiser zu sein, dürfte mehr Erfolg versprechen, wenn sie im Vertrauen wurzelt und nicht länger aus dem Schützengraben in Richtung der feindlichen Linie geschrien wird.

3. Wie wir uns zurechtfinden

Wenig kann uns so sehr verängstigen wie die Einsicht, dass wir nicht mehr wissen, wo wir sind. Auch Juliane Koepcke, die inzwischen mit Nachnamen Diller heißt, musste sich das einmal eingestehen, doch sie hat das Beste aus ihrer misslichen Lage gemacht und mit viel Glück überlebt. An Heiligabend 1971 flog die damals 17-jährige Tochter eines deutschen Biologenpaares mit ihrer Mutter von Lima nach dem ebenfalls peruanischen Ort Pucallpa, wo die beiden den Vater der jungen Frau treffen wollten. Die Turboprop-Maschine geriet in eine schwere Gewitterfront, wurde von einem Blitz getroffen und zerbrach. Aus etwa 3000 Metern Höhe, noch festgeschnallt an ihrem Sitz, stürzte Juliane Koepcke in Richtung Erdboden – und überlebte als Einzige. Offenbar hatten kräftige Aufwinde unter den Gewitterwolken ihren Sturz gebremst, ein Übriges taten das Blätterdach und das dichte Unterholz des Regenwaldes. Es war ein Wunder, denn die buchstäblich aus allen Wolken Gefallene erlitt neben einer Gehirnerschütterung und einem Kreuzbandriss nur einige Wunden und brach sich das Schlüsselbein.

Aber noch war das Glück im Unglück nicht perfekt, denn die junge Frau war orientierungslos mitten im Urwald, völlig auf sich gestellt. Um zu überleben, musste sie Menschen finden. Was also unternehmen ohne Karte und Kompass? Sie tat das einzig Richtige und suchte nach einem Wasserlauf, so klein er auch sein mochte. Denn Wasser fließt immer bergab und irgendwann mit anderem Wasser zusammen. Aus einem Rinnsal wird so ein Bach, aus diesem ein Fluss oder gar ein Strom, und je größer das Gewässer, umso wahrscheinlicher siedeln oder arbeiten daran Menschen. Diese Idee war die Rettung: Nach zehn Tagen zu Fuß und manchmal schwimmend entdeckte Koepcke ein Boot und die einfache Behausung von Waldarbeitern. Heute ist die promovierte Biologin stellvertretende Direktorin der Zoologischen Staatssammlung München und leitet dort die Bibliothek; über ihr spektakuläres Erlebnis vor über vierzig Jahren hat sie kürzlich ein Buch verfasst.

Erfreulicherweise müssen die meisten von uns ihre Kraft zum Überleben nie derart eindrucksvoll beweisen. Auch geht es nach einem Unglück höchst selten einmal darum, buchstäblich zurück in die Welt der Menschen zu finden. Doch Orientierung, ein gutes Raumgefühl und angemessenes Verhalten sind auch im Alltag wichtig: in Wäldern, in Städten oder in Häusern. Unsere Vorfahren konnten nur überleben, wenn sie in solchen Lebenslagen pfiffig waren oder einfach Glück hatten. Denn wer sich verirrt hatte und nicht zurück zu seiner Horde oder in sein Dorf fand, war meist verloren.

Warum die Herren vorangehen

Man sieht es bei Gruppen von Spaziergängern oder Wanderern immer wieder, dass die Männer an der Spitze marschieren und die Frauen einige Meter dahinter folgen. Umgekehrt erlebt man es nur selten. Auch Rainer Brämer hat es auf vielen Touren über Stock und Stein beobachtet: «In etwa 80 Prozent aller Fälle geht eine Männergruppe vorneweg», sagt der Wanderforscher: Frauen überließen Männern gerne die «potenziell gefährliche Aufklärungsposition» an der Spitze.[56] Auch Tübinger Kulturwissenschaftlerinnen gelangten in einer Studie zur Erkenntnis, dass Männer häufig die Führung übernehmen. Viele Frauen überließen ihnen diese Aufgabe «mit größter Selbstverständlichkeit». Wenn es darum gehe, sich «hinaus ins feindliche Leben zu wagen», genieße «nach wie vor der Mann das Vorrecht». Und nur selten muss er es sich nehmen.[57] Doch soll das wirklich der Grund für das Zurückbleiben der Damen im zweiten Glied sein, auch heute noch, im 21. Jahrhundert, wo im Wald so gut wie kein Räuber mehr lauert und in Deutschland auch kein Braunbär und fast nirgends Wölfe?

Zunächst einmal könnte schon der etwas schnellere Schritt der Herren eine Rolle spielen. Sie sind nämlich im Mittel mit 5,1 Kilometern pro Stunde unterwegs, die Damen nur mit 4,5.[58] Dieser Unterschied dürfte bei ähnlicher Gesundheit in etwa auch im Alter erhalten bleiben, sodass auch Rentner und Pensionäre zwar langsamer unterwegs sind, aber immer noch flotter als ihre Gefährtinnen. In «Später», einem herzergreifenden Lied, vielleicht einem der schönsten überhaupt über das Altwerden in Liebe, hat der Holländer Herman van Veen dies sehr zärtlich besungen: «Ich seh uns spazieren gehn, vorsichtig ein kleines Stück, du bleibst einen Schritt zurück, und ich bleibe öfters stehn.»[59] Doch wer flinker geht, verfolgt womöglich einfach einen Plan. Nach Ansicht des Evolutionspsychologen Harald Euler könnte das Voranlaufen der Männer nämlich auch damit zusammenhängen, dass sie «zielgerichteter gehen», um den angestrebten Ort möglichst schnell zu erreichen. Man kennt es vom Einkaufen: Während Männer es am liebsten im Stil einer Lenkrakete rasch hinter sich bringen, lassen Frauen sich durch verlockende Angebote links und rechts viel leichter ablenken. «Sie haben es meist weniger eilig damit, irgendwo anzukommen; für sie ist eher der Weg das Ziel.» Zudem sei für Frauen ein Spaziergang «mehr ein soziales Ereignis, bei dem man sich unterhält, so wie beim gemeinsamen Einkaufsbummel». Während die immer mal wieder schweigenden Männer konzentrierter auf den Weg achten können, womöglich auch wollen, folgen demnach die Frauen in der beruhigenden Gewissheit oder auch nur der Hoffnung, dass ihre Partner sie nicht in die Irre führen werden. Die Suche nach dem richtigen Weg erfordert Konzentration, und wer gerne in Gruppen wandert, der weiß, dass wenig so leicht vom rechten Weg wegführt wie eine engagierte Diskussion der Leithammel über Fußball oder Politik, falls solche Gespräche doch einmal stattfinden.

Doch Vorsicht vor Klischees: Selbstverständlich gibt es Frauen, zumal jüngere, die sehr flott unterwegs sind, beim Wandern eher

schweigen und Gruppen beherzt anführen. Bei den älteren Jahrgängen allerdings studieren in aller Regel Männer die Wanderkarten, kommen damit im Durchschnitt auch besser zurande und geben die Kartenblätter auch ungern aus der Hand. Und solche Herren lieben die Vorstellung, sich im Gelände besser orientieren zu können, weswegen sie auch später nach dem Weg fragen. Für sie gilt die Devise: «Selbst ist der Mann!» Nicht weiterzuwissen oder sich gar verlaufen zu haben, ist für die Träger des Y-Chromosoms viel eher mit Scham und Selbstvorwürfen verbunden als für Frauen. Diese müssen sich als Pfadfinderinnen selten etwas beweisen und verlassen sich deshalb eher auf den Rat entgegenkommender Wanderer oder von Menschen, die sie für ortskundig halten. Mehr noch: Sie schätzen solche zwischenmenschlichen Kontakte als willkommene Gelegenheit, anderen zu begegnen. Rainer Brämer zufolge haben Frauen halt «einfach mehr soziale Intelligenz».

Wie Frauen und Männer sich orientieren

Dass meist Männer eine Wandergruppe anführen, ist das eine. Doch sind sie auch wirklich geschickter, wenn es darum geht, sich im Gelände zu orientieren und auf einem unvertrauten Weg wieder zurück zum Ausgangspunkt zu finden? Liegt ihnen das Erkunden auch unbekannter Gegenden und Wege seit Tausenden von Jahren im Blut, mithin in den Genen?[60] Üblicherweise hat es einen Grund, wenn bei einem der Geschlechter eine Fähigkeit deutlich besser ausgebildet ist. Die traditionelle Sicht auf frühe menschliche Gesellschaften vor der Sesshaftigkeit, sogenannte Jäger-Sammler-Kulturen, geht davon aus, dass Männer zur meist anstrengenden Großwildjagd gingen und Frauen sich im oder beim Lager aufhielten. Dieses verließen sie allenfalls dazu, um Früchte, Beeren, Knollen und dergleichen zu sammeln oder Wasser zu holen. Dazu passen wissenschaftliche Befunde, wonach der Sehsinn bei Männern und Frauen hormonell bedingt unterschiedliche Stärken und Schwächen hat: Männer können offenbar feinere Details erkennen (selbst wenn sie im Kühlschrank zum Verzweifeln ihrer Frauen oft die Butter nicht finden), aber auch schnelle Bewegungen leichter wahrnehmen. Vor allem Letzteres wäre bei der Jagd hilfreich, wo es schließlich darum geht, flüchtende Tiere im dichten Unterholz zu erkennen. Frauen hingegen gelingt es besser, auch feine Farbnuancen zu unterscheiden, was bei der Jagd zwar auch nicht schaden würde, aber gerade beim Sammeln von Beeren und anderen Früchten von Vorteil ist.[61]

Nach dieser Theorie entfernten unsere männlichen Vorfahren sich nicht nur regelmäßig weiter vom zeitweiligen Wohnplatz der Gruppe als Frauen, sondern zu anderen Zwecken, nämlich außer zur Jagd auch zu räuberischen Beutezügen in die Lager anderer menschlicher Gemeinschaften. So gesehen, wäre es in der Tat biologisch sinnvoll gewesen, wenn die Männer zumindest damals über eine bessere Orientierung im Raum verfügt und diese Eigenschaft an ihre Söhne weitergegeben hätten, am zweckmäßigsten durch Vererbung.

Der Sinn einer guten Orientierungsgabe leuchtet rasch ein. Während einer hektischen Jagd mit wilden Richtungswechseln kann sich kein Mensch zu jeder Zeit auffällige, gut wiedererkennbare Bäume oder Felsen merken, und das Gelände ist einem auch nicht immer vertraut, jedenfalls nicht bei einer raumgreifenden Such- oder Verfolgungsjagd, die Tage dauern kann. Zudem würden Jäger auf absurde Weise wertvolle Kraft vergeuden, wenn sie einen windungsreichen Laufweg nach vollendeter Jagd exakt so wieder zurückgingen, womöglich noch mit einem schweren Hirschkalb oder Fleischbrocken auf der Schulter. Viel vernünftiger wäre es dann gewesen abzukürzen, auch wenn dieser Weg durch unbekanntes Gelände führte. Doch genau dazu muss man noch wissen, aus welcher Richtung man gekommen ist, und das selbst nachts oder dann, wenn die Sonne von dichten Wolken verdeckt ist und als Orientierungshilfe ausfällt. Um das zu schaffen, muss das Gehirn noch während der Jagd imstande sein, Wegstrecken und bei jeder Richtungsänderung auch den Winkel quasi aneinanderzuhängen, um am Ende noch zu wissen, woher man kam und wohin man zurückfinden musste. Auch auf Kriegszügen, mitunter verbunden mit wirren Kämpfen, Flucht und raschen Vorstößen, wäre diese Gabe förderlich für das Überleben der höchstwahrscheinlich meist männlichen Krieger gewesen.

Noch heute ist das Führen von Kriegen eine «nahezu ausschließlich männliche Angelegenheit und spielt auch im Leben von Naturvölkern eine zentrale Rolle», schreibt Doris Bischof-Köhler von der Universität München in ihrem Buch «Von Natur aus anders» über die Psychologie der Geschlechterunterschiede.[62] Aus ihrer Sicht spricht viel dafür, dass schon bei den frühen Menschen der vergangenen zwei Millionen Jahre die Männer sowohl größeres Wild jagten als auch zu Kämpfen aufbrachen. Denn für beides war nicht nur sehr viel Kraft vonnöten. Erheblich war auch das mit Jagd- und Kriegszügen verbundene Risiko. Eine Sippe oder Gruppe konnte es sich aber nicht leisten, immer wieder Frauen auf strapaziösen und lebensgefährlichen Jagden, geschweige denn in Kämpfen, zu verlieren, da dies den Fortbestand der meist sehr überschaubaren Gemeinschaften aufs Spiel gesetzt hätte. Männer ließen sich natürlich nicht völlig, aber doch leichter ersetzen als Frauen, die alleine die Kinder gebären konnten. Unter den heutigen Naturvölkern gehen Bischof-Köhler zufolge nur bei den philippinischen Agta Frauen allein oder zu zweit mit Pfeil und Bogen auf Großwildjagd. Das schließe zwar nicht aus, dass die Frauenjagd auf großes Getier vor einigen Jahrtausenden deutlich stärker verbreitet gewesen sein könnte. Doch immerhin sei es bemerkenswert, dass dies heute «überhaupt nur von einer einzigen Ethnie bekannt ist».[63]

Frauen mit Jagdleidenschaft und großem Sachverstand wie Elisabeth Emmert, die seit Jahren dem Ökologischen Jagdverein vorsteht, sind jedenfalls kein schlagkräftiges Argument gegen die althergebrachte Dominanz des männlichen Großwildjägers. Ähnlich verhält es sich mit der plausiblen Annahme, dass unsere weiblichen Vorfahren ab und an auch gemeinsam mit Männern großem Wild nachgestellt haben dürften, etwa wenn buchstäblich Not am Mann war. Nach Ansicht des US-Anthropologen James Adovasio dürften dies vor allem «körperlich tüchtige Frauen» gewesen sein, «die keine kleinen Kinder zu versorgen hatten». Doch viel wahrscheinlicher werden die Frauen früher menschlicher Kulturen in der Umgebung der Lager geangelt oder Fallen gestellt haben, um kleinere Beute zu machen. In solchen Gemeinschaften war es dann «wichtig, dass sowohl Männer als auch Frauen wussten, wo gute Jagd- oder Fangplätze lagen, und beide mussten auch wissen, wo man zu welcher Jahreszeit wichtige essbare Pflanzen beschaffen konnte».

Landmarken und Wegefolgen

Die Art und Weise jedoch, wie Männer und Frauen sich im Gelände zurechtfinden und sich zurückgelegte Wege merken, ist bei den Geschlechtern auffällig verschieden, auch heute noch. Rainer Brämer, der die Vorlieben von Wanderern intensiv erforscht hat, ist immer wieder auf zwei unterschiedliche Strategien der Orientierung gestoßen[64]: Da sind einmal die Wegefolgen-Wanderer, die sich nach einem Blick auf die Karte mehrere Abzweige hintereinander einprägen können und auch nach einer wirren Abfolge von Spitzkehren und langgezogenen Kurven meist noch wissen, in welcher Himmelsrichtung das Ziel liegt. Damit tun sich Landmarken-Wanderer schwer. Diese orientieren sich lieber an einer wuchtigen Linde, einem Aussichtsturm oder Wegekreuz und hangeln sich quasi von einem markanten Punkt zum nächsten weiter und an dieser Perlenkette von Wegmarken am Ende auch wieder zurück. Nur verlaufen dürfen sie sich dabei nicht.

Frauen neigen überwiegend zu dieser zweiten Strategie. Sie sagen sich beispielsweise: Zuerst einmal gehen wir bis zu dem hohlen Baum zurück, dann am Bach entlang bis zur Grillhütte und dann hinunter bis zur Kirche mit dem spitzen Turm. Solche Merkmale kann sich das weibliche Geschlecht im Durchschnitt tatsächlich besser als das männliche merken und wiederfinden – ein Talent, das Frauen bereits in früheren Jahrhunderten und Jahrtausenden dabei geholfen haben könnte, gute Stellen für Pilze, Beeren, Honig oder essbare Knollen wiederzufinden. In Tests bemerken sie zudem eher als Männer das plötzliche Fehlen von Gegenständen auf einer Abbildung, die ihnen leicht verändert ein zweites Mal präsentiert wird. Ihr Ortsgedächtnis ist offenbar besser.[65] Im Gegensatz dazu schaffen es Männer eher, auch nach mehreren Abzweigen noch in etwa zu wissen, in welcher Richtung der Bahnhof liegt oder das geparkte Auto steht. Sie «scheinen sich bei ihrer Orientierung im Raum nach einer Art inneren Landkarte zu richten, mit deren Hilfe sie Winkel und Richtungen integrieren».[66] Auf diese Weise können sie sich auch kompliziertere Wegverläufe einprägen und zusätzlich mit groben Längenangaben versehen. Das sieht man auch daran, wie Männer Ortsfremden die Route zu einem gewünschten Ziel beschreiben, nämlich zum Beispiel so: «Sie gehen erst mal etwa 250 Meter geradeaus, dann biegen Sie an der zweiten Straße nach rechts, dann an der dritten nach links und nehmen dann nach hundert Metern die erste wieder rechts.»

Harald Euler hat das in seiner Professoren-Zeit in Kassel selber einmal testen lassen. Studierende fragten Passanten mit verstecktem Mikrophon nach dem Weg zum Bahnhof. Auch dabei kam heraus, dass Frauen – wie schon erwähnt – einen Weg öfter anhand von auffälligen Wegmarken («an der Tankstelle vorbei») erklären und ihrer Beschreibung häufig zum Schluss hinzufügen: «Und dort fragen Sie am besten noch mal jemanden.» Männer machten das fast gar nicht, offenbar weil sie annehmen, ihre Erklärung sei unübertrefflich elegant gewesen und führe selbst Blinde todsicher ans Ziel. «Außerdem waren die Angaben der Frauen, gemessen in Wörtern, sehr viel länger als die der Männer», merkt Euler an.

Auch Sexualhormone mischen beim räumlichen Vorstellungsvermögen mit. Wenn Frauen bei einschlägigen Experimenten ähnlich wie Männer abschneiden, dann kann dies darauf hindeuten, dass ihr Blut außergewöhnlich viel Testosteron enthält. Das männliche Geschlechtshormon verändert nämlich die Art und Weise, wie unser Hirn Informationen verarbeitet. Oder die betreffenden Frauen waren noch als Ungeborene über das Blut ihrer schwangeren Mütter ungewöhnlich hohen Testosteronmengen ausgesetzt, sodass ihr Hirn männlicher geprägt worden ist. Üblicherweise enthält das Blut von Männern etwa zehnmal so viel Testosteron wie das von Frauen, doch können Krankheiten und Entwicklungsstörungen diesen Unterschied deutlich verringern.

Wegen ihrer höheren Testosteronwerte treffen viele Jungs mit Steinen ihre Ziele besser als Mädchen und haben auch mehr Spaß dabei, sich mit Spielkameraden bei diesem Treiben zu messen, wodurch sie noch besser darin werden. Der Körperbau spielt hier offenbar kaum eine Rolle, sehr wohl aber die Art und Weise, wie die Gehirne beider Geschlechter räumliche Daten verarbeiten.[67] Ebenfalls wegen des Testosterons schneiden Jungs und Männer bei speziellen Tests zur Raumvorstellung besser ab. Zum Beispiel fällt es ihnen leichter, auf einem Blatt Papier in ein Gefäß eine waagerechte Wasserlinie – also den Füllstand – einzuzeichnen, und zwar unabhängig davon, wie stark das Behältnis geneigt ist. Hier treten «bei Frauen erstaunlich viele Fehlleistungen auf, selbst Studentinnen zeichnen die Linie schief anstatt horizontal ein».[68]

Am deutlichsten aber dominieren die Herren in einer anderen Disziplin: nämlich bei sogenannten Rotationsaufgaben. Dabei muss im Geist eine komplexe zwei- oder dreidimensionale Figur so gedreht werden, dass sie mit einer anderen Figur aus einer Gruppe von drei oder vier Alternativen übereinstimmt. Offenbar erleichtert der höhere Testosterongehalt im männlichen Blut das Lösen dieser Aufgabe, zumindest bis zu einem bestimmten Wert; danach lässt die Leistung wieder nach. Für Männer scheint nämlich ein mittlerer, für ihr Geschlecht normaler Testosterongehalt im Blut am besten für ihre räumliche Intelligenz zu sein. Jedenfalls erzielen sie dürftigere Ergebnisse bei entsprechenden Tests, wenn ihre Werte im Tages- und Jahresgang erhöht sind, also am Morgen beziehungsweise im Herbst, den für Männer sexuell günstigsten und deshalb aktivsten Zeiten. Hohe Östrogenwerte hingegen lassen Frauen vor allem bei Rotationsaufgaben schlechter abschneiden. Sie erzielen ihre besten Ergebnisse konsequenterweise dann, wenn der Wert des weiblichen Geschlechtshormons bei ihnen niedrig ist, also während ihrer Regelblutung.

Doch solche Leistungsunterschiede müssen nicht nur biologische Ursachen haben. Gut möglich, dass Geschlechterdifferenzen beim Orientierungsvermögen auch daher rühren, dass Jungs und Mädels noch immer unterschiedlich erzogen und zu jeweils anderen Dingen ermutigt werden. «Die Eltern erlauben vierjährigen Jungen einen größeren Handlungsradius als gleichaltrigen Mädchen», sagt der Freiburger Psychologe Christoph Hölscher. Zum Beispiel dürften sie schon allein zum Spielplatz und von dort wieder nach Hause, während Mädchen oft noch hingebracht und abgeholt würden. Das schule bei den Jungs die räumliche Erinnerung, das Anlegen geistiger Wegekarten und natürlich das Selbstvertrauen, auch unbekannte Routen zu wagen und sie später wiederzufinden. Bei den vorsichtiger erzogenen Mädchen hingegen bleibe diese Fähigkeit unterentwickelt, lasse sich aber jederzeit durch ermutigenden Zuspruch fördern – und zwar völlig unabhängig davon, welches Geschlecht sich in unvertrautem Gelände oder fremden Städten schon von Natur aus besser orientieren kann. Lässt man Frauen und Männer vor einem Rotationstest nämlich selber ihre Fähigkeit einschätzen, ihn gut zu bestehen, wie es der Biopsychologe und Geschlechterforscher Markus Hausmann für eine Studie getan hat, dann zeigt sich etwas höchst Interessantes: Ein Teil der Frauen ist skeptisch, der andere zuversichtlich – wie nicht allzu überraschend auch praktisch alle Männer, die im Durchschnitt auch sonst bekannt dafür sind, ihre Leistungen zu überschätzen. Man ahnt die Folgen: Die an sich zweifelnden Frauen zeigten im Test eine «signifikant schlechtere Leistung» als die zuversichtlichen Frauen und Männer. Diese beiden Gruppen wiederum, also die Selbstbewussten beiderlei Geschlechts, «unterschieden sich nicht in ihren durchschnittlichen Leistungen», ganz unabhängig vom Testosteronwert. Ohnehin ist seit langem bekannt, dass man als Studienleiter Testergebnisse schlechter ausfallen lassen kann, wenn man Frauen oder auch Männern zuvor mitteilt, ihre Geschlechtsgenossen hätten in früheren Versuchen «immer miserable Ergebnisse» erzielt. Umgekehrt schneiden Frauen bei einem Test stets besser als üblich ab, wenn man ihnen vorher zugeflüstert hat, Frauen seien in der hier getesteten Fertigkeit stärker als Männer. Steckt man umgekehrt Männern vorab, sie seien bei Rotationsaufgaben immer besser als Frauen, steigt ihr Testosteronspiegel um mehr als die Hälfte, sodass sie – womöglich vor allem deshalb – tatsächlich besser als die Damen abschneiden. Für Hausmann ist das Fazit leicht zu ziehen: «Die Ergebnisse sprechen für einen klaren Zusammenhang zwischen der Selbsteinschätzung und der Leistung in diesem Test.»[69] Eltern, die ihren Mädchen von Anfang an mehr zutrauen, machen sie also wahrscheinlich selbständiger, auch und gerade beim Finden des Heimwegs.

Natürlich gibt es auch hierzu, wie fast immer in der Wissenschaft, Gegenmeinungen. Harald Euler hält es für «extrem unwahrscheinlich», dass Eltern hier über Jahre hinweg einen so großen Einfluss haben können. «Es ist durchaus möglich, dass die bessere Orientierung von Männern im Gelände kein direkt genetisch festgelegter psychologischer Mechanismus ist.» Womöglich sei ja die männliche Orientierungsgabe die Folge grundlegender Verhaltensunterschiede zwischen Jungen und Mädchen, die ihrerseits genetisch fixiert zu sein scheinen. Seine Begründung: Jungs testeten eher als Mädchen ihre Grenzen aus, auch die räumlichen. «Im Kindergarten bleiben Mädchen näher bei der Erzieherin, während Jungen schon umherstreifen.» Im frühen Schulalter zögen Jungen durch die Nachbarschaft, «sofern es nicht direkt verboten ist, und erkunden alles Mögliche, während Mädchen näher beim Zuhause bleiben und, wenn sie weggehen, nur ihre bekannten Wege nehmen.» Das bestätigt eine Studie, wonach befragte Frauen sich häufiger daran erinnern, «in der Nähe der Wohnung oder auf der Straße gespielt zu haben», während Männer davon berichten, «oft und gern allein oder in der Gruppe durchs Gelände» gestreift zu sein.[70]

Dieser Unterschied bei Entdeckerfreude und Unternehmungslust zeigt sich interessanterweise schon bei 13 Monate alten Menschlein. Für eine Studie wurden jeweils 32 Kleinkinder beiderlei Geschlechts in einem eigens eingerichteten, für die Kinder völlig unbekannten Spielzimmer beobachtet. Dieses enthielt derart attraktive Gegenstände, «dass sich alle Kinder von der Mutter lösten und im Raum umschauten».[71] Die Kinder kehrten hin und wieder alle zur Mutter zurück, offenbar um neue Sicherheit zu tanken, und machten sich dann wieder auf zu neuen Erkundungen. Die Mädchen aber taten dies deutlich öfter, nämlich nach durchschnittlich 280 Sekunden; die Jungen suchten nur alle 550 Sekunden die Nähe der Mutter. Als die Versuchsleiter zusätzlich eine Barriere in den

Raum stellten, versuchten die kleinen Jungs, sich seitlich vorbeizudrücken, während die Mädchen auffällig oft an dem Hindernis innehielten und zu weinen begannen, wahrscheinlich ein Ausdruck von Hilflosigkeit. In einem ähnlichen Experiment mit 13 bis 14 Monate alten Kindern entfernten sich die Jungen weiter von der Mutter, kehrten allerdings häufiger zu ihr zurück, «während die Mädchen wohl deshalb seltener zurückmussten, weil sie von vornherein gar nicht so weit weggingen», vermutet die Psychologin Bischof-Köhler. Ertönte aus einem Lautsprecher eine böse klingende männliche Stimme, liefen die Mädchen sofort zur Mutter zurück, die Jungen nur dann, wenn die Stimme länger als 15 Sekunden erklang. Dafür mussten die kleinen Männer sich dann allerdings länger bei Mama beruhigen als die Mädchen.[72] Diese Befunde sprechen erstens dafür, dass unser Sicherheitsbedürfnis und das sich daraus ergebende Verhalten zumindest teilweise genetisch fixiert sind, und zwar je nach Geschlecht unterschiedlich. Und zweitens wären die größeren Spielreviere der Jungen dann nicht nur die Folge einer eher lässigen Erziehung bei ihnen und größerer Vorsicht bei Mädchen.

Um wirklich zu ermitteln, ob Männer sich von Natur aus unbefangener und mit mehr Entdeckerdrang im Gelände bewegen und sich deshalb dort womöglich besser orientieren können, wären kaum praktikable und ethisch äußerst fragwürdige Experimente erforderlich.[73] Als Fazit möge deshalb gelten: Wenn es um den richtigen Weg geht, sollten beide Geschlechter zusammenarbeiten. Männer haben in der Raumwahrnehmung andere Stärken als Frauen, bei insgesamt deutlichen, aber nicht allzu sehr ins Gewicht fallenden Unterschieden. Beide können einander prima ergänzen, vor allem wenn Frauen nicht klein beigeben, nur weil Männer im Brustton der Überzeugung behaupten, sie wüssten, wo es langgeht. Wenn Adam sagt, der richtige Abzweig könne erst in 300 Metern kommen, Eva sich aber sicher ist, dass es «genau hier an dieser dicken Eiche mit dem angenagelten Kruzifix» abgeht, dann sollte sie darauf beharren und die Verantwortung für eine womöglich doch einmal falsche Entscheidung übernehmen. Dazu müssen Wanderführer *beiderlei* Geschlechts nämlich bereit sein.

Wieso wir im Kreis umherirren

Karl-Josef Metzmacher hat es selber erlebt, wie leicht Menschen die Orientierung verlieren können. Der 74-jährige Metzgermeister im Ruhestand hat über dreißig Expeditionen in die Arktis hinter sich und die Hälfte davon geleitet. Wer in so lebensfeindlicher Umwelt von der geplanten Route abkommt und tagelang herumirrt, droht zu sterben, falls er nicht schleunigst den richtigen Weg zur nächsten menschlichen Siedlung oder einem Nahrungsdepot findet. Doch viele Eis- und Schneewüsten haben mit ebenen Sand- und Geröllwüsten eine sehr unangenehme Eigenschaft gemeinsam: Sie sehen vielerorts nahezu gleich aus – nichts als Eis und Schnee, Geröll oder Sand. Wohin also laufen und sicherstellen, dass man auch wirklich in der eingeschlagenen Richtung vorankommt, statt im Kreis zu gehen, wie es in Spielfilmen über Verirrte immer wieder zu sehen ist? Solange die Sonne sich zeigt, kann man sich noch nach ihr richten, doch bei stark bedecktem Himmel muss man sich anders behelfen, und nachts oder in dichtem Schneetreiben steht man ohne technische Hilfen vor einem gewaltigen Problem.

Im Winter 2011 wurde Metzmacher selber zum Kreisläufer, nur vier Kilometer von seinem Haus im nordrhein-westfälischen Winterberg entfernt. Er war mit den Langlaufskiern zwischen seinem Wohnort und Brilon unterwegs, abseits gespurter Routen, im unberührten Schnee. «Es war neblig und hat geschneit und wurde allmählich dunkel», erzählt er. «Ich habe meine Spur nicht wiedergefunden.» Er hatte auf seiner Tour eine Straße überquert, hätte sie auf dem Rückweg also nur ein weiteres Mal in entgegengesetzter

Richtung kreuzen müssen. Erst als er sie zum dritten Mal querte, war ihm klar, dass etwas nicht stimmte, beim vierten Mal war es Gewissheit, aber immerhin war er dadurch wieder auf der richtigen Seite der Straße. «Ich fand erst abends gegen 19 Uhr zurück; meine Frau war schon beunruhigt, denn ich hatte kein Handy mit.» Es kam ihm zugute, dass er als erfahrener Arktisbesucher wusste, worauf es in solchen Situationen ankommt: «Vor allem Ruhe bewahren und Panik vermeiden.» Muss man aber erst mal schaffen.

Dass wir nicht nur in Hollywood-Schinken, sondern auch im richtigen Leben buchstäblich Gefahr laufen, auf Abwegen unseren eigenen Fußstapfen noch einmal zu begegnen oder jedenfalls Kreisbögen zu laufen, haben Wissenschaftler des Tübinger Max-Planck-Instituts für biologische Kybernetik nachweisen können.[74] «Es gibt bis heute erstaunlich wenig Forschung zu diesem Problem», sagt Jan Souman, der die Studie im Jahr 2009 leitete. Auf die Idee zu ihren Experimenten sind der Psychologe und sein damaliger Kollege Marc Ernst nur gekommen, weil die *Kopfball*-Redaktion des WDR eine Zuschauerfrage zum kreisförmigen Umherirren beantworten wollte.

Mit Hilfe von GPS-Daten verfolgte das Wissenschaftlerteam die Schritte von Testpersonen in der tunesischen Sahara und einem Waldgebiet im Rheintal. In beiden Fällen schafften es die Versuchsteilnehmer nur dann, einen geraden Weg einzuschlagen und halbwegs beizubehalten, wenn sie sich am Stand der Sonne ausrichten konnten. Andernfalls liefen sie im Kreis. «Es ist tatsächlich wie im Film», sagt Souman. «Einige unserer Versuchsteilnehmer haben mehrmals ihren Pfad gekreuzt, ohne es zu merken. Sobald Bewölkung am Himmel aufzog und die Sonne verdeckte, beschrieben sie mitunter scharfe Kurven und wichen vom geraden Weg ab.»[75] Verblüffend genug, waren die Kreise oft keineswegs riesig, sondern eng; manche hatten einen Durchmesser von weniger als zwanzig Metern. Merkwürdig auch eine weitere Beobachtung: Die Probanden wichen nicht immer in derselben Richtung vom geraden Weg ab, sondern liefen fast alle manchmal rechts- und manchmal linksherum. Schon das war ein starker Hinweis darauf, dass nicht etwa ein kürzeres oder schwächeres Bein uns abirren lässt. Die Forscher wollten dennoch sichergehen und überprüften die Längen wie auch die Kraft der Beine ihrer Testpersonen, konnten aber keinen Einfluss auf deren Bewegungsmuster finden. Offenbar lernt das Gehirn im Laufe der Zeit, solche Unterschiede zu korrigieren, was auch sehr sinnvoll wäre.

Der Grund für den ungewollten Kreislauf scheint ein anderer zu sein. Menschen orientieren sich nicht nur über Eindrücke der Augen und Geräusche; auch die beiden Gleichgewichtsorgane in den Innenohren helfen dabei. Hinzu kommen Rückmeldungen, die das Hirn beim Gehen oder Laufen fortwährend aus Muskeln und Gelenken erhält. Anhand all dieser Signale muss unser Gehirn überprüfen, ob wir in die gewünschte Richtung gehen oder davon abweichen. Das klappt gut, solange das Hirn alle benötigten Signale erhält, vom Körper wie auch von der Umwelt. Fehlen ihm aber die außerordentlich wichtigen Signale der Augen oder sind diese bei Dunkelheit oder im Schneegestöber nahezu wertlos, kann es nicht richtig gegensteuern. Und so kommt bei jedem Schritt ein kleiner Fehler hinzu und vergrößert die vorangegangenen. Deshalb schaffen es Menschen mit verbundenen Augen kaum, weiter als zwanzig Meter geradeaus zu laufen.

Soumans Fazit: «Wir können den Sinneseindrücken aus Augen, Ohren und Gleichgewichtsorganen nicht bedingungslos vertrauen. Vielmehr nutzen wir zusätzliche äußere Orientierungshilfen, wie beispielsweise Berge, Sonne oder Gebäude, mit denen unsere Wahrnehmung abgeglichen und gegebenenfalls korrigiert wird.» Gut, wenn sich solche Hilfen bieten. Falls nicht, muss man den bereits zurückgelegten Weg konsequent mit Steinen, Stöckchen, Schneehäufchen oder Ritzmarken in Bäumen kennzeichnen. Das hätte im

Märchen vielleicht auch bei Hänsel und Gretel funktioniert. Angesichts hungriger Waldvögel waren die ausgestreuten Brotkrumen bekanntlich keine allzu pfiffige Idee.

Was uns vom rechten Weg abbringt

Viele Wanderer können nur schlecht mit Wanderkarten umgehen und vertrauen am liebsten den Wegzeichen entlang des Pfades. Trotzdem – oder gerade deshalb – verlaufen sie sich. Schwerlich zwar auf den inzwischen exzellent markierten deutschen Premium-Wanderwegen wie dem Hochrhöner, dem Rothaar- oder Rheinsteig, auf denen man mehrere Tage unterwegs sein kann. Doch viele lokale Wanderwege sind noch immer missverständlich, lückenhaft und inkonsequent markiert und beschildert. Aufgemalte Zeichen sind unleserlich geworden, verschwunden oder gelten gar nicht mehr; stattdessen finden sich auf aktuellen Karten neue. Auch tauchen Wegenummern oder -zeichen zu selten auf oder fehlen an Abzweigen, also gerade dort, wo sie am nötigsten wären. Oder sie sind an Gabelungen nicht aus allen möglichen Wanderrichtungen zu erkennen. Und hier ist überhaupt nur von jenen Fällen die Rede, in denen der Wanderweg von der Karte in der Landschaft tatsächlich noch vorhanden ist. Längst nicht immer ist das der Fall. Denn erstens werden die als Wanderkarten gerne genutzten topographischen Karten im Maßstab 1:25 000 (sogenannte Messtischblätter) nur alle paar Jahre aktualisiert, in Rheinland-Pfalz zum Beispiel alle vier, in Bayern alle drei Jahre, wobei im Freistaat nachfragebedingt nur alle fünf oder sechs Jahre auch tatsächlich neue Karten gedruckt werden.[76] Und zweitens bietet der Handel oft noch Reste älterer Ausgaben feil.

Das eigentliche Problem aber ist ein psychologisches: Markiert werden die Wanderwege oft von ehrenamtlichen Wegewarten, häufig sehr bemühte Mitglieder lokaler Wander- oder Alpenvereine. Dummerweise kennen sich diese unverzichtbaren Helfer der Vermessungsämter in der Gegend gut aus und können sich deshalb nicht immer gut vorstellen, wie und wo sich Ortsfremde verlaufen könnten. Deshalb gilt: Lieber eine Wegmarkierung zu viel als eine zu wenig. «Solange man Wanderweg-Zeichen sieht, beruhigen sie», sagt der Natursoziologe Rainer Brämer, der die Bedürfnisse von Wanderern ausgiebig erkundet hat. «Fehlen die Markierungen aber, sind die Leute schnell verwirrt und denken: Ich muss da was übersehen haben.» Doch es reicht nicht aus, Bäume farblich zu kennzeichnen. Gewissheit stiftet nur die Kombination aus Zeichen und Wegweisern mit einer klaren Richtungsinformation. Ohne solche bleibt dem meist kartenlosen Spontan-Wanderer unklar, wohin Wanderwege überhaupt führen. «Wegweiser sollten Markierungen vor allem dann ergänzen, wenn mehrere Wege mit unterschiedlichen Zeichen auf ein Ziel zuführen, wenn die Markierungen also wechseln.»

Unerlässlich ist Konsequenz beim Kennzeichnen von Wegen. «Markierungen oder Wegweiser müssen an jedem Abzweig stehen», rät Brämer – und zwar auch dann, wenn das Ziel geradeaus liegt und man gar nicht abbiegen muss. Die früher gängige Praxis, Zeichen nur zu wiederholen, wenn man einen Weg verlassen und abbiegen muss, war «unseliger Quatsch», denn: «Wenn ich vier Kilometer geradeaus gelaufen bin, ohne die für mich wichtige Markierung wiederholt zu sehen, dann glaube ich nie im Leben, dass ich noch auf dem richtigen Weg bin.» Zwar sei eine gute Wanderweg-Markierung alles andere als billig, doch lohne sich der Aufwand. «Wer einmal erfahren hat, dass er sich in einer unbekannten Landschaft gut zurechtfindet, ist ein dankbarer Gast und kommt gerne wieder», sagt der Wanderforscher, dessen Anregungen sich bundesweit in vielen Premium-Wanderwegen niedergeschlagen haben.

Während sich Wanderer eher nicht verirren möchten, wollen die Besucher von Labyrinthen dies ausdrücklich und zahlen mancherorts auch noch Geld dafür. In Bonn zum Beispiel steht im Som-

mer immer wieder das angeblich größte mobile Labyrinth der Welt. Dessen Irrwege haben eine Gesamtlänge von rund 1350 Metern und lassen sich immer wieder verändern, wozu 2900 Quadratmeter Kunststoffplane dienen. «Führt heute ein kurzer, aber sehr verschlungener Weg zum Ziel, kann dort morgen schon eine unglaublich lange Sackgasse zur Verzweiflung führen», raunt es auf der Internetseite der Betreibergesellschaft Kaleidoskopia.[77]

Labyrinthe kannten schon die alten Ägypter, Etrusker, Griechen und Römer. In mittelalterlichen Kathedralen, so etwa im französischen Amiens, finden sich Fußboden-Labyrinthe aus farbigen Fliesen. Auf ihren Bahnen rutschten höchstwahrscheinlich Büßer auf Knien entlang und sprachen an bestimmten Punkten entlastende Gebete. Der Meditation dienen moderne Labyrinthe, die sich in esoterischen Kreisen, aber auch in der Gartenkunst seit jeher großer Beliebtheit erfreuen. Doch nur dann, wenn die Wege nicht einfach verschlungen, sondern auch unüberschaubar für den Herumirrenden sind, teilt sich die eigentliche Faszination des Irrgartens wirklich mit: die Ungewissheit, ob man zum Ziel gelangen wird. Umweltpsychologen nennen das den *Mystery*-Aspekt einer Landschaft, die umso geheimnisvoller und damit interessanter wirkt, je mehr Undurchschaubares oder Verborgenes sie enthält.

Nach Ansicht der Architekturpsychologin Antje Flade weisen Labyrinthe eine «maximale Zahl von Entscheidungspunkten» auf. «Es fehlen mit voller Absicht die Merkzeichen, die es erlauben würden, eine kognitive Karte aufzubauen», also ein geistiges Abbild der Umwelt. Nur dieses – vom schieren Zufall abgesehen – würde es uns gestatten, auch wieder den Weg zurück bis zu jenem Abzweig zu finden, an dem wir uns offensichtlich geirrt haben und wo ein neuer Versuch ins Ungewisse zu starten ist. Im Irrgarten besteht die Aufgabe darin, Wegstrecken und Wegwinkel im Kopf zu addieren, «was enorme Gedächtnisleistungen verlangt, wenn das Labyrinth sehr groß ist».[78]

Doch genau das bereitet Menschen seit Jahrtausenden großen Spaß. «Sich zu verlaufen und den richtigen Weg zu finden, die Auseinandersetzung mit der Unsicherheit, sich trauen und vertrauen übt offensichtlich eine außerordentliche Anziehung auf alle Altersgruppen aus», urteilt der Betreiber des Labyrinths im Bonner Rheinauenpark. Doch die Ehrlichkeit gebietet einen Zusatz: Nur weil die Rettung stets nah ist, kann das Umherirren so lustig sein. Eine Garantie darauf gibt es freilich nicht, wie jene Kindertränen bewiesen, die in den früher auf Jahrmärkten üblichen Labyrinthen mit ihren lautstark zuschlagenden Spiegeltüren vergossen wurden.

Wodurch Gebäude uns verwirren

Kennen Sie das Gefühl? Sie kommen in eine große Behörde, eine Universitätsklinik oder ein riesiges Konferenzzentrum und fühlen sich absolut verloren. Wo ist die zentrale Information, wo die Chirurgie, und wo findet die Veranstaltung statt, zu der Sie fast ebenso dringend müssen wie zur Toilette, die aber ebenfalls kein Ortsfremder finden kann? Sollten Sie dieses Gefühl nicht kennen, gerne aber Bekanntschaft damit machen, wäre es eine gute Idee, nach Seattle an der Westküste der USA zu fliegen und dort die 2004 eröffnete Zentralbibliothek aufzusuchen, die Rem Koolhaas entworfen hat. Ob der niederländische Architekt dort je ein Buch erfolgreich ausgeliehen hat, ist nicht bekannt.

Das ungewöhnliche, einer verglasten Raumstation ähnelnde Gebäude ist für seine gewagte Architektur gepriesen worden und lockt viele Besucher an, doch gibt es, wie immer, auch Kritiker. In der *New York Times* war noch im Jahr der Eröffnung zu lesen, das Wirrwarr aus Wegen in der Bibliothek erschwere die Orientierung; ein anderer Kritiker vermisste dringend Hinweisschilder, ein dritter bezeichnete das Bauwerk als «verwirrend». Genervtes Aufstöhnen meint man einem Kommentar im Internet zu entnehmen, dessen Urheber immer noch nicht genau weiß, «wie ich bei einem Brand wieder raus aus dem Gebäude käme, auch wenn ich mich dort seit fast zwei Jahren wöchentlich aufhalte». Doch den Vogel abgeschossen hat ein anderer Kommentar: «Ich verließ das Gebäude wieder, sobald ich es schaffte hinauszukommen, wobei ich hoffte, vorher keine Panikattacke zu erleiden.» All das würde dem Architekten wohl nicht sonderlich gefallen.[79]

Hier ist nicht der Ort für Kritik an moderner Architektur. Man kann im 21. Jahrhundert nicht einfach wieder Fachwerkhäuser bauen, nur weil so viele Menschen sie gemütlich, anheimelnd oder putzig finden, zumindest solange sie ihre Düsternis im Winterhalbjahr nicht ertragen müssen. Übersichtlich aber sind sie ja meist. Sie haben in allem ein menschliches Maß und erschlagen weder Betrachter noch Bewohner. Letzteres gelingt Riesenbauten wie dem 1979 eröffneten «Internationalen Congress Centrum» in Berlin (ICC) schon eher. Mit 320 Metern Länge, 80 Metern Breite und 40 Metern Höhe ist das Bauwerk eines der gewaltigsten Kongresszentren weltweit. Wer es betritt, fühlt sich augenblicklich als Zwerg. Erhebend ist das nicht, und sich zu orientieren, wird dadurch auch nicht eben leichter. Bei Kongresszentren mag das noch zu verschmerzen sein; in Kliniken aber sollten Patienten ihre Lebenskräfte darauf verwenden dürfen zu gesunden, statt sich damit herumzuplagen, nach dem Röntgen wieder zu ihrem Zimmer zurückzufinden. «Wenn Menschen sich im Hospital verirren, werden sie gestresst, was ihren Cortisolspiegel im Blut erhöht», sagt der US-Architekt und -Soziologe John Zeisel, ein Fachmann für die Planung von Altersheimen, speziell solcher für Demenzkranke. Die innere Aufruhr schwäche die Immunabwehr der Patienten, was wiederum Arzneien schlechter anschlagen lasse.[80]

In größeren Gebäuden verlaufen wir uns schon deshalb eher als in kleinen, weil wir während unseres Besuchs nur recht grobe geistige Karten (*mental maps*) von ihm entwerfen können. Grundsätzlich wenden wir diese Erinnerungstechnik immer an, wenn wir uns im Raum orientieren, ob draußen oder drinnen. In Bauwerken versuchen wir uns zum Beispiel zu merken, in welche Richtung wir den Aufzug oder das Treppenhaus verlassen haben, wie oft wir seitdem nach links oder rechts abgebogen und wie weit wir dann in einem Flur geradeaus gegangen sind. Doch solche geistigen Wegekarten bilden die Realität immer vereinfacht ab, umso stärker dort, wo wir uns viel mehr merken müssten als in einem Ferienhäuschen mit zwei Räumen. «Schiefe Winkel werden so schnell zu rechten Winkeln, Nebeneingänge häufig einfach gleich ganz weggelassen», sagt der Freiburger Psychologe Christoph Hölscher. «Dadurch passiert es auch, dass wir manchmal im Kreis gehen und nicht merken, dass wir an einer Stelle schon waren, nur weil wir die Winkel im Kopf falsch addiert haben»[81] – ein ähnlicher Fehler wie beim kreisförmigen Umherirren in Eis- oder Sandwüsten. Bewegen wir uns gar in Hetze und Eile durch ein Gebäude, etwa einen großen Bahnhof oder Flughafen, gerät das geistige Abbild der Wirklichkeit noch schematischer und damit ungenauer. Umso mehr sind Architekten in Bauwerken mit vielen eiligen Besuchern gehalten, häufig genutzte Wege gut erkennbar hervorzuheben, etwa den Weg zum Ticketschalter oder zur Auskunft. Eine Möglichkeit dazu sind helle Leitstreifen auf einem dunklen Boden, die zusätzlich mit einem wiederkehrenden, möglichst allgemeinverständlichen Begriff wie «Ticket» oder «Information» beschriftet werden können.

Zum Verirren laden Gebäude ein, wenn deren Stockwerke deutlich verschiedene Grundrisse haben, denn so sinkt ihr Wiedererkennungswert. «Menschen übertragen das, was sie in einer Etage gelernt haben, auch auf andere», sagt Hölscher. «Wenn sich die verschiedenen Ebenen zu sehr unterscheiden, werden wir verwirrt.» Ein Beispiel hierfür wäre, wenn in einem zehnstöckigen Universitätsgebäude die Toiletten im 1. Stock rechts von der Treppe, im

2. Stock links davon und im 3. erst am Ende des langen Flures lägen. Wer dringend zum WC muss und im 1. Stock nur besetzte Kabinen vorfindet, wird im 2. Stock verwirrt sein und ziemlich gestresst das rettende Örtchen suchen. Hilfreich hingegen ist ein Atrium, also ein zentraler, lichter Innenhof, der einen Blick bis unters Dach und damit viele Sichtbezüge gewährt. Ein Atrium zeigt Besuchern vom Erdgeschoss aus, wie das ganze Gebäude nach oben aufgebaut ist. So weiß man, dass es auch im 8. Stockwerk ganz ähnlich aussieht wie im Erdgeschoss. Tritt man dort oben aus dem Aufzug (oder sportlicher: aus dem Treppenhaus), dann kennt man sich schon grob aus. Das beruhigt und entspannt, weil es Vertrauen schafft. Hektik dagegen herrscht, wo viele eilige Menschen einen Zug oder Flieger erreichen müssen. Für den Frankfurter Flughafen hat Hölscher herausgefunden, wie und wo man Hinweisschilder so platzieren sollte, dass auch gehetzte Passagiere sie mit großer Wahrscheinlichkeit wahrnehmen. Ermittelt wurde das mit aufsetzbaren Geräten, welche die Blickrichtung ihrer Träger erfassen. Etwa 90 Prozent der Hinweisschilder hängen am größten deutschen Flughafen von der Decke herab. Aus gutem Grund, denn es scheint, als wollten ankommende Fluggäste auch mit ihren Blicken möglichst rasch nach oben.

Wieso wir kein «südliches Ohr» haben

Angehörige diverser Naturvölker haben offenbar eine Art inneren Kompass. Nur so ist es zu erklären, dass sie auch nach langen Märschen durch den unwegsamen Busch noch wissen, aus welcher Richtung sie gekommen sind. Dabei helfen ihnen nicht etwa markante Landmarken. Jedenfalls war der Sprachwissenschaftler Stephen Levinson ziemlich verblüfft, als ihm nordaustralische Aborigines vom Stamm der Guugu Yimithirr nach einer stundenlangen

Wanderung durchs Dickicht auf Nachfrage präzise die beiden Richtungen weisen konnten, in denen ihre Siedlung lag und Levinsons Auto geparkt stand. Der Kompass des Forschers bestätigte ihre Angabe.[82] Einiges spricht dafür, dass auch unsere Vorfahren viel geschickter darin waren, stets zu wissen, wo Norden oder Osten lag. Rund ein Drittel der weltweit etwa 6000 Sprachen enthält Äußerungen wie «Da ist eine Fliege auf deinem südlichen Arm» oder «Rück mal ein bisschen nach Osten» oder auch «Der Löffel liegt westlich von der Schüssel». Solche Sätze sind für die Angehörigen vieler Ureinwohner-Kulturen bis heute ganz alltäglich. Frappierenderweise hat die US-Psychologin Anna Shusterman in einer Studie mit vierjährigen Kindern zeigen können, dass auch diese noch über ein recht verlässliches räumliches Gedächtnis verfügen. Die Kleinen schafften es sehr gut, sich die Himmelsrichtungen Norden und Süden zu merken, nachdem sie ihnen zuvor in einem Spiel angedeutet worden waren. Später, bei einem Spaziergang durch die Flure des Psychologie-Instituts und nach einigen Drehungen um 180 Grad, sollten sie Norden und Süden erneut anzeigen. Das bewältigten stolze 84 Prozent der Kinder ohne Probleme.

Solche und andere Studien, darunter eine mit deutschen Vierjährigen, deuten darauf hin, dass unser in Industriestaaten übliches Rechts-Links-Schema («Mein linkes Ohr blutet» oder «Biegen Sie bitte da vorne rechts ab!») eine relativ moderne Erfindung ist. Noch dazu eine mit Tücken, denn die angeblich «rechte Tür» ist nur für den Sprecher rechts, für sein Gegenüber aber links. Ortsangaben mit Begriffen wie rechts oder links sind also nicht eindeutig, sondern vom Standpunkt des Sprechers abhängig und führen deshalb leicht zu Verständnisproblemen. «Die Rechts-Links-Strategie ist eine kulturelle Konvention, die wir früh von unseren Eltern beigebracht bekommen», sagt der Kognitionspsychologe Daniel Haun. «Doch evolutionär im Menschen angelegt ist vorrangig die Orientierung nach der Umgebung und den Himmelsrichtungen.»[83] Haun nimmt an, dass unser Leben in Städten, also zwischen Hauswänden und ohne freien Blick in die Landschaft, den Ausschlag dafür gegeben hat, warum wir heute, immer ausgehend vom eigenen Körper, sagen: «Nehmen Sie besser die rechte Tankstelle, nicht die linke!» Wie sehnsuchtsvoll und irgendwie nach Urlaub klänge hingegen der Ausruf: «Schatz, lass uns lieber das südliche Café nehmen. Im nördlichen sind sie immer so unfreundlich!»

Warum wir in Kirchen schleichen und flüstern

Machen Sie gerne einmal die Probe und folgen Sie einem Menschen, der auf eine Kirche zusteuert. Sobald er durchs Portal tritt, verändert sich sein Verhalten: Die Schritte werden gemessener, die Bewegungen etwas feierlicher, der Blick richtet sich suchend oder gar beeindruckt nach oben, und wenn der Kirchenbesucher nicht alleine ist, wird zwischen ihm und seinen Begleitern nicht mehr gesprochen, sondern geflüstert oder getuschelt. Warum eigentlich dieser Wandel? Betende nicht in ihrer Andacht zu stören, wäre ein ehrenwerter Grund, doch alles spielt sich in gleicher Weise ab, wenn die Kirche menschenleer ist. Mathematisch gesehen, lautet die Antwort auf die Frage nach dem Warum ganz schlicht wie folgt: $V = f(P,U)$. Da wären Sie jetzt aber nicht alleine draufgekommen, oder? Der Schlaumeier, auf den die Formel zurückgeht, heißt Kurt Lewin, wurde 1890 nahe der damals noch preußischen Stadt Posen geboren und emigrierte 1933 in die USA – als Jude zum Glück noch rechtzeitig. Heute gilt er als ein Begründer der modernen Sozialpsychologie. Lewins Gleichung mag beeindrucken, «ihre Aussage ist aber eigentlich banal», finden die Umweltpsychologen Jürgen Hellbrück und Elisabeth Kals. Doch Lewin wollte damit auch nur darauf hinweisen, dass unser Verhalten – mathematisch gesprochen – eine «Funktion von Person und Umwelt» ist. Anders ausgedrückt: «Wechselt man den Raum, ändert sich das Verhalten.»[84]

Vor allem von unseren Eltern und anderen wichtigen Bezugspersonen übernehmen wir, wie man sich wo zu benehmen hat. Unsere Verhaltenslehrer wiederum haben ihr Wissen von *ihren* Eltern und Vorbildern, letztlich also von der jeweiligen Kultur, aus der sie stammen. Mit bestimmten Orten sind demnach dazu passende Verhaltenstraditionen verknüpft: Auf dem Pausenhof zum Beispiel oder auf dem Sportplatz darf gegrölt werden, im Zimmer des Schuldirektors oder in einem Krankenhaus eher nicht. Bei einem Begräbnis bewegen wir uns anders als beim Karnevalsumzug, und wir werfen in der Regel auch nicht mit Konfetti umher oder blasen auf Tröten. Ich erinnere mich an einen Sketch im Fernsehen, der genau mit solchen anerzogenen Erwartungen und Verhaltensklischees spielte. Er zeigte, wie zwei Beerdigungszüge in England, die miteinander um das einzige noch freie und schon ausgehobene Grab auf dem Friedhof konkurrierten, einerseits immer schneller wurden, um das Rennen zu machen, andererseits aber noch versuchten, die Form zu wahren und nicht komplett in den Laufschritt zu verfallen und so womöglich in einer Kurve den Sarg vom Karren zu verlieren. Britischer Humor vom Feinsten!

Kurt Lewins amerikanischer Mitarbeiter Roger Barker hat für die Wechselwirkung zwischen einem speziellen Ort und unserem dafür angemessenen Verhalten den englischen Begriff *behavior setting* geprägt. Das heißt so viel wie ortsabhängige Verhaltensvorgabe. Wir alle kennen das von einem Seminarraum: Stehen die Stühle für die Teilnehmer im Kreis, wird uns etwas anderes erwarten – und wird auch *von uns* anderes erwartet werden – als in einem Raum mit Stuhlreihen, die streng auf den vorne stehenden Seminarleiter ausgerichtet sind. Wir verstehen die Botschaft und zücken den Kugelschreiber, weil wir vermutlich bald viel mitschreiben müssen und wohl eher weniger werden diskutieren dürfen. Und wer einen

Partyraum mit Stehtischen und von der Decke baumelnden Luftschlangen betritt, wird sich auf ein lockeres Beisammensein einstellen, ganz anders als beim Anblick einer 15 Meter langen, festlich eingedeckten Abendtafel mit vier Kristallgläsern pro Person. Damit die Verhaltensbotschaft des räumlichen *Settings* bei uns verfängt, müssen wir ihre Zeichen freilich auch verstehen können: Muslime wissen, was zu tun ist, wenn sie den Gebetsraum einer Moschee betreten, nicht aber hierin unerfahrene Christen oder Hindus.

Menschen aller Kulturen wiederum lassen sich unmittelbar von Architektur beeindrucken; sie wirkt auf unsere Psyche ein. Noch heute stehen wir staunend vor den ägyptischen Pyramiden oder der indischen Grabmoschee Tadsch Mahal. Noch über 5000 Jahre nach der Präzisionsarbeit an den Hügelgräbern von Newgrange oder Knowth in Irland bewundern wir die Kunst und Kühnheit ihrer Erbauer. Und wer an der himmelwärts strebenden Fassade des Kölner Doms emporblickt, wird selbst dann so etwas wie Ehrfurcht verspüren, wenn er gar nicht katholisch ist. Aber auch kleinere Gotteshäuser verfehlen ihre Wirkung nicht, sofern man sich dafür öffnet. Er sei «wirklich kein spiritueller Mensch, überhaupt nicht religiös», sagt der britische Erfolgsschriftsteller Ken Follett, auch glaube er nicht an Gott, «aber jedes Mal, wenn ich eine Kirche nur betrete, besänftigt es meine Seele».[85] Selbst geschichtsträchtige Orte, die ihre ursprüngliche Funktion eingebüßt haben, verändern ihre Besucher zumindest zeitweilig, so etwa das bedrückende alte Gefängnis der irischen Stadt Cork, der «City Goal», und umso mehr das NS-Vernichtungslager Auschwitz. Beklommenheit macht sich breit, wie auch an anderen Schauplätzen düsterer Ereignisse. «So hat der Galgenberg, obgleich er schon seit Jahrhunderten nicht mehr als Richtstätte dient, seinen unheimlichen Charakter bewahrt, und an der Stelle, wo einmal ein Mord geschehen ist, geht man immer noch mit einem dunklen Bangen vorbei.»[86] Auch das ein typischer Fall von V = f(P,U), aber das wissen Sie ja inzwischen.

4. Wie wir Gefahren begegnen

Unsere Vorfahren mussten sich in ihrer Umwelt nicht nur auskennen, sondern auch ein gutes Gespür dafür haben, wo und wann es brenzlig für sie wurde. Nichts interessiert uns bis heute so sehr wie das, was uns töten oder verletzen, uns krank machen, isolieren oder unsere Daseinsgrundlage schmälern könnte. Man muss nur die Zeitung aufschlagen (oder meinetwegen den Laptop), um dieses alte Überlebensprinzip zu erkennen. *Günther Meier heute wieder nicht von einem herabfallenden Dachziegel erschlagen*, das wäre eine kuriose Überschrift. *Dachziegel zerschmettert Oma Müllers Pudel!* hätte schon eher das nötige Kaliber. Uns interessieren halt Risiken, Gefahren, Zwischenfälle und Veränderungen, nicht aber Dinge, die an ihrem Platz verharren, oder Zustände, die so bleiben, wie sie seit jeher gewesen sind. Der Mensch giert nach dramatischen Neuigkeiten, damit er die nötige Gegenwehr bemessen und sich möglichst gut schützen kann. Deshalb reizen Lebensmittelskandale mehr Zeitungsleser und TV-Zuschauer als Würzvorschläge für eine Gemüsebouillon. Man darf es beklagen, aber solange die Mandelkerne in unserem Gehirn bei Angststress wild feuern, wird sich daran nichts ändern. Die gute Nachricht dabei: Das Leben bleibt aufregend.

Weshalb wir in Panik der Masse folgen

In einem spannenden US-Katastrophenfilm aus dem Jahr 1972 wird der alte Passagierdampfer *Poseidon* ausgerechnet bei seiner letzten planmäßigen Reise von New York nach Athen von einer Monsterwelle auf dem Mittelmeer (im Film die Folge eines Seebebens bei Kreta) umgeworfen und treibt kieloben im Wasser, während er allmählich sinkt. Aus wissenschaftlicher Sicht ist das zwar Humbug, weil Tsunamis mitten auf dem Meer selten mehr als einen Meter hoch werden und nicht einmal ein Spielzeugboot umschmeißen könnten, aber darum geht es hier nicht. Viel interessanter ist die Panik unter den verängstigten Passagieren, deren Welt buchstäblich kopfsteht. Auch im Ballsaal will die Festgesellschaft fliehen, doch wohin? Eine Zeitlang versucht der Filmheld, ein von Gene Hackman gespielter Priester, die zerzausten Festgäste für die abstrus erscheinende Idee zu gewinnen, den mühseligen Weg hinauf anzutreten, in dieser verkehrten Welt folglich zum Schiffsrumpf, der noch aus dem Wasser ragt. Doch der uniformierte und deshalb vertrauenswürdig aussehende Zahlmeister des Dampfers hält davon gar nichts und warnt die Passagiere, um Gottes willen nicht dem Gottesmann in die Hölle zu folgen, sondern an Ort und Stelle auf die bestimmt schon herbeieilenden Suchtrupps zu warten.

Also heftet sich nur ein Häuflein ausreichend besonnener Menschen dem Priester an die Fersen und klettert mit ihm über einen großen Weihnachtsbaum aus dem Ballsaal. Tatsächlich läuft dieser kurz darauf voll Wasser, mitsamt dem Zahlmeister und seinen Gläubigen. Wenig später trifft der glückliche Haufen auf einen weiteren Passagiertrupp, der auf das Kommando des Schiffsarztes hört und auf dem tödlichen Holzweg in Richtung Bug ist. Doch wie einer im Gefolge des Geistlichen zufällig vor dem Unglück erfahren hat, ist nur im Wellentunnel am Schiffsheck der Stahl des Kiels dünn genug für die Schneidbrenner der Retter. Diesen gelingt es (am Ende) tatsächlich, sechs der neun Gefolgsleute des inzwischen umgekommenen Priesters zu befreien – und nur sie. All das ist höchst unterhaltsam, aber wenn man darüber nachdenkt, auch furchtbar deprimierend. Denn viele Passagiere müssen nur sterben, weil das menschliche Hirn seit jeher erpicht darauf ist, Energie einzusparen – kein Wunder, bei der gewaltigen Menge, die es davon verbraucht.

Aber der Reihe nach, und seien Sie jetzt bitte ehrlich zu sich selbst: Stellen Sie sich einmal vor, Sie schlendern über eine Verbrauchermesse. Plötzlich sehen Sie zwei Verkaufsstände für Messer. Vor dem einen stehen zwei Menschen und lassen sich vom Verkäufer etwas zeigen; vor dem anderen unmittelbar daneben aber drückt sich eine vielköpfige Traube von Messebesuchern, und jeder in den hinteren Reihen versucht auf Zehenspitzen, einen Blick auf das zu erhaschen, was ganz vorne am Stand vor sich geht. Und nun die Frage an Sie: Wohin würden Sie sich wenden? Schön, Sie wollen also nicht im Gedränge stehen und entscheiden sich deshalb für den fast menschenleeren Stand. Dann seien Sie wenigstens jetzt ehrlich: Wo vermuten Sie die besseren Messer? Eben!

Im Laufe ihrer Evolution hat die Spezies Mensch eine Menge Körpermerkmale, aber auch Verhaltensweisen herausgebildet, die sich als nützlich erwiesen haben. Oft genug haben diese Handlungs- und Reaktionsweisen sogar unser Überleben als biologische Art gefördert oder schlicht ermöglicht. Eines dieser Überlebensprogramme bringt der Evolutionspsychologe Benjamin Lange so auf den Punkt: «Was die Masse macht, kann so falsch nicht sein, und wenn die Masse irrt, dann sitzen wir wenigstens alle im selben Boot und können das Problem gemeinsam lösen.» Hier hat der Herdentrieb seine evolutionsbiologische Wurzel: So dumm es für ein Gnu wäre, beim Angriff eines Löwenrudels alleine nach Westen zu rennen, wenn die Herde nach Osten losstürmt, so riskant sind einsame Entscheidungen auch für uns Menschen. Börsenanalysten zum Beispiel richten ihre Urteile über die Zukunft von Unternehmen häufig an denen ihrer Kollegen aus. Niemand liegt eben gerne als Einziger falsch mit seiner Meinung und steht dann vermeintlich «wie ein Depp» da. Es gehört Mut dazu, eine Außenseitermeinung zu vertreten, denn hoch ist das Risiko, sich zu irren.

Man kennt das noch von Hans Christian Andersens Fabel «Des Kaisers neue Kleider» aus dem Jahr 1837: Nur ein Kind, das von sozialer Ausgrenzung noch nichts wissen kann, ruft aus, dass der von zwei schlitzohrigen Webern betrogene Herrscher gar keinen Stoff am Leib hat – wobei er sich freilich gerne hat betrügen lassen, nur um *einmal* etwas wirklich Außergewöhnliches am erlauchten Leibe zu tragen. Hier trifft also der bei Potentaten nicht eben seltene Realitätsverlust auf die Unbekümmertheit eines Kindes, das einfach ausspricht, was alle sehen können. Hingegen ist es leicht, die Wahrheit zu sagen, wenn jeder es tut, so wie es auch verlockend ist, Aktien oder Fondsanteile zu kaufen, deren Kurs seit Monaten klettert und die einem jeder empfiehlt, obwohl gerade dann allergrößte Vorsicht geboten wäre. Doch eine Herde reißt mit. «Die Leute steigen ein, wenn alle einsteigen», sagt ein Frankfurter Investment-Experte. Dumm nur, dass dann in aller Regel der größte Teil des erhofften Aufschwungs schon vorüber ist und Verkauf die bessere Alternative wäre.[87]

Nun ist es aber ein gewaltiger Unterschied, ob man sich tagelang intensiv mit einem Investment befassen kann oder bei einem Brand innerhalb von Sekunden entscheiden muss, ob es ratsam wäre, einem Pulk fliehender Menschen zu folgen. Wer selber nicht weiß, wo der beste Fluchtweg und also die Rettung liegen könnte, der tut gut daran, dorthin zu laufen, wohin alle rennen. Denn vielleicht weiß ja der Leithammel wirklich etwas, das einem selber entgangen ist, womöglich kennt er sich aus, zum Beispiel an Bord eines Schiffes wie der *Poseidon.* Bei Gefahr hat man in der Regel weder Zeit, vernünftig nachzudenken, noch ist man emotional dazu imstande, und eine zweite Chance zum Handeln ergibt sich in Notlagen oft nicht. «Hinzu kommt, dass uns emotionale Erregung und Unsicherheit empfänglich machen für Suggestion durch andere», sagt der Grazer Wirtschaftspsychologe Thomas Brudermann, der ein Buch über Massenpsychologie verfasst hat.[88] «Wenn wir uns in einer Situation wiederfinden, für die wir keine Erfahrungswerte haben, dann orientieren wir uns an dem, was andere tun.» Aus evolutionärer Sicht ergebe das «absolut Sinn».

Womit wir endlich beim Energiesparen sind, das unsere Schaltzentrale schon praktiziert hat, als unsere Vorfahren noch nicht einmal in schlecht isolierten Höhlen hausten. Loben muss man das Hirn dafür nicht, schließlich hatte und hat die Natur auch heute noch immer guten Grund, in unserem Dachstübchen sparsam zu wirtschaften. Denn kein anderes Organ in einem ruhenden Körper konsumiert so viel Energie. Auf unser Gehirn entfallen dann nämlich etwa 24 Prozent des Energieverbrauchs: Bei Frauen sind es gut 26, bei Männern gut 22 Prozent, also ein knappes Viertel. Die Muskulatur benötigt im Durchschnitt beider Geschlechter in Ruhe immerhin noch etwa 23, die Leber 21 und das Herz 10 Prozent, ähnlich viel wie die beiden Nieren.[89] Damit ist die menschliche Schaltzentrale ein Großverbraucher – auch im Vergleich zu anderen Primaten.

Gefräßiges Hirn

Während unser Gehirn fast ein Viertel der verfügbaren Energie im ruhenden Organismus benötigt, verbrennen die Hirne von Schimpansen, Gorillas und anderen Menschenaffen nur etwa acht bis zehn Prozent; bei anderen Säugetieren sind es «sogar nur drei bis fünf».[90] Noch eindrücklicher fällt die Energiebilanz aus, wenn man den Zucker- und Stärke-Anteil des Energieverbrauchs berücksichtigt: «Obwohl die Masse des Gehirns nur etwa 2 Prozent des Körpergewichts ausmacht, beansprucht es gut die Hälfte der täglich mit der Nahrung aufgenommenen Kohlenhydrate», wobei es im Normalfall bis zu zwei Drittel der im Blut vorhandenen Glukose aufnimmt. Unter Stress entziehe das Hirn dem Blut «sogar fast 90 Prozent dieses Energieträgers».[91] Wenn wir dem Affen in uns Zucker geben, dann vor allem für den Großrechner im Schädel.

Für Thomas Brudermann ist die Konsequenz aus all dem klar: «Das Gehirn muss mit seinen Ressourcen sparsam umgehen – und Nachdenken ist energieintensiv und langsam.» Affekte hingegen, also Gemütsregungen, brauchen nicht nur weniger Energie; sie werden vom Hirn obendrein fixer hervorgebracht. «Wir folgen daher in gefährlichen Situationen oft unserem ersten, affektiven Impuls, tun also das, was andere tun, oder laufen auf demselben Weg wieder zurück, den wir auch gekommen sind.» Erst anschließend dächten wir gegebenenfalls darüber nach, was wir da gerade getan haben. Genau das meinen Rechtsanwälte, wenn sie von ihren angeklagten Mandanten vor Gericht sagen, diese hätten «im Affekt» gehandelt.

Auch wenn es nicht unter akutem Stress steht wie bei einem Schiffsunglück oder einer Massenpanik im Fußballstadion, versucht das Gehirn, Brennstoff zu sparen. Ein schönes Beispiel dafür sind eingefleischte – oder genauer: einge*hirn*te – Gewohnheiten, wie sie durch wiederholtes und schließlich schematisiertes Verhalten zustande kommen. «Wenn Sie morgens aufstehen, sich ins Auto, den Bus oder die Straßenbahn setzen und zur Arbeit fahren, erfordert das nur minimalen kognitiven Aufwand», sagt Brudermann. «Wenn Sie aber zum ersten Mal in einer neuen Stadt aufstehen und dann zur neuen Arbeitsstelle fahren, sind Sie wahrscheinlich schon bei der Ankunft etwas erschöpft.» Genau deshalb sind Navigationsgeräte im Auto so beliebt: Sie sparen Hirnschmalz ein. Allerdings um den Preis, sich auf Dauer immer schlechter mit Landkarten auszukennen und vieles am Wegesrand zu versäumen, wenn man sich nur noch auf das Navi verlässt.

Nicht unterschlagen sei ein anderer Vorteil des Massenaufruhrs, wie man ihn auch von Wildtieren kennt, die von Fressfeinden aufgescheucht und dann gejagt werden. «Ein von der Herde losgelöstes Individuum ist besonders gefährdet», sagt der Evolutionspsychologe Harald Euler. Eine fliehende Herde jedoch bietet jedem darin mitlaufenden Tier Schutz. Erstens dienen die Artgenossen ringsum zumindest den Tieren im Inneren des Pulks als lebende Schutzschilde gegen Attacken; zweitens fällt es Raubkatzen schwer, im Gewusel von zweihundert Zebras oder Gnus ein bestimmtes Tier ins Auge zu fassen und dort zu behalten. Und drittens bietet der große Verbund die Chance, dass eine Gruppe von Tieren gemeinsam zum Gegenangriff übergeht oder einem angegriffenen Artgenossen zu Hilfe eilt, was nicht nur in den Savannen Afrikas immer wieder einmal geschieht.

Nicht panisch, aber ein wenig verstört verhalten sich führerlose Wandergruppen, wenn schwerwiegende Richtungsentscheidungen anstehen, zum Beispiel an einer rätselhaften oder völlig unerwarteten Wegkreuzung im Wald. Wie üblich ziehen sich größere Gruppen von Wanderern weit auseinander, vor allem gegen Ende der Tour, wenn die Kräfte spürbar schwinden. Vorne marschieren dann die Konditionsstarken, oft auch notorische Wegbereiter und Leithammel, die aber manchmal auch nicht weiterwissen. In solchen Momenten «vollzieht sich in der Spitzengruppe ein äußerst sensibler, indirekter Abstimmungsprozess, der an das kollektive Verhalten eines Vogelschwarms erinnert», hat der Wanderforscher Rainer Brämer oft beobachten können. «Jedes Mitglied der Spitzengruppe setzt an einer Kreuzung vorsichtige Richtungssignale und registriert gleichzeitig die Signale der anderen, sodass es von außen gesehen fast so scheint, als gingen alle in vollem Konsens in die eingeschlagene Richtung.» Die Sicherheitsstrategie bestehe in diesem Fall darin, die Verantwortung auf alle an der Spitze Gehenden zu verteilen, hoffend und darauf bauend, dass bei allen zumindest etwas Erfahrung auch wirklich vorhanden ist.[92] Da die meisten Wandergruppen am Ende wieder in der Zivilisation landen, scheint die Sache ganz gut zu funktionieren, ganz abgesehen davon, dass heutzutage mindestens einer ein Handy bei sich trägt, zur Not eben jemand von der Nachhut, die ja irgendwann heranstolpern wird.

Wie man Flüchtende lenkt

Das fast zweitausend Jahre alte Kolosseum gilt als eines der «Neuen 7 Weltwunder».[93] Dabei hätte das imposante, teilweise noch erhaltene Amphitheater es verdient, mit den Pyramiden von Gizeh und dem versunkenen Koloss von Rhodos auch zu den sieben Weltwundern der Antike zu zählen. Mit einer Länge von 188 Metern und einer Breite von 156 Metern war das Oval der größte umschlossene Bau im alten Rom. Aufgespannte Stoffsegel rings um die Krone des Stadions spendeten den Zuschauern Schatten, während diese unbeschreiblichen Gemetzeln in der Arena beiwohnten. In einem Punkt aber war das auf mindestens 50 000 Zuschauer ausgelegte Kolosseum ganz besonders fortschrittlich: Das Publikum hätte das Bauwerk durch seine 80 umlaufenden Ausgänge im Notfall innerhalb weniger Minuten wieder verlassen können – ein Evakuierungstempo, das «nicht einmal von modernen Stadien erreicht wird», vor allem, weil diese über weniger Ausgänge verfügen.[94] Durchaus treffend hießen die Zugänge *vomitoria*, so viel wie Ausspeier. Die 80 nummerierten Steinbögen spuckten die Zuschauer förmlich aus, und genauso rasch konnten diese das Stadion füllen. Der in Zürich lehrende deutsche Physiker Dirk Helbing, ein Fachmann für das Verhalten panischer Menschenmassen, hält dieses Konstruktionsprinzip für «einfach genial».

Wo immer Menschen sich in großer Zahl versammeln, kann es bei Bränden oder Anschlägen zur Massenpanik kommen. Durch Umsicht bei der Planung von Fluchtwegen in Konzerthallen oder Großkinos lässt sich immerhin das Schlimmste verhindern, wenn einige Regeln befolgt werden. Es sollte ausreichend viele und breite Notausgänge geben. Fluchtwege müssen gut erkennbar und dürfen nicht mit Bierkästen oder Ersatzstühlen zugestellt sein. Vor allem aber: Niemals darf man sich als Veranstalter darauf verlassen, dass gutgelaunte und alkoholisierte Menschen auf einem Party-Dampfer oder in einer Discothek sich schon vor dem Feiern aus freien Stücken mit den Fluchtwegen vertraut machen. Thomas Brudermann, ein Fachmann für Massenpsychologie, erklärt die Wichtigkeit des letzten Punktes an einem Beispiel: «Wird ein Kinosaal evakuiert, werden die meisten versuchen, durch den Eingang zu flüchten, über den sie hereingekommen sind. Sehen die Kinobesucher allerdings vor dem Film einen kurzen Info-Clip über die Position der Ausgänge, während diese – ganz wichtig – gleichzeitig kurz angeleuchtet werden, dann erinnern sich die meisten im Notfall daran.» Und jetzt Hand aufs Herz: Wie oft haben Sie selbst vor dem neuesten James-Bond-Film oder einem dieser wunderbaren Vampirstreifen erklärt bekommen, wo die Notausgänge liegen? Sehen Sie!

Menschen müssen mit Rettungswegen vertraut sein, bevor die Leinwand brennt und Rauch den Zuschauerraum erfüllt. Genau das ist der Grund für die bisweilen ja wirklich nervigen Pantomime-Darbietungen des Flugpersonals vor dem Start. Aber nur dadurch weiß, wer zuhört und zusieht, auch noch beim Aufklatschen des Düsenfliegers aufs wogende Meer, wo sich die Rettungsweste befindet und wie man sie anlegt. «Lausche in der Zeit, so weißt du in der Not», so ließe sich diese Erkenntnis als Sprichwort formulieren. Wenn das Unglück dann zuschlägt, «ist man stark emotionalisiert, und dann greifen Automatismen, dann denkt man nicht mehr lange nach», sagt der Stauforscher Michael Schreckenberg, ein Experte auch für das Fluchtverhalten panischer Menschen. Deshalb sollten sich zum Beispiel Schiffspassagiere kurz nach dem Eintreffen an Bord die Fluchtwege immer auch selbst noch einmal ansehen, also unabhängig von Rettungsübungen.[95] Dieser Punkt ist auch Thomas Brudermann ganz wichtig: «Ein dunkler, vorher unbekannter Tunnel ist als Notausgang völlig ungeeignet.» Nicht etwa, weil er keiner wäre, sondern schlicht, weil ihn keiner als solchen erkennt und nutzen wird.

Wie beschränkt die menschliche Wahrnehmung im Unglücksfall ist, kann sich jeder leicht selber vor Augen führen, indem er sie mit einem Schal oder Tuch verbindet und dann versucht, das heimische Treppenhaus zu ersteigen. Stolpern und Zögern sind garantiert – um wie viel mehr also in einem unbekannten Kaufhaus oder Schiffsbauch, in dem durch ein Feuer der Strom und die

Notbeleuchtung ausgefallen sind. Geschickt ist es dann schon, sich immer am rechten Handlauf entlangzutasten, weil man so ziemlich sicher die Türen in der Wand erwischt. Schnell voranzukommen ist vor allem entscheidend, wenn es brennt. Denn füllt erst Rauch das Treppenhaus, bleiben nicht allzu viele Atemzüge bis zur Bewusstlosigkeit, welcher sehr rasch der Tod folgt.

Noch ein Wort zum Panik-Klischee bei Unglücken, dessen sich fast alle Katastrophenfilme bedienen: Michael Schreckenberg hat 127 Unglücke analysiert und ist zu dem Schluss gelangt, dass meist gar keine Panik ausbricht, zumindest anfänglich nicht. Vielmehr bleiben die Menschen zunächst besonnen und helfen einander, den nächstmöglichen Ausgang zu erreichen, falls sie ihn kennen. Unruhe kommt aber auf, wenn die Menschenmenge an einem Hindernis aufgehalten wird, weiter hinten niemand das mitbekommt und der ganze Pulk deshalb weiter nach vorne drängt. Dann kann es schnell vorbei sein mit der Ruhe. Dann wäre es gut, eine vertrauenswürdig und besänftigend klingende Lautsprecherstimme als äußere Autorität würde das Kommando übernehmen und Führung unter Beweis stellen. Denn aufgewühlte Menschen brauchen das Gefühl, dass irgendjemand das Chaos noch im Griff hat. So lässt sich Panik noch am ehesten verhindern.

Wieso wir um Bettler einen Bogen machen

In Bonn führt in der Nähe des Opernhauses eine Passage unter einer Hauptverkehrsstraße namens Belderberg hindurch. Fußgänger und Radfahrer nutzen die Unterführung, um vom Marktplatz auf möglichst kurzem Weg zur Kennedy-Brücke und so über den Rhein in den Stadtbezirk Beuel zu gelangen. Vermutlich würden noch mehr Menschen diesen Weg nehmen, wenn es sich bei der im Halbdunkel liegenden Passage nicht um einen jener beklemmenden städtischen Orte handelte, die Passanten instinktiv oder auch bewusst nach Möglichkeit meiden. In den autobegeisterten sechziger und siebziger Jahren des 20. Jahrhunderts war so etwas den Planern noch egal; man ebnete Kraftfahrzeugen den Weg und verbannte Fußgänger und Radler notfalls in den Untergrund, wo sie Deutschlands Fortschritt (oder besser: Voranfahrt) nicht weiter stören konnten.

Der zwielichtige Durchgang unterm Belderberg hat aber nicht nur etwas düster Abweisendes; manchmal hockt dort, an kalten Tagen auf einem Stück Pappe, auch ein fast zahnloser Mann an einer Tunnelwand, streckt seine Hand nach milden oder auch nur verlegen gewährten Gaben aus und hat an seinen besseren Tagen für jeden Passanten einen eher hingelallten als gesprochenen Gruß auf den schrundigen Lippen. Selbst jenen, die ihm nichts geben, und es sind die meisten, grüßt der oft schmuddelig wirkende Obdachlose hinterher. Ob er wieder einmal dort bettelt, lässt sich sogar dann erkennen, wenn man nur aus der Distanz beobachtet, wie Fußgänger sich der Unterführung nähern. Sitzt er auf seinem Posten, gehen die Passanten einen Umweg und halten gebührenden Abstand zu dem Mann. Es ist, als könne sich jemand, der ihm näher als drei oder vier Meter kommt, der Überzeugungskraft seiner Bitte nicht mehr entziehen oder als klebe die Pest an ihm. Abscheu erregen viele ungewaschene Menschen besonders dann, wenn sich kaum mehr unterscheiden lässt, ob ihre äußere Hülle bloß dreckig oder von Hautleiden verunstaltet ist.

Nicht umsonst ist unsere Haut das wichtigste Kontaktorgan, und wer mit ihr einen schlechten Eindruck bei seinen Artgenossen macht, erhält so schnell keine zweite Chance dazu. «Die Erfahrung, dass kranke Haut bei anderen Ekel, Abneigung und Rückzug bewirkt, machen viele Hautkranke», weiß Uwe Gieler von der Uniklinik Gießen, ein Fachmann für psychosomatische Dermatologie. Auf größtmögliche Distanz gingen Hautgesunde auch, weil sie «von einer Ansteckungsgefahr ausgehen».[96] Denn seit vielen Jahrtausenden sehen Menschen in entzündeter oder mit Bläschen übersäter Haut ein Warnzeichen für Leiden wie Lepra oder für infektiöse Geschlechtskrankheiten. Dass Lepra früher Aussatz genannt wurde, hatte damit zu tun, das Befallene ausgesetzt, also vor die Tore einer Stadt gezwungen oder aus dem Dorf verbannt wurden.

Auch wenn Ekel-Reaktionen oft anerzogen sind, ist ein Teil unserer Abscheu angeboren. Buchstäblich die Nase zu rümpfen über Menschen mit Eiterpusteln, nässenden Quaddeln oder übel aussehenden Wunden, liegt uns also quasi im Blut. «Das sind eindeutig Schutzreaktionen», sagt Wolfgang Harth, Chefarzt der Klinik für Dermatologie und Allergologie am Vivantes-Klinikum in Berlin-Spandau. «Man starrt solche Hautkranken ganz natürlich erst mal an, um zu klären, mit wem man es da zu tun hat. Oder man macht sofort einen Schritt zurück, wenn einem jemand mit Läusen oder Krätze begegnet.»[97] Kein Wunder, das sich Hautkranke oft ausgestoßen fühlen, wenn sie bei ihren Mitmenschen regelmäßig Reaktionen wahrnehmen, die auf einen Satz hinauslaufen: «Bleib mir bloß vom Leib!»

Doch wir sind nun einmal die Nachfahren von Siegern im Überlebenskampf. Unsere Altvordern haben auch deshalb ihre Erbanlagen an uns weitergeben können, weil sie im richtigen Moment ihre Neigung zur Geselligkeit zurückstellen konnten gegenüber offensichtlich gebotener Vorsicht. Fachleute wie Chad Mortensen von der Metropolitan State University in Denver sprechen deshalb von einer *psychologischen* Körperabwehr, die unsere physiologische Abwehr wirksam ergänzt, indem sie ihr vorangeschaltet ist. «Obwohl unser physiologisches Immunsystem eine ganz wesentliche Verteidigungslinie gegen ansteckende Krankheiten darstellt, ist sein Unterhalt für den Körper aufwendig und sein Einsatz nicht immer erfolgreich», sagt der US-Psychologe. «Eine sinnvollere Strategie könnte darin bestehen, eine Infektion von vornherein zu verhindern.» Genau dies leistet unsere vorsorgliche Distanziertheit erkennbar Kranken gegenüber.[98] Und nicht nur das: Schon der Anblick sichtlich infizierter Menschen versetzt das physiologische Immunsystem in Alarmstimmung. Dazu reicht es, Fotos zu betrachten, auf denen niesende Menschen zu sehen sind oder solche mit Pusteln auf der Haut, wie kanadische Forscher herausfanden.[99]

Träge Helfer

Allerdings lässt sich unser Ausweichmanöver vor Bettlern oder sonstigen befremdlich erscheinenden Menschen auch anders erklären, schon weil nicht alle Wohnungslosen unreine Haut aufweisen oder speckig-fleckige Kleider am Leib tragen. Auf Distanz zu ihnen gehen wir, wie erwähnt, auch aus psychologischen Gründen. Denn wir wollen nicht gemeint sein, wenn sie um Hilfe bitten, und das gelingt umso eher, je größer der Bogen ist, den wir um sie machen. Es ist ganz ähnlich wie beim sogenannten Zuschauer- oder Genovese-Effekt. Dieser geht zurück auf die Amerikanerin Kitty Genovese, die 1964 im Alter von 28 Jahren nahe ihrer Wohnung im New Yorker Stadtbezirk Queens von dem nur wenig älteren Winston Moseley mehrmals vergewaltigt und ermordet wurde, nachts zwischen 3:30 und 4 Uhr. Wie sich später herausstellte, hatten etwa vierzig Menschen die wiederholten Angriffe Moseleys auf sein zunächst flüchtendes Opfer bemerkt, allerdings nur einzelne Laute oder Blicke auf das Geschehen erhascht, und keiner hatte die eigentliche Vergewaltigung beobachten können.

Jedenfalls schritt niemand ein und half der jungen Frau. Keiner fühlte sich gemeint von ihren Schreien, alle waren entweder unwillig, unsicher oder vertrauten darauf, dass schon jemand anderer der Misshandelten helfen würde. Der Vorgang erregte nicht nur gesellschaftliches Aufsehen, sondern hatte auch etliche Studien über solidarisches Sozialverhalten zur Folge. Doch voreilige Urteile verbieten sich.

«Besonders in Notsituationen sind wir fast immer unsicher, denn sie passieren nicht alle Tage in unserem Leben. Uns fehlt die Übung. Wir fragen uns: Was geht hier vor sich? Was soll ich tun?», schreiben Manuel Tusch und Volker Kitz in einem Buch über Phänomene der Alltagspsychologie.[100] Heute weiß man immerhin: Wer andere dazu bewegen möchte, bedrohten Mitmenschen durch Eingreifen beizustehen, muss mögliche Helfer gezielt ansprechen, etwa so: «Sie da mit dem braunen Ledermantel, kommen Sie her, wir müssen was tun!» Denn so sind wir Menschen nun mal: Wir wollen überleben und uns nicht unnötig verletzen, und deshalb hoffen wir, wenn es brenzlig wird, dass der Krug noch einmal an uns vorübergehen möge und jemand anderer für uns in die Bresche springt. Das gilt offenbar besonders für Menschen, die in eher anonymen Städten aufgewachsen und deshalb zögerlicher beim Helfen sind.[101]

Mangels einer Menschenmenge, in der die Fußgänger im Bonner Straßentunnel sich verbergen, sich unsichtbar machen könnten, entfernen sie sich von dem armen Mann, der ihre Hilfe braucht oder einfach ihr Geld will, aus welchem Grund auch immer. Sie fürchten die persönliche Ansprache, die aus der Nähe leichter fällt: «Sie da, mit den teuren Schuhen und der prallen Einkaufstasche, geben Sie mir doch bitte einen Euro, ich habe Hunger!» Dass der Mann ungewaschen und kränklich wirkt, verringert seine Chancen auf ein kleines Geldgeschenk oder ein paar nette Worte zusätzlich, von einem aufmunternden Klaps auf die Schulter ganz abgesehen, Gott bewahre! Wir wollen uns eben die Hände nicht schmutzig machen. Und wir möchten auch nicht immer daran erinnert werden, wie gut es uns im Grunde geht und wie viel Glück wir bisher hatten – und längst nicht immer verdient.

Wenigstens wird der Bettler bei seinen Sitzungen nicht immer alleine bleiben. Andere Wohnungslose oder aus der Gesellschaft Gefallene werden mit ihm sprechen, ob vertraut mit ihm oder nicht. Studien zur körperlichen Distanz haben nämlich gezeigt, dass Menschen sich anderen umso dichter annähern, je ähnlicher sie sich sind. Nicht im Gesicht, sondern hinsichtlich ihrer Persönlichkeit und Lebensweise, ihrer Kultur, ihrer Rasse oder ihres Alters.[102] Man findet einander und hockt womöglich bald beisammen, bei einer Flasche Fusel und ein paar geteilten Kippen.

Warum Kranke sich zu Hause verkriechen

Zuerst einmal eine Hiobsbotschaft. «Wenn ich gedachte: Mein Bett soll mich trösten, mein Lager soll mir meinen Jammer erleichtern, so erschrecktest du mich mit Träumen und machtest mir Grauen durch Gesichte, dass meine Seele wünschte erstickt zu sein.»[103] Der arme, wenngleich zunächst noch wohlhabende Hiob aus dem Alten Testament, der hier so herzerweichend klagt und sein Ende herbeiwünscht, hatte es wahrlich nicht leicht: Mit Gottes Erlaubnis darf Satan Hiobs Frömmigkeit prüfen und ihm alles nehmen, was ihm lieb und wert ist. Nicht nur büßt der Vermögende seinen ganzen Besitz ein, er verliert auch noch seine zehn Kinder durch den Einsturz eines Hauses, und als auch das nicht ausreicht, um Gott zu verfluchen, darf der Teufel ihn auch noch mit Krankheit und widerwärtigen Geschwüren überziehen. Doch der Gottesfürchtige bleibt standhaft und erhält am Ende vom Allmächtigen alles Verlorene zurück, auch die Gesundheit, und sein Besitz wird sogar verdoppelt. Was für ein Drama; man sollte vielleicht doch öfter einmal in der Bibel lesen!

Für unsere Zwecke reicht das angeführte Hiob-Zitat: In seiner Verzweiflung erhofft sich der biblische Fromme Linderung in seinem Bett, also zu Hause, daheim. «Überall verleiht das Bett mit seiner Wärme und seiner Behaglichkeit dem Menschen ein Gefühl des Friedens und der Geborgenheit», schrieb der 1991 verstorbene Philosoph und Pädagoge Otto Friedrich Bollnow in seinem vielfach neu aufgelegten Buch über «Mensch und Raum». Auch wenn der frühere Tübinger Professor ein schwäbisches Sprichwort erwähnt, wonach selbst im Bett nicht sicher sei, wer sich fürchte, so gilt das mit Matratze und Kissen gepolsterte Möbel doch als Ort der Behaglichkeit schlechthin – und *behaglich* bedeutet: eingehegt und umfriedet, also geborgen. Solchen Schutz haben Bollnow zufolge nicht nur Mimosen ab und an nötig. Es habe «starke Männer gegeben, die sich einfach ins Bett flüchteten, wenn ihnen die Schwierigkeiten des Lebens über den Kopf zu wachsen drohten»[104]; an wen er dabei dachte, hätte man gerne gewusst. In den heimischen Federn jedenfalls komme der Mensch zur Ruhe. Und als Beleg zitiert Bollnow den Pfälzer Mediziner Albert Fraenkel. Der Tuberkulose- und Herzspezialist befand im Jahr 1930, dass «auch bei seelisch Normalen ein Schreckerlebnis durch nichts besser abreagiert wird, als durch einen Tag Bettruhe». Aus moderner Sicht ist das fraglich, denn nervös Gestressten hilft man heute eher zum Strampeln in den Fahrradsattel oder schickt sie zum flotten Spaziergang in den Wald, damit die vom Körper zum Kampf oder zur Flucht bereitgestellte Energie rasch abgebaut werden und die nervöse Erregung sich wieder legen kann.

Das Bett ist im Kleinen, was uns die Wohnung im Großen ist: Zuflucht «vor der bedrohlichen Außenwelt». Zu einem solchen Schutzraum passt es, dass man ihn mit etwas gutem Willen als Wohnhöhle in «künstlichen Zementgebirgen»[105] sehen kann, auch wenn sich darin keine Neandertaler mehr lausen, sondern Singles durchs weltweite Netz surfen. Das traute, uns also bestens vertraute Heim ist jener Ort auf der Welt, an den uns normalerweise niemand folgen und wo uns niemand beobachten kann, solange die Jalousien geschlossen und – neuerdings zusätzlich – die von Computer-Hackern manipulierbare Kameralinse im Laptop sorgfältig abgeklebt ist. Nicht umsonst schützt das deutsche Grundgesetz die Unverletzlichkeit der Wohnung.

In die eigenen vier Wände ziehen wir uns vor allem dann zurück, wenn wir leiden und deshalb angreifbar sind. «Wenn ich mich krank fühle, bin ich wie ein Tier, will mich in meine Höhle zurückziehen», räumt zum Beispiel der US-Schauspieler Bradley Cooper ein.[106] Ein sozialer Rückzug wie dieser ist ein «Schutzreflex, der evolutionsbiologische Ursachen hat und auch bei anderen Säugetieren zum angeborenen Verhaltensprogramm gehört», sagt der Grazer Medizinpsychologe Josef Wilhelm Egger. Der Vorteil solcher Verhaltensweisen sei, dass «wir quasi automatisch auf sie zurückgreifen können und sie nicht jedes Mal neu erfinden müssen». Fühlten sich unsere Vorfahren krank oder schwach, zogen sie sich in eine Höhle oder ein blickdichtes Gebüsch zurück, um sich vor Beutegreifern zu verbergen und diese nicht auf sich aufmerksam zu machen. Viele Wildtiere machen dies bis heute so. «Zu schwächeln ist angesichts von Feinden immer ein Nachteil.» Das gilt besonders dann, wenn keine Artgenossen anwesend sind, die ein leidendes Tier zumindest vorübergehend vor Angreifern abschirmen, wie beispielsweise Elefanten es oft tun, Menschen in der Regel ebenfalls.

Wer sich bei Krankheit zu Hause verkriecht oder verschanzt, «nimmt sich aus der sozialen Umwelt heraus, weil ihn das aktuell überfordern würde», urteilt Egger. Allerdings gelte das nicht für alle Krankheiten oder Befindlichkeitsstörungen in gleichem Maße. Bei Schmerz sei die Rückzugsstrategie ganz deutlich. Hier wolle man oft bis zum Abklingen der Symptome möglichst keinen Kontakt zu anderen, «weil soziale Kontakte immer auch eine Anpassungsleistung erfordern». Das wird jeder verstehen, der sich jemals gezwungen sah, trotz starker Kopf- oder Rückenschmerzen oder gar Migräne an einer Abendgesellschaft teilzunehmen und sich möglichst nichts anmerken zu lassen, also Haltung zu bewahren. Dieser Kraftakt verbraucht seelische Energie, und selbst der Versuch, sich auf Gespräche zu konzentrieren, ist mühsam. «Einen Schmerzgeplagten kann das schlicht überfordern, weshalb er sich lieber zu

Hause, also in geschützter Umgebung, verkriecht.» Ähnlich verhalten sich andere Kranke. Im Schonraum der vertrauten Umgebung «kann auch das Immunsystem ungestörter und daher wirksamer arbeiten, was die Selbstheilung fördert».

Nähe-Wunsch bei Angst

Doch nicht immer ist Rückzug das Mittel der Wahl. «Verängstigte Menschen isolieren sich eher nicht, sondern suchen den Schutz der Gruppe, denn dort können sie sich geborgen fühlen», sagt Egger. Isolation hingegen verstärkt die Angst oft nur, weshalb seelisch gesunde, unverstellte Kinder in die Arme ihrer Eltern fliehen, wenn sie sich fürchten. Diese an sich angeborene Reaktion von Groß und Klein tritt in manchen menschlichen Gesellschaften jedoch stärker zutage, je nach der herrschenden Haltung Ängsten gegenüber. «In vielen afrikanischen Kulturen, wo der Zusammenhalt der Gruppe besonders wertgeschätzt wird und Abhängigkeit von anderen Menschen als weniger bedenklich gilt, suchen Geängstigte bereitwilliger den Schutz der Gruppe oder des Clans als zum Beispiel in unserem Kulturkreis, wo mehr Wert auf Individualität und Autonomie gelegt wird.» In zivilisierten Gesellschaften heißt es rasch, man müsse mit seinen Ängsten, Depressionen oder anderen Problemen selber klarkommen, und manchmal scheint es gar, als wollten die heiter Gestimmten unter allen Umständen vermeiden, sich mit den unguten Gefühlen ihrer Mitmenschen anzustecken. Was daran wohl zivilisiert ist?

Wie sehr wir auf die Welt und unsere Zeitgenossen zugehen können, hängt jedenfalls entscheidend von unserer inneren Befindlichkeit ab. Denn so ist der Mensch: «Im Zustand tiefer Traurigkeit verkriecht er sich in die Enge seiner Höhle, im freudig gehobenen Zustand braucht er umgekehrt den Entfaltungsraum einer frei sich öffnenden Weite», schrieb schon Bollnow. Denn: «Die Angst, die ja schon dem ursprünglichen Wortsinn nach die beklemmende

Enge der Herzens bezeichnet, verengt zugleich die ganze Welt um uns herum, verengt unseren Spielraum in der Welt.» Erst wenn der Mensch fröhlich die Augen wieder vom Boden erhebe, «weitet sich für ihn der Raum».[107] Dann kann er den Ort seiner Zuflucht verlassen und wieder hinausziehen in die vielbesungene *weite Welt*.

Wo unser Bett am sichersten steht

Wer je in der Wildnis der nordamerikanischen Rocky Mountains gezeltet hat statt in der bloß Natur genannten deutschen Kulturlandschaft, kennt das Gefühl vielleicht: Wird man nachts von einem Knacken im Unterholz wach, denkt man nicht versonnen an ein liebes Reh, das in der Nähe des Zeltes vorbeistreicht und in dessen Äuglein sich das Mondlicht spiegelt. In der Phantasie trottet natürlich ein hungriger Grizzlybär heran, keine absurde Idee angesichts von Schildern, die einen tags zuvor mit dem Hinweis «Sie sind im Bärenland!» mehrfach eindringlich gewarnt haben, so etwa davor, Steaks zu grillen und die Reste davon auf Tellern am Lagerfeuer liegen zu lassen oder gar törichterweise mit ins Zelt zu nehmen für den Fall, dass nachts noch einmal der Magen knurrt.

Vor fast zwanzig Jahren trug es sich zu, dass ich mit zwei Bekannten nahe dem Yellowstone Park auf einem einfachen Zeltplatz übernachtete. Wir schliefen zum ersten Mal in einem Gebiet, wo mit Grizzlys jederzeit zu rechnen ist, und das führte, unmittelbar nach dem Aufschlagen des Zeltes, zu einer sehr interessanten Beobachtung: Während sonst in unserem verletzlichen Zuhause stets die beiden Außenplätze zuerst mit Isoliermatten und Schlafsäcken belegt waren, weil jeder wenigstens nach einer Seite hin keinen Schnarchsack neben sich haben wollte, war diesmal der mittlere Platz als Erstes besetzt, und zwar ziemlich fix. Es war der Arzt in unserem Trio, der sich so überraschend schnell entschieden hatte.

Dem wissenden Feixen seiner beiden Mitreisenden begegnete er mit dem Hinweis, falls kommende Nacht ein Bär das Zelt aufschlitze, und zwar höchstwahrscheinlich an einer Seite, sollte doch vernünftigerweise der einzige Mediziner der kleinen Gruppe noch imstande sein, etwaige Bisswunden zu versorgen, von Schlimmerem abgesehen. In unseren Ohren klang das zwar nicht sonderlich plausibel, doch ließen wir den Doktor zähneknirschend gewähren. Tatsächlich war die kommende Nacht eine unruhige: Ein Pferd wieherte jäh, und mir schlug das Herz so sehr bis zum Hals, dass mir die deutschen Forste als die zum Zelten einzig tauglichen erscheinen wollten.

Nie ist der Mensch so wehrlos wie im Schlaf. Zu Hause im Bett ist das nicht weiter schlimm, aber für unsere Vorfahren war das noch bis vor wenigen hundert Jahren ein ernstes Problem, wenn sie auf Wanderungen oder Beutezügen unter freiem Himmel übernachten und Bären, Wölfe sowie übles Gesindel fürchten mussten. Dass auch gesunde Schläfer in einer durchschnittlichen Nacht 28-mal erwachen[108], wenn auch nur kurz und deshalb anderntags ohne jede Erinnerung daran, ist sehr wahrscheinlich früheren Gefahren geschuldet: Immer wieder einmal nachts bei Sinnen zu sein und zu lauschen, ob sich womöglich gerade ein Raubtier heranschleicht oder auch ein bewaffneter Menschenfeind, hat unseren Urahnen oft das Leben gerettet. Und weil das so war, hat die Evolution jene bevorzugt überleben lassen, die mehrmals nachts aus leichtem Traumschlaf erwachen.

Selbst unseren Schlafplatz wählen wir bis heute so, als rechneten wir noch mit Überfällen. Ausreichend Platz vorausgesetzt, würden wir unser Bett im Schlafzimmer nämlich bevorzugt dorthin stellen, wo wir die besten Überlebenschancen hätten, sollte uns jemand nach dem Leben trachten – und sei es nur dadurch, dass wir auf diese Weise zwei Sekunden an Reaktionszeit gewinnen, um noch rasch nach einer bereitgelegten Waffe zu greifen. Die Münchner Psycho-

logen Matthias Spörrle und Jennifer Stich haben das herausfinden können, indem sie 138 Versuchsteilnehmer baten, am Rechner ein virtuelles Schlafzimmer mit Möbeln zu bestücken. Und siehe da: Fast alle Probanden platzierten ihre Matratze so, dass sie die Schlafzimmertür gut im Blick hatten, und außerdem in einer Weise, dass sich die Tür zur anderen, bettfernen Seite des Zimmers hin öffnete. Das würde dem Einbrecher keinen sofortigen Blick auf den Schlafenden oder gerade Erwachenden gewähren. Obendrein stellten 70 Prozent der Testpersonen ihr Bett so weit wie möglich von der Tür entfernt ins Zimmer, auch dies dazu gedacht, mehr Zeit zur Gegenwehr zu haben. Ein Fenster im Raum, wie bei Schlafzimmern üblich, verwischte all diese Tendenzen jedoch etwas, weil dadurch ein zweiter bedrohlicher Zugang von außen geschaffen war.

Evolutionsbiologisch sinnvoll deuten lassen sich auch die Ergebnisse einer zweiten Studie, in der außer dem eigenen Bett auch die Schlafstätten eines eigenen und eines nicht verwandten Kindes zu platzieren waren. Nun legten sich die Eltern bevorzugt in die Nähe der Tür, und zwar so, dass diese sich zu ihnen hin öffnete, wodurch sie imstande wären, einen Eindringling direkt zu bekämpfen. Ihrem eigenen Kind wiesen sie meist den sichersten Platz zu, den sie selbst gewählt hätten, wären sie denn alleine im Raum, so wie im ersten Versuch der Fall. Das Besucherkind schützten sie weniger gut als ihren Nachwuchs.[109] Sich selbst der Nächste war beim Kampieren in den Rocky Mountains auch unser Arzt im Bunde. Da es im Zelt weder Türen gibt noch großartige Möglichkeiten, den Schlafsack weit weg vom Reißverschluss des Eingangs zu platzieren, blieb ihm nur eine Wahl: ab in die Mitte! Mediziner wissen sich eben zu helfen.

Weshalb wir Anschluss an die Gruppe halten

Es passiert so schnell: Gerade war man noch mitten im Pulk der Wandertruppe marschiert, doch kaum hat man sich nur mal eben den Schuh gebunden und dann noch eine Weile den hübschen Fliegenpilz neben der Birkenwurzel betrachtet, schon steht man allein im Wald. Und das blöderweise auch noch kurz vor einer Wegkreuzung. «Wohin, um Himmels willen, sind jetzt bloß all die anderen gelaufen?» Schon poltert das Herz wie wild im Brustkasten. Zu blöd, dass man sich hier überhaupt nicht auskennt. Und ein Handy hat man auch nicht mit, mal abgesehen davon, dass hier, in der Schnee-Eifel, mancherorts eh kein Empfang ist. Gottverlassene Gegend aber auch. Eine Wanderkarte wäre jetzt gut ...

Das sind so ungefähr die Gedanken, die einem dann durch den Kopf schießen. Wohlgemerkt nicht im Amazonas-Regenwald oder im antarktischen Königin-Maud-Land, sondern in einem deutschen Mittelgebirge nicht allzu weit von der Kleinstadt Prüm entfernt, keine zehn Kilometer! Doch der Sympathikus, ein Teil unseres unwillkürlich arbeitenden vegetativen Nervensystems, schert sich um solche Dinge nicht: Er macht sich auf das Schlimmste gefasst und bereitet uns auf den Ernstfall vor. Und der sieht so aus: Wir sind allein und damit leichte Beute für Raubtiere. Oder wir verhungern, was auch kein Zuckerschlecken ist. Deshalb die gespannten Muskeln, der Angstschweiß auf dem Rücken, der rascher pochende Puls. Sind wir bescheuert? Ganz und gar nicht. «Wir Menschen haben ein extrem sozial denkendes Hirn», sagt der Evolutionspsychologe Benjamin Lange. «Wir wollen dazugehören, nicht ausgeschlossen sein, denn nicht zu einer Gruppe von Menschen zu gehören, hat in der Steinzeit unseren sicheren Tod bedeutet.» Genau deshalb schmerzt es uns auch so sehr, von anderen geschnitten, also ausgegrenzt oder eben alleine zurückgelassen zu werden. Unsere Sinne sind in dieser Hinsicht sehr wachsam.

Erfahrene Wanderführer können deshalb allerlei Skurriles über das Verhalten von Gruppen in Wanderstiefeln berichten. So sicher, wie zwei Engländer irgendwann über das Wetter, ihre Gärten oder die Familie der Queen zu reden beginnen, so sehr kann man Gift darauf nehmen, dass in einem Pulk aus Wandersleuten irgendwann über das Gehtempo «da vorne» gemosert wird. «Was müsst ihr denn so hetzen?», wird dann von hinten gerufen; viel seltener erklingt von vorne das Genörgel, doch bitte hinten nicht derart zu trödeln. «Offensichtlich steht die Nachhut unter einem besonderen Druck, den Anschluss nicht zu verlieren», meint der Natursoziologe Rainer Brämer. Dieser Druck kann sich bei besonders empfindlichen, weil ängstlichen Menschen in körperlichen Reaktionen entladen. So gebe es «psychosomatisch labile Personen, die am Ende einer Wandergruppe infolge verstärkter Asthma-Anfälle oder Kreislaufprobleme kaum noch mithalten können, während sie an der Gruppenspitze keinerlei Gesundheits- oder Tempoprobleme haben».[110] Ein Wanderführer, der das merkt, kann die Leidenden einfach ins vordere Mittelfeld holen, wo sie ja keineswegs schneller gehen müssen, den anderen aber nicht mehr hinterherzukeuchen brauchen.

Woran das wohl liegt? Offenbar lähme die Angst vor dem Verlorengehen den Willen und damit die Kräfte, vermutet Brämer. «Man hat wie im Albtraum das Gefühl, trotz großer Anstrengungen einfach nicht aufschließen zu können. Vor jeder Biegung gerät die Gruppe erneut aus dem Blickfeld des Nachzüglers.» Schließlich rafft er sich doch auf und verfällt in den Laufschritt, um endlich die ersehnte Gruppe wieder zu erreichen. Und man glaubt es kaum: Obwohl der Zurückgebliebene am Ende des Pulks nun genau so schnell gehen muss wie eben, als er noch dreißig Meter weiter hinten alleine lief, fällt ihm das Tempo jetzt deutlich leichter. Denn es beruhigt und beflügelt, endlich wieder dazuzugehören. Wanderführer können diese angstgesteuerte Selbstmotivation dazu nutzen, alle beisammenzuhalten und Zurückfallende wieder auf sanfte

Weise einzufangen. Sie brauchen sich dazu lediglich zu ihnen nach hinten fallen zu lassen. Die schiere Anwesenheit des Anführers bei den Schlusslichtern führt dazu, dass diese sich selber die Sporen geben und zum Rest der Gruppe aufschließen. Nur auf eines muss der Leithammel dabei achten: Für sein Manöver sollte er sich einen Wegabschnitt ohne Abzweige aussuchen. Sonst wird der Tross zwar hinten schneller, stockt aber vorne, weil dort keiner mehr weiß, wo es nun langgeht. Wandern in der Gruppe kann aber auch wirklich kompliziert sein!

Wieso wir nachts schneller laufen

Achten Sie mal darauf, wenn Sie nachts wach liegen und durchs geöffnete Fenster Schritte auf der Straße hören: Im Dunkeln gehen die Leute schneller als tagsüber. Und klingt es nicht manchmal sogar, als werde jemand verfolgt und eile davon? Auf Feldwegen bei einsetzender Dämmerung oder im düsteren Wald ist flottes Marschieren erst recht die Regel. Das gilt nicht bloß für ganz allein auf sich gestellte Fußgänger, denen noch die Urangst unserer Vorfahren Beine macht, als man lieber auf ein saftiges Mammutschnitzel verzichtet hätte, als nachts alleine durch die Tundra zu streifen. Auch Wandergruppen sputen sich, wenn es dämmert oder die Nacht bereits hereingebrochen ist. Und das liegt vorwiegend nicht am Hunger, dem bald beginnenden *Tatort* oder der Lust auf ein Weizenbier.

Seine langjährige Erfahrung als Wanderführer habe ergeben, «dass für Nachtwanderungen um 10 bis 20 Prozent kürzere Streckenzeiten einzuplanen sind», berichtet Rainer Brämer. Doch die Menschen stapfen nicht nur schneller nach Sonnenuntergang; sie rücken auch dichter zusammen. «Die üblichen Probleme mit Nachzüglern gibt es nicht mehr.»[111] Das weiß auch, wer jemals

gemeinsam mit anderen Menschen, darunter einzelne Fackel- oder Lampenträger, stillgelegte Stollen oder Bergwerke besucht hat. Den Lichtspendern folgt die Gruppe auf dem Fuß, und nicht selten treten die Leute einander dabei schmerzhaft in die Hacken. Aufdringlichkeit ist nicht das Motiv dafür, dass der Mensch im Dunklen Anschluss zu seinen Vorderleuten begehrt. Düsternis macht anhänglich. Genaugenommen ist es die Urangst, verloren zu gehen, und das auch noch in der Nacht, wenn Raubkatzen und andere Beutegreifer vielfach besser sehen als wir Menschen.

Warum Jugendliche im Dunkeln lärmen

Der Mensch ist ein Augentier. «Das Sehsystem ist der leistungsfähigste Fernsinn und liefert mehr Information an das Gehirn als alle anderen Sinnessysteme zusammen»[112], deutlich mehr zum Beispiel als Ohren, Nase oder die Tastsinneszellen unserer Haut. Gängige Angaben über den Anteil der vom Auge erfassten Umweltinformation schwanken zwischen 75 und 80 Prozent. Kein Wunder, dass wir uns verloren vorkommen und auch so wirken, wenn man uns beim Blindekuh-Spiel die Gesichtsfenster verbindet, wenn wir erblinden oder wenn es Nacht wird. Zumindest vorübergehend tappen wir dann im Dunkeln. Solange wir dabei nicht alleine sind, muss uns das nicht ängstigen, auch wenn es Menschen gibt, die unter Achluophobie leiden, einer heftigen Angst vor Dunkelheit. Und weil es nichts gibt, für das Schlaumeier nicht auch ein Fremdwort finden, kennen Fachleute auch die Nyktophobie, die Angst vor der Nacht, und sogar die Nyktohylophobie, die Angst vor dunklen Wäldern, wo bekanntlich arglistige Räuber lauern, auch wenn das hierzulande geraume Zeit her ist.

Von unserer Angst im Dunkeln, auch wenn wir sie in der späten Kindheit allmählich verlieren, zeugt das schöne Wort vom Pfeifen im Walde. Auch wenn man sich dort heutzutage, anders als in früheren Jahrhunderten, selten nachts aufhält, so ist es doch zumindest in dichten Nadelforsten ziemlich schattig, mancherorts halbdunkel. Wie es einem dann gehen kann, hat Johann Wolfgang Goethe vor fast 250 Jahren in seinem Lied «Willkommen und Abschied» eindrücklich beschrieben – aus eigener Erfahrung, denn der junge, vielleicht 22-jährige Dichter musste seine geliebte Friederike Brion in Sessenheim nach einem amourösen Stündchen im Dunkeln zu Pferde verlassen, und das auch noch durch den Wald: «Im Nebelkleid» stand plötzlich eine Eiche «wie ein getürmter Riese da», und «aus dem Gesträuche» sah Finsternis den jungen Goethe «mit hundert schwarzen Augen» an. Zwar schuf die Schwärze der Nacht obendrein «tausend Ungeheuer, doch tausendfacher war mein Mut». Nun gut.

Jedenfalls lustwandelt meist nicht, wer sich im Wald bewegt, er eilt vielmehr, und das erwähnte Pfeifen bei solch flotten Gängen deuten manche Psychologen als akustische Reviermarke, auch Geräuschmarkierung genannt. Raubtiere, die dem Pfeifer gefährlich werden könnten, sollen so auf Distanz gehalten werden, was seltsam oder gar widersinnig klingt, weil man sie auf diese Weise ebenso gut auf sich aufmerksam machen und ihr fleischliches Interesse wecken könnte. Es handelt sich um eine Variante der paradoxen Intervention: Man tut scheinbar das Gegenteil dessen, was man möchte oder sollte, so als ließen sich Bären oder Wölfe davon derart beeindrucken, das sie Reißaus nehmen vor einem so dreisten und offenbar von sich überzeugten Gegner. Doch womöglich hat das Pfeifen im Walde einen ganz anderen Grund und beruhigt bloß das Angstzentrum in unserem Schädel und damit uns. «Musik schaltet den Mandelkern aus und das Belohnungssystem im Gehirn an», sagt der Ulmer Psychiater Manfred Spitzer. «Wir pfeifen nicht ohne Grund, wenn wir in den dunklen Keller gehen.»[113]

Wer selber schon junge Menschen durch einen dunklen Wald

geführt hat, weiß nur zu gut, dass es beim Pfeifen nicht bleibt. Kleinere Kinder verhalten sich eher still, drücken sich schutzsuchend an die Eltern oder Betreuer und verstärken auch den Druck der Hand, an der sie dann erstaunlich fügsam gehen. Ganz anders die Jugendlichen: Sie vor allem sind es, «die auf den ersten Kilometern einer Nachtwanderung in der Regel mit lautem Geschrei und Mutgesängen einen Höllenlärm veranstalten», hat der Wanderforscher Rainer Brämer bei seinen Touren mit jungen Menschen erfahren können. Beflissene Naturpädagogen forderten die johlende Gruppe in solchen Fällen oft dazu auf, doch «bitte jetzt mal schön leise» zu sein, damit die nächtliche Natur erlebbar bleibe und nicht allzu sehr gestört werde. Dabei verkennten sie, «dass es sich bei den Lärmausbrüchen tatsächlich um eine der äußerst raren Formen kollektiver Angstbewältigung handelt», und diesen Drang sollten die jungen Leute «unbedingt ausleben» dürfen.

Auffällig bei nächtlichen Touren durch Wälder findet Brämer auch das Verhalten der Erwachsenen. Unter ihnen habe es sich eingebürgert, die Kinder oder Jugendlichen «unterwegs das Gruseln zu lehren, sei es durch entsprechende Geschichten oder überfallartige Inszenierungen». Wer so etwas tut, muss kein sadistisch veranlagter Erlebnispädagoge sein. Psychologisch lässt sich diese Unsitte auch so deuten, «dass es nicht zuletzt die Gruppenleiter selber sind, die so ihre eigene Angst vor der Nacht zu beschwören versuchen». Indem sie ihre eigene archaische Furcht vor dem dunklen Wald «auf die ihnen anvertrauten Schützlinge projizieren, begeben sie sich in die selbstbewusstseinsstärkende Rolle des Überlegenen».[114] Das ist ein alter und ziemlich verbreiteter Kniff, nicht nur bei Ängstlichkeit. Da Kindermund bekanntlich gerne die Wahrheit spricht, könnte Klein Hanna zu ihrem gespensterartig herumjaulenden Betreuer dann einfach sagen: «Ach, Jürgen, lass mal, du hast doch bloß selber die Hosen voll!»

Was uns an Städten ängstigt

Es war der Nervenarzt und Psychoanalytiker Alexander Mitscherlich, der 1965 in einem Buch die «Unwirtlichkeit unserer Städte» beklagte. Er stieß sich daran, wie der Abriss-Furor nach dem Zweiten Weltkrieg ihr historisches Gefüge zerstört hatte und weiterhin zerstörte. Vieles von dem, was der Krieg verschont hatte, fiel den Baggern zum Opfer, und die Folgen sieht man bis heute. Da Architektur immer auf die Seele ihrer Nutzer einwirkt, sind die gefühllosen Eingriffe nicht ohne Folgen für die Stadtbewohner geblieben. Durch gewachsene Wohnquartiere schlug man breite, lärmende Verkehrsadern, und plötzlich lebten Tausende zusammengepfercht in wuchtigen Hochhaus-Komplexen, in denen Nachbarn Fremde blieben. Der Wiener Architekturprofessor Georg Franck nennt als eine wesentliche Folge solcher Brachialarchitektur «Verwahrlosung». Trabantenstädte oder gesichtslose Vororte schulten weder die «sinnliche Intelligenz», noch erlaubten sie es ihren Bewohnern, sich darin heimisch zu fühlen. «Wer hier aufwächst, kommt mit dieser Situation am besten zurecht, indem er abstumpft und eben nicht darauf achtet, wo er ist und wo er sein will.» Ein Blick aus dem Flugzeugfenster beim Überfliegen im Krieg zerstörter und dann wie im Wahn modernisierter Städte zeige den architektonischen Niedergang deutlich: «Wenn Sie eine interessante Struktur entdecken, werden Sie feststellen, dass sie mindestens 100 Jahre alt ist», findet Franck. «Alles, was neueren Datums ist, bildet ein zusammengewürfeltes Durcheinander.»[115]

Anders die historischen Viertel, in denen ein Straßengeviert so bebaut wurde, dass ein geschlossener Häuserblock und klar erkennbare Straßenräume entstanden. Dort fühlten wir uns bis heute «sicher und aufgehoben». Und genau das solle Architektur leisten, nämlich uns «das Gefühl vermitteln: es ist wunderbar, dass ihr da seid!» Stattdessen fühlten die Menschen sich von der hässlichen

Flickschusterei heutiger Städte eher abgewiesen. «Da unterscheidet die Bauweise häufig nicht zwischen den Behausungen für Menschen und Müllcontainern», ärgert sich Franck.

Harsche Worte eines Enttäuschten, doch falsch sind sie deshalb nicht. Wenn die Bewohner von Berlin-Marzahn, Köln-Chorweiler oder Saarbrücken-Folsterhöhe in solchen Hochhausvierteln wohnen bleiben, dann weniger wegen der hier und da inzwischen sanierten Bausubstanz und der Grünflächen um die Häuserblöcke, sondern eher wegen der für Geringverdiener noch erschwinglichen Mieten. Auch hat, wer hier groß geworden ist, wenigstens das Gefühl, einer von hier zu sein, und das schweißt zusammen, im Guten wie im Schlechten. Die öde Beton-Architektur solcher Wohnfabriken hingegen flößt Besuchern wie auch manchen Bewohnern eher Furcht ein; von einem menschlichen Maß sind die Klötze weit entfernt.

Sogenannte Angsträume, die man am liebsten meiden würde oder denen man schnell wieder entfliehen möchte, finden sich allerdings auch in autofreundlichen Innenstädten, wo Fußgänger an den Rand oder in den Untergrund gedrängt worden sind. Lange Unterführungen beispielsweise wirken gleich aus mehreren Gründen bedrohlich: Da kein Mensch um die Ecke schauen kann, um lauernde Unholde zu entdecken, lassen sich die Fußgängertunnel nicht überblicken. Zweitens bieten sie gegenüber Angreifern keine Deckung, «und man kann auch keinen Seitenweg einschlagen, um zu fliehen, wenn es geboten erscheint».[116] Auch deshalb ist 2010 die Menge bei der Love-Parade in Duisburg im langen Tunnel so machtvoll wie tödlich vorgerückt. Niemand steht eben gerne einfach herum, zumal im Gedränge, wo kein Mensch erkennen kann, wann es endlich weitergeht. Gegenüber Fußgängertunneln wären Überwege aus psychologischer Sicht ohnehin die günstigere Variante.

Typische andere Angsträume sind U-Bahnhöfe, Tiefgaragen oder Parkanlagen bei Dunkelheit. Was Menschen dort Angst bereitet,

sind zunächst einmal bauliche Merkmale wie «Unübersichtlichkeit, schlechte Beleuchtung, uneinsehbare Ecken und Nischen», sagt Riklef Rambow, Professor für Architekturkommunikation in Karlsruhe. Sind solche Orte dann auch noch häufig unbelebt oder gibt es Anzeichen dafür, dass dort niemand mehr nach dem Rechten sieht, flößt das Passanten zusätzlich Unbehagen ein. Indizien für fehlende gesellschaftliche Kontrolle sind umherliegende Abfälle, schmutzige und eingeschlagene Fensterscheiben oder Graffiti. Auch rechtsfreie Räume sind also Angsträume. Medienberichte sowie populäre Fernsehkrimis über problematische Stadtviertel oder heikle städtische Orte stricken an deren Ruf ebenfalls gehörig mit. Dass über die «zahlenmäßig ja fast unbedeutenden» Vorfälle in U-Bahn-Stationen zum Beispiel in jüngerer Zeit in allen Medien breit berichtet wurde, dürfte die Furcht davor, sich dort aufzuhalten, stark angeheizt haben, vermutet Rambow.

Angsträume lassen sich oft schon mit wenigen Kniffen freundlicher gestalten. Bereits vorhandene Parkhäuser, U-Bahn-Stationen oder Bahnhöfe werden durch Lampen oder Spiegel übersichtlicher und vermitteln so mehr Sicherheit. Bei Stadtparks seien nachträgliche Eingriffe in die Gestaltung «schon etwas schwieriger, weil ein Verzicht auf Bäume, Hecken oder eine kurvige Wegeführung der Parkanlage viel von ihrem Reiz nehmen würde». Besser als der mühselige und teure Umbau längst geschaffener Angsträume wäre natürlich ohnehin, sie zu vermeiden. Kritisch sind immer Plätze oder Viertel, die sich nur einseitig nutzen lassen, etwa «reine Büroviertel, die nach Dienstschluss vollständig verwaisen». Zudem können Architekten dafür Sorge tragen, dass Gebäudefassaden, die an öffentliche Räume grenzen, Fenster aufweisen, weil das die soziale Kontrolle fördert und manche Menschen mit kriminellen Absichten abschreckt. Günstig sind zudem überschaubare Gebäudeeinheiten, die Bewohner oder Ladeninhaber dazu ermuntern, gesellschaftliche Verantwortung zu übernehmen. Gepflegte Vorgärten in Wohnvierteln zum Beispiel oder hübsch zurechtgemachte Beete rings um Straßenbäume vermitteln den Eindruck, dass sich jemand kümmert, dass hier buchstäblich der Nachbar wacht und Störungen nicht geduldet werden.

Auch mehr Grün hilft. Bäume zu pflanzen, kann nach Ansicht von Umweltpsychologen gerade in unwirtlichen Wohngegenden aggressionsmindernd wirken und die Nachbarschaft sicherer machen, vorausgesetzt, die neuen Gewächse schaffen keine neue Unübersichtlichkeit. Geborstene Fensterscheiben, heruntergetretene Zäune und andere Zeichen von Verwahrlosung hingegen provozieren weiteren Vandalismus. Indirekt kann sogar eine geschickte Verkehrsplanung Angsträume verhindern helfen. «Denn je mehr Menschen zu Fuß, auf dem Fahrrad oder im ÖPNV unterwegs sind, umso belebter ist auch der öffentliche Raum.»

Eine eigene und «ziemlich heikle Diskussion» ist für Rambow die Frage, welche psychologischen Folgen Videokameras haben, mit denen vielerorts schon heute öffentliche Plätze oder dunkle Ecken überwacht werden. Für etliche Politiker sei das «offensichtlich eine sehr attraktive Option, deren Wirksamkeit aber meines Erachtens sehr in Frage steht». Die Kameras könnten sogar üble Folgen haben. Denn möglicherweise lässt die Videokontrolle zufällig anwesende Passanten bei gewaltsamen Übergriffen auf Dritte noch zögerlicher eingreifen als bisher, weil die Polizei ja angeblich ständig zuschaut und aktiv werden kann. So würde die Kamera zur Ausrede dafür, selber die Hände in den Schoß legen zu können, statt mutig einzuschreiten oder Hilfe zu holen.

Generell möchten viele Menschen eine Umgebung, mit der sie nicht vertraut sind, lieber rasch verlassen. Doch das gilt nicht immer. Denn selbst Risikoscheue suchen ab und an neue Reize, etwa im Urlaub. «Als Tourist schlendert man gemütlich auch an einer Uferpromenade, die man nie zuvor besucht hatte», sagt der Evolutionspsychologe Benjamin Lange. Menschen wögen Kosten und Nutzen sowie Risiken und Chancen halt «immer gegeneinander ab, meist unbewusst». Zumindest tagsüber. Denn wird es dunkel, kann sich das rasch wieder ändern, und der hübsche Strandweg liegt plötzlich einsam und verlassen im Schwarz der Nacht.

5. Weshalb wir so bequem sind

Wieso rennen Sie eigentlich nicht den ganzen Tag lang in der Gegend herum oder klettern auf Bäume? Das ist keineswegs eine dumme Frage: Schließlich wäre Bewegung gesünder und würde uns mehr Spaß bereiten. Wir würden sogar mehr von der Welt sehen. Stattdessen hocken wir dumpf herum – im Büro, im Auto, im Bus und vor dem Fernseher. Außerdem beim Essen, beim Vorlesen und beim Nähen. Sogar im Wartezimmer beim Arzt drücken wir uns den Hintern breit, statt umherzuhüpfen, auf der Stelle zu laufen oder Liegestütze zu machen. Ich ahne Ihre Antwort. Sie lautet: «Weil mir dieses Herumzappeln zu anstrengend wäre.» Oder: «Weil ich es mir gerne bequem mache.» Einverstanden! Wir sind alle nur Menschen. Nur eines sollten Sie lieber nicht antworten: «Weil ich ohnehin den ganzen Tag auf den Beinen bin, da wird man sich doch wohl noch ausruhen dürfen, Himmel noch eins!» Die meisten Leute, die so reden, gehen keine drei Kilometer am Tag. Und das soll weit sein? Dafür wäre ein Neandertaler oder einer unserer Vorfahren in der Mittelsteinzeit morgens gar nicht erst aufgestanden. «Für die paar Schritte laufe ich gar nicht erst zur Höhle hinaus», hätte es da geheißen. Und jetzt kommen Sie! Aber mal im Ernst: Wir sind ganz schön faule Burschen und Mädels heutzutage. Und so sehen wir ja auch aus.

Warum wir auf Rolltreppen Wurzeln schlagen

Der Mensch ist faul und kann nicht anders, und das hat einen guten Grund. «Ursprünglich war die Nahrungsbeschaffung aufwendig und kostete selbst viele Kalorien, sowohl für Sammlerinnen als auch für Jäger», sagt Harald Euler im Rückblick auf unsere steinzeitlichen Vorfahren. Noch heute seien vergleichbar lebende Naturvölker tagtäglich etwa vier Stunden damit beschäftigt, nach Essbarem zu suchen oder zu fischen, und längst nicht immer machen sie reiche Beute. Ob der Kraftaufwand sich lohnte, war auch bei unseren prähistorischen Vorfahren nicht immer gewiss, von den Gefahren für Leib und Leben unter wilden Tieren ganz abgesehen. Oft konnten unsere Ahnen froh sein, wenn sie beim Suchen nach Nahrung nicht mehr Energie verbrauchten, als sie in Form von Wildbret, Beeren und nahrhaften Wurzeln erbeuteten oder fanden. Zudem lieferte das, was Jagd und Sammeln eintrugen, pro Kilogramm viel weniger Nahrungskalorien als heutiges Essen, dessen Energiedichte deutlich höher ist. «Die Versorgung war also unvorhersehbar, und nutzloses Verschwenden von Kalorien wäre für den Fortpflanzungserfolg schädlich gewesen», zieht Euler als Fazit.

In der Altsteinzeit, die in etwa dem Eiszeitalter entsprach, forderte in höheren Breiten obendrein die Kälte ihren Tribut. Denn der Wärmeaufwand des Körpers ist bei Minusgraden deutlich höher, und mollig warm wurde es in den zugigen Höhlen der Eiszeitmenschen eher selten. Hinzu kam ein Problem, das ausgerechnet damit zu tun hat, dass die früheren Jäger und Sammler vergleichsweise muskulös und durchtrainiert waren. Damit das unbedingt so blieb, mussten sie pro Kilo Körpergewicht besonders viel Energie über die Nahrung aufnehmen. Denn die Muskulatur verbraucht selbst im Ruhezustand mehr Kalorien als Fettgewebe oder Knochen. Wer sie erhalten will, muss also schon deswegen viel essen. Das gilt bis heute für alle Menschen, die schwere körperliche Arbeit verrichten oder sehr viel auf den Beinen sind und dabei womöglich noch Lasten schleppen. Hungern sollte niemand, aber solche Leute erst recht nicht. In einer Überflussgesellschaft wie der unseren liegt hierin eine Chance zum Abnehmen. Wegen des hohen Energiebedarfs der Muskulatur kann nämlich, wer langfristig abnehmen möchte, «seinen Energie-Umsatz steigern, indem er seine Muskelmasse vergrößert», sagt Norbert Maassen vom Institut für Sportmedizin der

Universität Hannover. Ein Zusatz-Kilo an Muskeln benötigt nämlich auch im Ruhezustand gut 13 Kilokalorien täglich (landläufig
«Kalorien» genannt). Ein Kilo Fettgewebe hingegen begnügt sich
wegen seines geringen Stoffwechsels schon mit etwa 4,5 Kilokalorien pro Tag.[117]

Berücksichtigt man all das, wird klar, vor welchem ernährungs-
physiologischen Problem unsere frühen Vorfahren allesamt stan-
den: Nicht nur brauchten sie mehr Muskeln als wir, um tagtäglich
stundenlang zu jagen, Holz und Beeren zu sammeln, Steine zu
schleppen und später auch ihre Felder zu bestellen. Ihre vergleichsweise große Muskelmasse ließ ihre Mägen zusätzlich schnell knur-
ren. Und die Damen und Herren der Steinzeit besaßen weder Autos,
um bequem einkaufen zu fahren, noch gab es Supermärkte, in
denen sie wenige Meter von ihren Höhlen entfernt fette, süße und
eiweißreiche Leckereien mit hoher Kaloriendichte finden konnten.
Wer sich folglich Tag für Tag mit der Suche nach Essbarem plagte,
wusste abends, was er geleistet hatte. Ein solcher Mensch brauchte
weder Fitness-Studios noch Nordic-Walking-Stöcke und hätte die
Idee verrückt gefunden, Sport zu treiben oder wandern zu gehen.
Die jungsteinzeitlichen Bauern mussten sich körperlich übrigens
noch mehr plagen als die Jäger und Sammlerinnen zuvor.

So lange übrigens ist dieser Lebenswandel auch in westlich
geprägten Gesellschaften noch gar nicht her, wenigstens in Teil-
bereichen des Alltags: «Man muss sich mal vorstellen, dass der
Durchschnittsdeutsche noch Ende des 19. Jahrhunderts täglich
etwa 15 Kilometer zurückgelegt hat», sagt der Münchner Ortho-
päde und Sportmediziner Martin Marianowicz.[118] Bauern liefen
kilometerweit zur Feldarbeit, Kumpel auf Bergmannspfaden zum
Förderkorb und abends wieder nach Hause. Durch die Städte eil-
ten Laufburschen und machten Botengänge, und nicht nur sie
waren ständig oder doch immer wieder auf den Socken. Heutige
Deutsche bewältigen pro Tag nur noch einen guten Kilometer

zu Fuß, wie eine neuere Umfrage ergeben hat, wobei die Selbst-auskünfte viele unbewusste Schritte unterschlagen haben dürf-ten.[119] Nach einer neueren Studie der Deutschen Sporthochschule Köln mit über 150 Berufstätigen (!) zwischen 23 und 59 Jahren lag deren gemessene Schrittzahl nämlich zwischen etwa 4300 und 9000 Schritten. Bei einer Schrittweite von 65 Zentimetern im Schnitt entspräche das einer täglichen Gehstrecke von rund 2,8 bis 5,9 Kilometern.[120] Das ist nicht übel, doch verglichen mit der Steinzeit, vor allem mit der kalten Altsteinzeit, und selbst noch mit Blick auf das frühe 19. Jahrhundert sind wir Wohlstandsbürger fast allesamt Faulpelze – noch dazu solche mit viel zu viel leicht ver-fügbarem Essen vor dem Schnabel. Wen wundert es da noch, dass inzwischen jeder vierte erwachsene Bundesbürger als fettleibig gilt.[121] Die Folgen sind überall zu sehen: Schmerbäuche, Sackhin-tern und Hängebacken. Und Sportmediziner sind alarmiert wegen der heutzutage extrem bewegungsarm verbrachten Kindheit und Jugend in vielen Ländern der Erde; hier tickt eine Zeitbombe für das öffentliche Gesundheitswesen.[122]

Angesichts dessen erscheint unser Verhalten völlig widersinnig: Statt Beine, Arme und den Rücken zu bewegen, schonen wir über-all unsere Kräfte. Wir fläzen uns fernsehend auf dem Sofa, drücken beim Umschalten nur noch Knöpfchen und bedienen automati-sche Fensterheber oder elektrische Brotschneider. Und ebenso faul «stehen die Leute auf den Rolltreppen, statt die Gelegenheit zu nut-zen, Schritte zu machen», beklagt Harald Euler die unselige Träg-heit der Masse. Dabei wüssten die meisten sehr wohl, «wie wichtig Bewegung ist». Und was, wenn die Menschen sich dann doch ein-mal aufraffen und spazieren oder trainieren gehen? Dann *gehen* sie ja gar nicht zum Sport, sondern fahren mit dem Auto zum Fitness-Center oder zu ihrer liebsten Jogging- oder Spazierstrecke am Fluss, schön zu beobachten am Bonner Rheinufer oder an der Hamburger Außenalster. Dort angekommen, suchen sie einen «möglichst nahe

gelegenen Parkplatz, auch wenn diese Suche länger dauert, als mal ein paar hundert Meter zu gehen», wundert sich der Psychologe. Der viele Städte lähmende Parkplatzsuchverkehr sollte deshalb besser anders heißen, nämlich Gehvermeidungsverkehr.

Fleißige Schrittmacher

Bewegungsmangel verursache womöglich mehr Fälle von Fettleibigkeit als die heute übliche Kalorienzufuhr, vermutet Euler, der selber nie den Fahrstuhl benutzt und Rolltreppen immer geht.[123] Bei ausreichender Bewegung könne der Körper seinen Nährstoffhaushalt nämlich recht gut selber regulieren, doch gerate diese Regulation bei Bewegungsmangel aus dem Lot. Jenseits von etwa 10 000 Schritten täglich – einer Wegstrecke von etwa sieben Kilometern – ist es bei einer halbwegs vernünftigen Ernährungsweise in der Tat schwer, dick zu werden. Auch die American Heart Association, ein Gesundheitsverband mit den Themenschwerpunkten Herz und Kreislauf, rät zu wenigstens 10 000 Schritten täglich, wohl wissend, dass die US-Bürger durchschnittlich nur halb so viele tun, viele von ihnen sogar deutlich weniger.[124]

In manchen Ohren mögen selbst 5000 Schritte nach viel klingen, doch es ist gerade einmal ein Drittel dessen, was Angehörige der protestantischen Glaubensgemeinschaft der Alt-Amischen (Old Order Amish) schaffen, die in den US-Bundesstaaten Pennsylvania und Indiana sowie in der kanadischen Provinz Ontario ihre Felder bestellen. Die strenggläubigen Bauern fahren weder Auto, noch nutzen sie bei ihrer Arbeit oder im Haushalt moderne Maschinen und Gerätschaften. Und das hat Folgen: Amisch-Männer in Ontario legen nach einer Studie aus dem Jahr 2004 tagtäglich etwa 18 000 Schritte zurück, die Frauen durchschnittlich 14 000, was einer Wegstrecke von etwa 11,7 beziehungsweise 9,1 Kilometern gleichkommt. Das mag mühselig erscheinen, hat aber die Folge, dass nur wenige Alt-Amische fettleibig sind. Auch andere typische

Zivilisationskrankheiten treten bei ihnen deutlich seltener auf als bei anderen Amerikanern.

Die Ursachen dafür sind gut erforscht. Lebensstilbedingte Herzleiden sowie Diabetes vom Typ 2 entwickeln sich seltener bei Menschen, die viel unterwegs sind und sich bei körperlicher Arbeit täglich anstrengen müssen. Denn nicht nur bleiben ihr Kreislauf auf Zack und die Muskulatur gut in Schuss. Die Muskeln verbrennen zudem fortwährend den im Blut bereitgestellten Zucker, sodass gesundheitsbedenkliche Blutzucker-Spitzen nach Mahlzeiten viel schwächer ausfallen und obendrein kaum Fettdepots gebildet werden können. Schon sehr unspektakuläre, aber regelmäßige Bewegung tut uns gut: «Man muss nicht gleich mit dem Mountainbike durchs Gelände rasen oder die Hanteln im Fitnessstudio schwingen. Vielmehr verlängern über 40-Jährige ihr Leben bereits um etwa 1,8 Jahre, wenn sie täglich etwa zehn Minuten lang flott gehen», heißt es in einem Bericht über eine 2012 veröffentlichte epidemiologische Studie der berühmten Harvard-Universität.[125] Und 2,5 Stunden zügiges Gehen pro Woche bringen 3,4 Lebensjahre mehr, 7,5 Stunden sogar zusätzliche 4,5 Jahre. Sportmediziner raten dringend dazu, der Bequemlichkeitsfalle zu entrinnen, indem wir technische Alltagshilfen wie Lifte, Laubbläser und andere Bewegungskiller möglichst meiden. Es gilt also, dort wieder ein Stück zurückzurudern, wo Fortschritt gerade kein Fortschreiten, sondern noch mehr Sitzen und Herumlümmeln bedeutet.

Der Ernährungs- und Bewegungsforscher John Thyfault von der Universität von Missouri hat in einem beeindruckenden Test nachgewiesen, wie schnell sich plötzlicher Bewegungsmangel auf den Nährstoffhaushalt unseres Körpers auswirkt.[126] Er verordnete zwölf gesunden, eher sportlich lebenden Uni-Absolventen, allesamt um die 29 Jahre alt, drei bewegungsarme Tage. Statt der gewohnten 13 000 Schritte durften sie vorübergehend im Schnitt nur noch 4000 bis 4500 zurücklegen, so wie alltäglich viele US-Bürger. Dabei ernährten sie sich wie zuvor – mit dem Ergebnis, dass die Spitzen ihres Blutzuckerspiegels schlagartig etwa um ein Viertel über den für sie typischen Normalwerten lagen. Als die jungen Akademiker sich wieder wie gewohnt bewegen durften, normalisierten sich auch ihre Blutwerte. Doch hier ging es lediglich um drei Tage mit verändertem Bewegungsmuster – eine Zeitspanne, wie man sie mitunter auch bei einem starken grippalen Infekt mit Fieber im Bett verbringt. So etwas steckt der Körper problemlos weg. John Thyfault geht jedoch davon aus, dass sich das Risiko der Testpersonen, an Herzleiden und Diabetes 2 zu erkranken, bei verlängerter Bewegungsfaulheit deutlich erhöht hätte. Deshalb rät er dazu, auch an einem Bürotag jede Gelegenheit dazu zu nutzen, im Arbeitszimmer oder auf dem Flur umherzugehen, etwa in der Mittagspause, beim Telefonieren oder zum Nachdenken. Ein simpler Schrittzähler (Pedometer) könne dazu anspornen, die tägliche Gehstrecke zu überwachen und konsequent zu erhöhen. «Man braucht nicht Marathon zu laufen», sagt der US-Forscher. «Aber Forschungsbefunde zeigen klar, dass wir uns mehr bewegen müssen.»[127] Das gilt auch auf Rolltreppen – falls wir sie nicht ohnehin meiden möchten, wo und wann immer möglich.

Wieso wir Trampelpfade treten

Man sieht sie allenthalben, in Stadt und Land: Wilde Pfade durchziehen Grünanlagen und Parks oder queren die lieblos begrünten Mittelstreifen sechsspuriger Straßen, mit denen Verkehrsplaner den Fußgängern in allen größeren Städten den Weg abschneiden, um ihn den Kraftfahrern zu ebnen. «Trampelpfade sind immer ein Zeichen dafür, dass nicht entsprechend den Anforderungen von Fußgängern geplant wurde», sagt der Kasseler Verkehrs- und Stadtplaner Andreas Schmitz. Wie «umwegempfindlich» Fußgänger sind, beweisen für ihn schon die regelmäßig festgetrampelten Ecken an Pflanzbeeten. Mögen wir den rechten Winkel nicht? Jedenfalls nicht beim Gehen. «Der Mensch ist in der Regel recht gehfaul» und kürze ab, «wenn er dadurch ein paar Schritte sparen kann», weiß der Garten- und Landschaftsbauer Johannes Windt aus Erfahrung. Denn Wege zu planen, denen seine Kunden gerne folgen, gehört zu seinem Alltagsgeschäft. Dazu darf er die Gartenpfade nicht zu stark schwingen lassen, aber auch nicht zu gleichmäßig, und am besten sieht der Nutzer das Ziel eines Weges nicht schon vor dem ersten Tritt. Das wäre langweilig, weshalb Windt gerne «unregelmäßige Biegungen» einplant, weil sie «Überraschungsmomente schaffen».[128]

Wie Umweltpsychologen vielfach haben feststellen können, finden die meisten Menschen in der Tat einen Wanderweg erst so richtig spannend, wenn er immer wieder einmal hinter einer Feldsteinmauer, einem Wäldchen oder einer Hecke ins Ungewisse verläuft. Auch der Maler August Macke setzte auf diesen sogenannten Mystery-Effekt und ließ seinen «Weg im Garten» aus dem Jahr 1912 geheimnisvoll hinter Felsen und Buschwerk aus dem Bild verschwinden. In verborgen auslaufenden Pfaden liegt nach Worten der Psychologin Antje Flade ein «Versprechen auf weitere Information, die durch Erkundung erlangt werden kann». Als lustvoll werde der Kitzel unklar verlaufender Wege aber nur empfunden, solange dem zu Entdeckenden nichts Bedrohliches anhafte, «weil sich sonst das Geheimnisvolle in das Unheimliche verwandelt».[129] Doch so schön und harmonisch geschwungene Wege auf uns auch wirken: Übertreiben dürfen sie ihr Mäandern nicht, sonst schneiden wir sie ab und treten uns einen wegsparenden Pfad. Ähnlich wie beim Verharren auf Rolltreppen wollen wir auch hierdurch Kräfte sparen – unser lange Zeit bewährtes Überlebensprogramm gegen Futterknappheit und Verhungern. Flade bezeichnet den mit Füßen getretenen Protest gegen planerische Willkür oder auch Gedankenlosigkeit mit einem originellen Begriff und nennt die Pfade «erosive Gebrauchsspuren»[130]; unser Verhalten gräbt sich ablesbar in die Landschaft ein. Daraus ist eine Menge über menschliche Neigungen zu lernen, man muss nur genau hinschauen.

Genau das haben Wissenschaftler um den Physiker und Mathematiker Dirk Helbing[131] getan und sind zu einem interessanten Ergebnis gelangt: Danach weichen Fußgänger erst dann von angelegten Wegen ab und treten sich Trampelpfade, wenn der aufgenötigte Umweg um etwa ein Viertel länger ist als die kürzestmögliche, meist also direkte Strecke. «Erst wenn die Gesamtstrecke durch den Umweg 20 bis 30 Prozent länger wird, beginnen Menschen, eigene Pfade zu bahnen. Darin sind sie sehr konsequent, denn sie tun das auch bei Strecken, die bloß zehn Meter lang sind.» Das funktioniert wie von Geisterhand und so verlässlich, als werde auch ein Trampelpfad geplant. Doch ein solcher entsteht buchstäblich schrittweise: «Ein Mensch hinterlässt eine Spur im Gelände, ein anderer folgt ihr, bis am Schluss ein hochkomplexes Wegesystem entstanden ist – ganz von selber», berichtet Helbing.[132] Systemtheoretiker nennen dieses Phänomen Emergenz, was so viel wie «spontanes Hervortreten» bedeutet. Jedenfalls entstünden durch Abweichler, die ihren noch mutigeren Vorgängern auf dem Fuß folgen, «ganz erstaunliche Mini-Abkürzungen». Zu sehen sind sie in Parks oder Grünanlagen, wo immer Planer aus Denkfaulheit oder gestalterischem Hochmut Fußgänger oder Radler zu größeren Umwegen zwingen wollen. Wer so rücksichtslos plant, darf nicht mit Folgsamkeit rechnen.

Viel klüger und billiger wäre es, die Fußgänger selber mit ihren Füßen Vorgaben machen, ihnen also buchstäblich den Vortritt zu lassen. Oder die Wege- und Grünflächenplaner machen erst einmal ein grobes Angebot und schauen dann, wohin das Fußvolk zu latschen beliebt. Zum Beispiel könnten sie eine geplante Grünfläche erst einmal sparsam mit günstigem Grassamen einsäen und dann einfach abwarten, welche Trampelpfade sich ergeben – und genau dort entstehen dann die endgültigen Wege. Oder die Planer optimieren vorhandene Wegemuster anhand auffälliger Nutzungsspuren. Das setzt allerdings voraus, in solchen einen hilfreichen Korrekturvorschlag zu sehen – und nicht etwa ein Ärgernis, dem mit amtlich verordneten Barrieren ein Ende bereitet wird. Da Trampelpfade aber nur die wichtigsten Wegewünsche aufzeigen, kann man auch im Winter nach einem kräftigen Schneefall in den Tagen danach Fotos der betreffenden Fläche aus der Vogelperspektive oder von einem nahen Hochhaus schießen, denn im Schnee zeigen sich selbst die Fußstapfen von Einzelgängern, wertvoll als Zeichen mitunter auch sie. Denn wo einer vorangeht, können demnächst viele folgen.

Warum Auto-Städte uns das Laufen verleiden

Es war einmal eine Zeit, da die Städte noch den Fußgängern gehörten. Nicht das Mittelalter mit seinen eng verwinkelten, von Kot und Hausabfällen verschmutzten Gassen ist gemeint; die Rede ist vom frühen 20. Jahrhundert, als der «Benz Patent-Motorwagen Nummer 1» schon seit zwanzig Jahren erfunden war. Auch damals galt noch, erstaunlich für uns Heutige: «Fahrwege dürfen von jedermann zum Gehen, Reiten, Radfahren, Fahren und zum Viehtreiben, Radwege nur zum Radfahren, Fußwege ... nur zum Gehen benutzt werden.»[133] Das Fahren, immerhin auf Fahr(!)-Wegen, wurde also erst an vierter Stelle erwähnt. Keine dreißig Jahre später entmischten die Nationalsozialisten den Verkehr, wie sie ja überhaupt gegen Vermischtes waren. Die Straßenverkehrsverordnung (StVO) von 1934 legte etwas umständlich fest: «Ist eine Straße für einzelne Arten des Verkehrs erkennbar bestimmt ..., so ist dieser Verkehr auf den ihm zugewiesenen Straßenteil beschränkt, der übrige Verkehr hiervon ausgeschlossen.» Knapp und klar regelt heute die StVO:

«Fußgänger müssen die Gehwege benutzen.» Auf dem Asphalt herrscht das Auto, basta!

Kein Wunder, dass Eltern ihre Kinder seit Jahrzehnten ermahnen, «nicht auf die Straße» zu laufen. Noch vor hundert Jahren hätte das allerdings bedeutet, im Haus zu bleiben, denn nach damaligem Verständnis begann die Straße direkt vor der Haustür. Heute sind Gehwege im Denken der Menschen kein Teil der Straße mehr und das Fußvolk auf ihnen eher hinderliche Straßenbegleit-Fauna als eine Gruppe gleichberechtigter Verkehrsteilnehmer. «Fußgänger dürfen in der Regel so viel Platz haben, wie ihnen die anderen Nutzungen noch lassen», urteilt der Verkehrs- und Stadtplaner Andreas Schmitz, ein Fachmann für den Fußgängerverkehr. Das Fußvolk werde «abgespeist mit den Resten», findet auch der Trierer Geograph und Verkehrsforscher Heiner Monheim. Auf vielen Gehsteigen reicht der verfügbare Raum nicht einmal für zwei sich begegnende Menschen mit Einkaufstaschen oder Regenschirm, schon gar nicht dort, wo Autos halb auf dem Gehweg parken dürfen und Mülltonnen, Verkehrsschilder und Werbetafeln den ohnehin schon spärlichen Freiraum weiter verringern. Die Folge ist «planerisch verordneter Gänsemarsch». Wo es aber schon zum Gehen zu eng sei, «ist erst recht kein Platz zum Beisammenstehen, Plaudern oder Spielen». Wer auf den Mini-Gehsteigen stehen bleibe, werde «schnell zum Hindernis für die eiligeren Fußgänger».[134]

Selbst auf den Flächen-Brosamen, die vom Tisch der Planer gnädig herabfallen, können sich die Zweibeiner im Straßentrubel nicht mehr gut aufgehoben fühlen. «In letzter Zeit sind viele Gehwege für den Radverkehr freigegeben worden», sagt Schmitz bedauernd. Fachleute sprächen längst von Nutzungs-Kannibalismus. Wegen der flinken und nicht selten rücksichtslosen Radler könnten Fußgänger sich auf ihren Gehwegen deshalb vielerorts «nicht mehr ungezwungen und sicher bewegen». Das wiederum hat Folgen für die Art und Weise, wie Menschen ihre Städte erleben und sich darin verhalten. Denn «urbane Qualitäten wie das Flanieren» oder auch ein unaufmerksames, mußevolles Schlendern sind «nicht mehr möglich, wenn man sich dauernd vor schnellem Radverkehr in Acht nehmen muss».

Was aber machen Fußgänger, wenn sie befürchten müssen, auf der Straßenmitte niedergewalzt und auf den Gehwegen immerhin noch angefahren zu werden? Sie sehen zu, dass sie davonkommen und eiligen Schrittes jene wenigen Oasen erreichen, in denen man bei einem unbedachten Tritt zur Seite oder nach hinten nicht gleich eine Lenkerstange in die Hüfte gerammt bekommt, selbst wenn das bisweilen auch hier geschieht, wo Radfahren meist verboten ist. In den Fußgängerzonen (!) – man könnte sie auch Reservate nennen – kann eine Zweijährige auch mal ein paar Tauben oder dahintaumelnde Löwenzahnsamen jagen, ohne gleich ihr Leben zu riskieren. Hier kommt der Fußgänger zur Ruhe, kann einfach stehen bleiben und den Blick schweifen lassen. Wie sinnig, dass hier auch noch gemütlich aussehende Häuser zu finden sind, liegen die Fußgänger-Schutzgebiete doch meist inmitten jener Altbauviertel, die uns nach Bombenkrieg und Abrisswut verblieben sind.

Was aber genau ist es, das weithin intakte Altstädte wie die in Quedlinburg, Monschau oder Rotenburg ob der Tauber bei so vielen Touristen derart beliebt macht, dass sie zu Hunderttausenden dorthin strömen? Wer durch die Fachwerkschätze schlendert, findet zunächst einmal überall Schleichwege: schmale Gassen, Hausdurchlässe, enge Stiegen in höher liegende Stadtteile. Bis heute ist dort kein altes Mütterchen gezwungen, mit schweren Einkaufstaschen oder krummen Beinen 250 Meter lange Umwege zu bewältigen, wenn doch das Ziel nur 50 Meter entfernt liegt. Zudem findet man hier wunderschöne Häuser mit kleingegliederten Fassaden. Sie wirken letztlich so gemütlich, weil in der Tat der Mensch hier das Maß aller Dinge war. Solche Gebäude betrachtet man gerne und zückt für sie die Fotokamera.

Das wirft eine neue Frage auf: Könnte es nicht sein, dass unsere Städte vor allem in den 1960er und 1970er Jahren auch deshalb so hässlich und gesichtslos werden konnten, weil moderne Verkehrsteilnehmer weder die Zeit hatten noch haben sollten, sie zu betrachten? Stehen vielleicht deshalb so viele widerliche, rein funktionale Schuhkarton-Gebäude selbst in den Haupteinkaufsstraßen herum, weil es ohnehin nicht darauf ankam, wie sie auf Betrachter wirkten, denn es gab ja fast keine? Heiner Monheim, seit langem ein Kritiker der auf Autos fixierten Stadtplanung, denkt in diese Richtung. Bis vor etwa hundert Jahren noch habe es in Berlin und anderen deutschen Städten die planerische Regel gegeben: Je höher die Häuser, desto breiter die Gehwege. Erstens ergaben sich auf diese Weise gefällige Proportionen im Straßenquerschnitt, zweitens hatten ebenerdige Ladengeschäfte mehr Platz für ihre Auslagen oder Tische, und drittens machten breite Flanierwege und Baumreihen entlang der Fahrbahnen die Wohnquartiere reizvoller und erhöhten so die Mieteinnahmen wie auch den Gebäudewert. Auch Kinder hatten noch Platz zum Spielen auf der Straße, nämlich auf dem Gehweg vor der Haustür.

Schönes zum Anschauen

Doch da war noch ein anderer Grund: Schöne Fassaden sollten Lebensstil und Reichtum herzeigen und Passanten damit beeindrucken; das Wort Fassade stammt nicht umsonst vom lateinischen *facies*, was Gesicht bedeutet. Reizvolle Architektur – man denke nur an aufwendige Zier- oder Staffelgiebel – verrieten etwas über den Hauseigentümer, sie waren Visitenkarten aus Holz oder Stein. In einer hellen Hauptstraße oder gar einem von Bäumen gesäumten Boulevard zu wohnen, hob das Prestige, denn umso mehr Menschen sahen den zu Stein gewordenen Reichtum der Hauseigentümer, wenn sie beim Abendspaziergang daran vorbeischritten – fast möchte man sagen: lustwandelten. Heute hingegen herrschten auf den Hauptstraßen «meist das Automobil und damit Stress, Lärm und Feinstaub. Erstklassige Adressen sind zu drittklassigen geworden», urteilt der Berliner Architektursoziologe und Stadtplaner Harald Bodenschatz. Und er fragt sich zu Recht: «Wer lebt denn noch gerne in den Prachtwohnungen der Hauptstraßen? Wer geht dort begeistert einkaufen? Wer flaniert voller Freude neben den vielen Autos?»[135] Die heute üblichen Glas- oder Lochfassaden moderner Wohn- und Bürobauten bieten dem Auge vergleichsweise wenig: Wer einen Quadratmeter davon gesehen hat, kennt alle. Vor so einem Gebäude braucht niemand betrachtend stehen zu bleiben, und dazu passt hervorragend der schaulustfeindliche Autoverkehr. «Warum soll ich eine Hausfassade noch verzieren, wenn da alle dran vorbeirasen?», fragt sich Monheim. Vor allem die vergleichsweise langsamen Fußgänger sowie Radler hätten noch die Muße, schöne Details an den Häusern oder in Vorgärten zu betrachten. Autos und Mopeds wollten nur schnell weiter, und dazu müssen ihre Fahrer im Tunnelblick auf die Straße starren.

Kaum Platz und viele Gefahren, nerviger Lärm und wenig schmackhaftes Augenfutter: So wurde den Fußgängern das Laufen in der Stadt derart madig gemacht, dass sie es oft einfach bleibenlassen. Zu Beginn dieses Jahrtausends bewältigten die Bundesbürger Befragungen zufolge gerade noch 24 Prozent ihrer Wege ausschließlich zu Fuß (gegenüber 29 Prozent im Jahr 1982 und 34 Prozent 1976). Selbst Kinder unter zehn Jahren werden von ihren Eltern zu künftigen Autofahrern erzogen und legen mehr als die Hälfte ihrer einzelnen Schul- und anderen Wege als Menschengepäck im Auto zurück. Nur für 32 Prozent ihrer Wege sind sie noch auf den Beinen – vielleicht ja, weil das wegen der grässlich vielen Autos auf den Straßen so überaus gefährlich geworden ist.

Diese Zahlen beschönigen die Lage sogar noch. Zwar treten wir, wenn die Selbstauskünfte der Befragten stimmen, heute wenigstens noch ein knappes Viertel aller Wege auf Schusters Rappen an. Doch von unseren Wegstrecken, gemessen in Personenkilometern, legen wir auf unseren Füßen nur noch lächerliche drei Prozent zurück. Das sind, zumindest nach dieser Rechnung, nur rund 1,1 Kilometer pro Tag – viel weniger als noch vor hundert, geschweige denn vor zweihundert Jahren und ein nennenswerter Grund dafür, dass die Deutschen im Durchschnitt zu viele Kilos auf den Rippen haben.[136] Schuld daran ist auch die unheilvolle Allianz aus Entmutigung und Faulheit: Am Fortkommen gehindert durch absurde Umwege, überlange rote Ampelphasen und die Dominanz des Autos, wird den Fußgängern das Gehen zum Verdruss. Fatalerweise passt ihnen das ganz gut in den Kram, weil viele von ihnen ohnehin lieber fahren, bequem wie der Mensch nun einmal ist.

Weshalb wir selbst im Gehen essen

Während der Lebensmitteleinzelhandel hart umkämpft ist und mit Gewinnspannen im niedrigen einstelligen Prozentbereich kalkuliert, streichen Anbieter «bequemen Essens» (Convenience Food) hübsche Gewinne ein. Selbst für zurechtgeschnippeltes Obst oder frische Fruchtsäfte zahlen wir deutlich mehr, als uns die dafür eingesetzten Früchte kosten würden. Nicht nur absurd überteuerten Kaffee, sondern fast alles gibt es inzwischen *to go*, also zum Mitnehmen. Der Mensch nimmt sich offenbar nicht mehr die Zeit, um sich sein warmes Abendessen selber zu kochen oder auch nur ein Wurstbrot zu schmieren. Oder er hat schlicht keine Lust dazu, weil er lieber länger fernsieht, in Mobiltelefone quasselt oder im weltweiten Netz fischt, wenn auch nicht nach Essbarem.

Kulturpessimisten beschwören angesichts von Fußgängern mit Bratwürsten, Hamburgern und Dönern in der Hand schon den Untergang des Abendlandes herauf, vergessen dabei jedoch eines: Wenn wir im Gehen das mampfen, was uns in Innenstädten alle paar Meter kaufertig angepriesen wird, handeln wir im Grunde wie unsere Vorfahren, die noch als Jäger und Sammler lebten. Zwar garten auch die Menschen der Altsteinzeit einen Teil ihrer Nahrung überm Feuer, weil Fleisch und pflanzliche Kost so besser schmeckten, leichter zu verdauen waren und mehr Energie lieferten als im Rohzustand. Doch wenn unsere Urahnen durch die Gegend streiften, wären sie töricht gewesen, leichte Beute, frisches Aas oder essbare Beeren einfach links liegenzulassen und stattdessen auf ihr Jagdglück zu setzen oder auf die Vorräte im heimischen Lager. Notgedrungen schätzten also auch die Neandertaler bis zu ihrem Aussterben vor rund 30 000 Jahren und der sie verdrängende moderne Mensch den schnellen Snack zwischendurch.

Regelmäßige und gemeinsam eingenommene Mahlzeiten, wie wir sie heute immerhin noch kennen, dürften ohnehin erst mit dem Kochfeuer aufgekommen sein, so vermutet etwa der britische Anthropologe Richard Wrangham.[137] Denn auch die ersten gegarten Mahlzeiten bedurften der Vorbereitung, was planvolles Handeln voraussetzte. Das galt sowohl für den, der Fleisch und nahrhafte Knollen und Wurzeln garte, als auch für den, der sie liefern sollte oder essen wollte. Die Gewissheit, nach einer anstrengenden und womöglich erfolglosen Jagd gegen Ende des Tages eine energiereiche und rasch verzehrbare Mahlzeit vorgesetzt zu bekommen, hat nach Ansicht mancher Anthropologen eine Arbeitsteilung zwischen Jägern und Sammlerinnen überhaupt erst aufkommen lassen. Eine solche sei nicht möglich gewesen, «solange die Nahrung roh verzehrt wurde», schreibt Wrangham in seinem Buch über die Erfindung des Kochens, das hier und da vor einigen hunderttausend Jahren einsetzte, nach neuesten Funden in Südafrika sogar schon vor einer Million. Zur Begründung zieht der Harvard-Professor einen Vergleich mit den Männern heute lebender Naturvölker. Diese könnten «bis zum Ende der Dunkelheit jagen und anschließend im Lager immer noch ein gutes Essen einnehmen», denn ihr

Essen sei gegart. Notfalls kann ein spät eintreffender Jäger sein Mahl vor dem Einschlafen sogar hinunterschlingen. «Wäre seine Kost hingegen ganz und gar roh, so hätte er ein ernstes Problem», und zwar ein zeitliches.[138]

Durch Hitze aufgeschlossene und deshalb viel rascher zu zerkauende Nahrung ist heutzutage derart selbstverständlich, dass uns der Hauptvorteil eines Eintopfs oder eines Schnitzels mit Bratkartoffeln nicht mehr von selbst einleuchtet. Dabei ist er gewaltig: «Menschen benötigen für das Kauen ihrer Nahrung nur ein Fünftel bis Zehntel der Zeit, die Menschenaffen dafür brauchen» – nämlich ungefähr eine Stunde, oft sogar weniger, rechnet Wrangham vor. «Indem wir unsere Nahrung garen, sparen wir täglich vier Stunden Kauzeit.»[139] Das dürfte, gepaart mit der viel leichter verdaulichen warmen Nahrung, für unsere Vorfahren so überzeugend gewesen sein, dass die Aufgaben der beiden Geschlechter allmählich klarer als zuvor verteilt worden sind: Wann immer möglich und sinnvoll, gingen die Männer zur Jagd, während die Frauen im Lager oder in dessen Nähe blieben und zusammen mit den Alten und Jugendlichen die Feuerstellen hüteten. So hat das Kochen den Menschen nicht nur weitgehend vom Kauen befreit, sondern die Frauen an das heimische Kochfeuer gebunden, also an den heimischen Herd gefesselt. In der Rohesser-Zeit hingegen hätten die Männer es sich nicht leisten können, «den ganzen Tag auf die Jagd zu gehen, denn wenn sie nichts erlegten, mussten sie sich mit reiner Pflanzenkost begnügen und auf dieser stundenlang herumkauen», gibt Wrangham zu bedenken. Satt hätten die Jäger so schlicht nicht werden können.

Lob des Kochens

Selbst wenn die Steinzeit-Männer abends kein Fleisch oder Fisch, sondern – wie wohl überwiegend – bloß gegarte Wurzeln, Blätter und Knollen zu sich nehmen konnten, ersparte ihnen so ein Mahl das mühsame Zernagen pflanzlicher Kost und außerdem viel Zeit, in der sie nun Pfeilspitzen herstellen, sich ausruhen oder schlafen konnten. Das dürfte ihnen gefallen haben. Man ist hier versucht, an den Unmut noch traditionell lebender Männer heute zu denken, wenn diese von der Arbeit nach Hause zurückkehren und das Essen nicht dampfend auf dem Tisch steht. Netter formuliert: Wem abends ein warmes Mahl serviert wird, bei dem flutscht Liebe tatsächlich durch den Magen. Dazu passt, dass Wrangham zufolge das Kochen auch die enge Partnerschaft zwischen Mann und Frau wenn nicht hervorgebracht, so doch wesentlich gestärkt haben dürfte. «Kochen benötigt viel Zeit, weshalb alleinstehende Köchinnen ihre Zutaten und Speisen nur schwer vor entschlossenen Dieben schützen können, etwa hungrigen Männern, die nichts zu essen haben.»[140] Die Paarbindung sei eine denkbare Lösung für das Problem gewesen. Beschützt von ihren Männern, hätten die Frauen einen Diebstahl der Nahrung viel weniger befürchten müssen, während umgekehrt ihre Lebenspartner sich darauf verlassen konnten, sich am Abend den Bauch vollschlagen zu können. Beweisen lässt sich diese Vermutung selbstverständlich nicht.

Natürlich werden die Männer in der Altsteinzeit auch weiterhin auf ihren mehr oder minder täglichen Streifzügen an Essbarem aufgesammelt und gepflückt haben, was sie halbwegs bequem erreichen konnten: zum Beispiel genießbare Pilze oder auch wilde Früchte, wobei diese weit weniger nahrhaft und beschwerlicher zu essen waren als unsere Kultursorten heute. Ein Honigfund hingegen wäre im Tagebuch eines Steinzeitjägers sicher freudig vermerkt worden, hätte es ein solches Utensil und die Schrift damals schon gegeben.

Wir Heutigen jedoch finden energiereiche Nahrung nicht nur an jeder Straßenecke, sondern auch an mehreren Verkaufsständen dazwischen, mithin auf Schritt und Tritt, zumindest in Städten. Schlimmer noch: Wir greifen so regelmäßig und gierig zu, als liege zwischen uns und der nächsten Frikadelle ein mühsamer Tagesmarsch. Damit zählt unsere Fresslust – um Hunger handelt es sich höchst selten – zu jenen überholten «Reaktionsweisen, die in der Zeit der Jäger und Sammler angemessen waren», heute indes ganz und gar nicht mehr, im Gegenteil: Zivilisationsleiden wie Diabetes, Arteriosklerose und Fettleibigkeit rühren daher, dass wir futtern wie die Scheunendrescher, aber herumliegen wie dösende Walrosse. «Unser Appetit auf Süßes, Salziges und Fettiges und die wenig ausgeprägte Neigung, Verzicht zu leisten, sondern viel zu viel in uns hineinzuschlingen, sind einem evolutionsbiologischen Erbe aus prähistorischen Zeiten geschuldet», urteilen die Umweltpsychologen Jürgen Hellbrück und Elisabeth Kals. Damals waren nun einmal Süßes, Salziges und Fettes «äußerst rar, und der Verzicht darauf wäre keine gute Überlebensstrategie gewesen».[141] Wir sind nicht dümmer als die Menschen der Steinzeit, aber viel träger. Und so sehen wir ja auch aus.

Wieso wir mit anderen bei Rot loslaufen

Niemand will es, aber es passiert immer wieder: Wer erst mit anderen Fußgängern zusammen an der Ampel auf grünes Licht wartet, dann aber ungeduldig schon bei Rot losläuft, verleitet Umstehende dazu, es ihm gleichzutun. Dasselbe geschieht, wenn die Vorderen in einem Trupp von Wanderern plötzlich den Weg abkürzen und eine Wiese queren, die sonst umständlich zu umgehen wäre: Die Hinterleute folgen ihnen auf dem Fuß. Ursächlich für beides ist der Herdentrieb. «Der Mensch ist vermutlich das sozialste Säugetier», sagt der Evolutionspsychologe Benjamin Lange. «Unser Verhalten beeinflusst das Verhalten anderer Menschen, und wir selbst werden vom Verhalten anderer beeinflusst.» Freilich lassen sich nicht alle Menschen durch lospreschende Verkehrssünder verführen und möglicherweise in Gefahr bringen. «Es gibt Menschen, die ignorie-

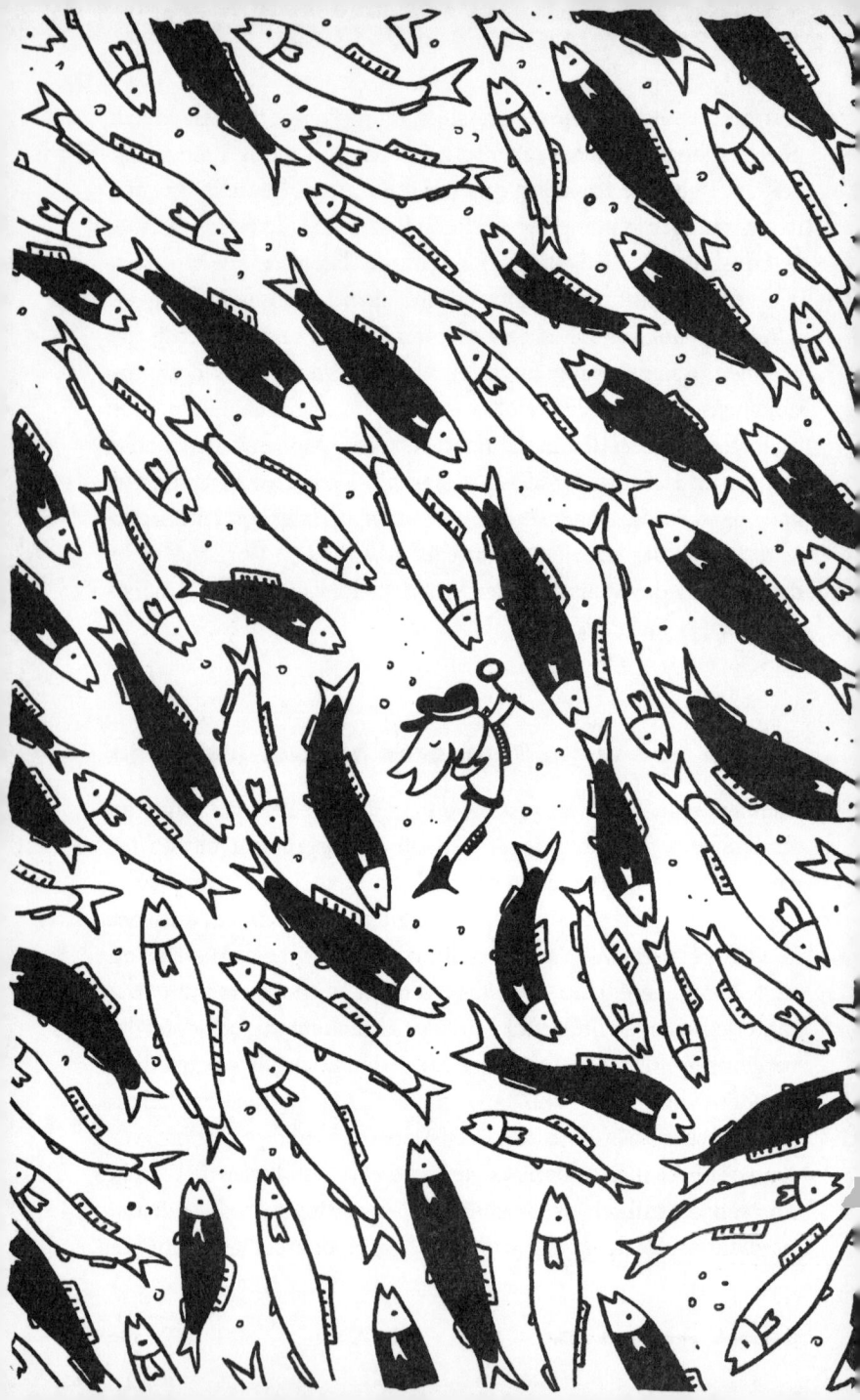

ren die rote Fußgängerampel – so es der Verkehr erlaubt – immer, und es gibt auch solche, die sich immer an die Regeln halten, also stehen bleiben», sagt der Grazer Wirtschaftspsychologe Thomas Brudermann. Doch da seien eben auch jene, bei denen die sogenannte *Entscheidung* von der jeweiligen Situation abhängt oder auch davon, was andere tun, sprich: Wenn andere gehen, gehen sie auch. Buchstäblich einen wesentlichen Beweggrund liefert hier das System unserer Spiegelneuronen im Hirn, das auch mitwirkt, wenn wir ein Lächeln erwidern oder besorgt dreinschauen, falls auch andere Menschen das tun. «Wenn wir wahrnehmen, dass andere loslaufen, löst das in uns einen automatischen Impuls aus, ebenfalls loszugehen», erklärt Brudermann den Mechanismus. Eine echte Entscheidung sei das längst nicht immer; sie falle oft vorbewusst und werde erst im Nachhinein rational untermauert, etwa so: «Es ist okay, bei Rot über die Ampel zu gehen; ich bin in Eile, und die anderen gehen ja auch.» Die tatsächliche Entscheidung sei dann aber «längst gefallen».

Mehr oder minder willkürlich lassen sich auch Wanderer gerne mitreißen, die vom Waldparkplatz aus zu ihrer Tour starten wollen oder gerade bei einer Rast zusammen ihre Brote verzehren. Soeben haben noch alle munter plaudernd oder kauend beisammengestanden. «Wenn dann aber einer entschlossen losgeht, folgt die Gruppe sofort», hat Rainer Brämer als Wanderführer oftmals beobachten können. Dabei müsse der Vorangehende den Weg gar nicht kennen. «Dieses fast zwanghafte Nachfolgebedürfnis hat nicht nur etwas mit dem sicheren Gruppenzusammenhalt, sondern auch damit zu tun, dass die Gruppenspitze eine Art Minenhundfunktion hat: Der Weg, den sie sicher passiert hat, ist mit großer Wahrscheinlichkeit auch für die Nachfolger sicher, während Abweichungen hiervon mit neuen Risiken verbunden sind.»[142] Insofern warte die Gruppe also nur darauf, bis einer sich sozusagen opfert und die Führung übernimmt. Das gelte verschärft in unbekanntem Terrain. «Wer auch immer entschlossen vorneweg geht, übernimmt damit gleichsam die Heldenrolle der Vorhut.» Dabei hat er es womöglich nur eilig oder einfach den größten Durst.

Warum Partygäste Küchen lieben

Wer sich auf Wohnungspartys langweilen möchte, der bleibe der Küche fern. Dort nämlich kräht das Leben. An den Kochplätzen der Menschheitsgeschichte war schon immer etwas los; hier wurde stundenlang gearbeitet und beim Zubereiten der Gerichte besprochen, wonach einem der Sinn stand, nicht immer nur Freundliches. Das verrät schon der Ausdruck *Gerüchteküche*, auch wenn das *Gerücht* mit dem *Gericht* nicht wortverwandt ist, sondern mit *Gerufe* (althochdeutsch *gihruofti*).[143] Doch wo Menschen beisammen sind, wird eben geplauscht, gerichtet und gelästert. So war es schon an den Lagerfeuern der Steinzeit und den Feuerstellen der germanischen Lang- oder Wohnstallhäuser, und so blieb es auch im Hochmittelalter, als die Burgküchen mit ihren immer noch offenen Feuern düstere und verrauchte Orte waren. Immerhin musste man dort selbst im Winter nicht frieren, es roch nach Braten und Gemüse, und für das hungrige Gesinde fiel meist ein Happen ab.

Dass Küchen seit jeher Orte des Gesprächs und des Miteinanders gewesen sind, darauf deutet auch die Küchenpsychologie hin. Angelehnt ans eher grobschlächtige Küchenlatein (*latinitas culinaria*), das in den Klosterküchen die weniger gelehrten Mönche sprachen, steht sie im Ruf des Zusammengereimten, das näherer Prüfung nicht standhält. Als küchenpsychologisch galten die gewagten, aber immerhin im Leben wurzelnden Aussagen der Köchin, angereichert mit der Einfalt ungebildeter Mägde und bisweilen gespickt mit den auch nicht schlaueren Ansichten des Knechts, der ab und an begierige Blicke in die Kochtöpfe warf. Daraus entstand Halbgares, wie es Küchen eigentlich niemals verlassen sollte, bis heute nicht, von noch halb blutigen Steaks vielleicht abgesehen.

Doch schlagen wir den Bogen von der wenig angesehenen Küchenpsychologie zur Psychologie der Küche, die ihre guten Gründe hat. Denn wer seine Zeitgenossen fragt, warum bei Partys so gerne die Nähe des Herdes aufgesucht und gegen ähnlich motivierte Konkurrenz verteidigt wird, der erkennt, wie wenig die menschlichen Bedürfnisse sich über die Zeiten hinweg verändert haben. Zunächst einmal strahlen Küchen bis heute eine Wärme aus, die nicht unbedingt in Celsius-Graden zu messen ist, aber durchaus mit ihnen zu tun haben kann, ganz gleich, ob eine Feuerstelle oder ein Herd sie verströmt. «Das Behagen, das ich vor dem Feuer empfinde, wenn das schlechte Wetter sich draußen austobt, ist eine ganz tierische Empfindung», schrieb der französische Maler Maurice de Vlaminck (1876–1958) und fügte hinzu: «Die Ratte in ihrem Loch, das Kaninchen in seinem Bau, die Kuh in ihrem Stall müssen glücklich sein wie ich.»[144] Gemeint ist aber auch die sinnbildliche menschliche Wärme, die schon von der kochenden Mutter ausging, wenn sie ein offenes Ohr für die Erzählungen des heimgekehrten Schulkindes hatte. Nicht umsonst spricht der französische Philosoph Gaston Bachelard in seinem Buch «Poetik des Raumes» von der geborgenheitstiftenden «Mütterlichkeit des Hauses»[145]. Und als deren wesentlicher Quell kann eben nicht nur der warme Herd gelten, sondern auch die traditionell daran arbeitende und selber Nestwärme verströmende Mutter. Wer am Leben leidet und in kindlicher Regung zurück ins Elternhaus flüchten möchte, will doch eigentlich «heim zu Muttern», wie es heißt. Das Elternhaus ist für die meisten Menschen zuallererst ein Mutterhaus, und wenn Bachelard schreibt: «Das Leben beginnt gut, es beginnt umschlossen, umhegt, ganz warm im Schoße des Hauses», dann schwingt auch der Gedanke an den angeblich stets warmen Mutterschoß mit.

Und den findet man noch immer häufig – wenngleich doch seltener als früher – in der Küche.

Verstärkt wird die von dort ausgehende Behaglichkeit ganz profan durch das wohlige Gefühl, nahe beim Herd gesättigt zu werden. Auch Partygängern erfüllt die Küche dieses Bedürfnis, hier locken Speisen oder zumindest deren Reste selbst noch zu vorgerückter Stunde, und auch der Kühlschrank mit seinem erfrischenden oder beseelenden Getränkevorrat ist ganz nah. Wer sich hier in Diskussionen verstrickt, ungestört vom Stampfen aus Musiklautsprechern im Partyraum, muss die Gespräche nicht unterbrechen, um sich mit Wein und Bier zu versorgen oder aus Schüsseln oder Töpfen seinen späten Hunger zu stillen. Alles ist in Reichweite, was schon unsere Vorfahren verzückt hätte. Selbst der häufig von Küchen erreichbare Balkon ist nahe, wohin die oft recht geselligen Raucher sich verziehen können, wenn sie nicht gleich in der Küche selbst nach Lust und Laune paffen dürfen, weil diese sich meist gut lüften lässt. Und noch etwas bietet die Küche, indem sie es vorenthält: Oft finden sich dort vorübergehend keine Stühle oder doch nur wenige, sodass die Gäste hier locker beisammenstehen dürfen, was Gespräche ungemein fördert, ganz anders als das häufig festgefügte Beisammenhocken an den Tischen von Ess- und Wohnzimmern. Gerade wer erst frisch hereingeschneit gekommen ist zur Party oder wer noch niemanden kennt, ist hier rasch willkommen und bald in eine muntere Debatte verwickelt. Auch wem es im Wohnzimmer zu fade geworden ist, rettet sich vermeintlich zum Essenfassen an die Fleisch- und Nudeltöpfe auf dem Herd – und bleibt natürlich plaudernd hängen. So wird die Küche zum eigentlichen Ort der Begegnung, hier krallt sich am Ende das ausdauerndste Partyvolk fest und leert die letzten Flaschen. Und solange der Mensch sich nicht grundlegend ändert, dürfte das auch so bleiben.

Weshalb unsere Kultur uns Beine macht

Wissenschaftler sind immer froh, wenn sie etwas messen können, warum also nicht auch die Geschwindigkeit von Fußgängern. Aus diversen Studien lässt sich für Europäer und US-Amerikaner ein mittleres Gehtempo von etwa 4,8 Kilometern pro Stunde ableiten, wobei Männer um etwa 10 Prozent schneller laufen als Frauen. Die allermeisten Menschen sind beim ungehinderten und zielstrebigen Gehen, also weder gebremst durch andere noch müßig schlendernd, mit 4,5 bis 5,1 Stundenkilometern unterwegs. Dabei machen sie im Durchschnitt zwei Schritte pro Sekunde, von denen jeder sie rund 65 Zentimeter weit trägt.[146] So weit, so simpel. Denn wir alle wissen, dass es so einfach nicht ist. Und das hat nicht einmal etwas mit schweren Einkaufstaschen zu tun, mit Gebrechlichkeit oder hinderlichen Hexenschüssen.

In seinem ebenso aufschlussreichen wie unterhaltsamen Buch über den Umgang verschiedener Kulturen mit der Zeit hat der amerikanische Psychologe Robert Levine untersucht, wie flott Menschen aus unterschiedlichen Ländern zu Fuß sind. Denn wenn Deutsche sich auf die Socken machen, qualmen diese eher als bei Jordaniern, Namibiern oder Menschen in Singapur, und das nicht nur, weil Socken in den genannten Ländern eher unüblich sind. Beim Versuch, das jeweilige Lebenstempo in 31 Ländern herauszufinden, ließ Levine seine Helfer – durchaus angreifbar – dreierlei messen: erstens die Genauigkeit der Uhren, zweitens den Zeitaufwand beim Kauf einer Standard-Briefmarke im Postamt und drittens die hier allein interessierende Gehgeschwindigkeit. Das Ergebnis: Die gemächlichsten Geher in der Auswahlgruppe sind die Brasilianer, gefolgt von den Rumänen und den Syrern; die flottesten hingegen sind die Iren, es folgen die Niederländer und dann die Schweizer (die im Gesamturteil erstaunlicherweise den Spitzenplatz einnehmen). Die Deutschen rangieren beim Gehtempo auf dem 5. Platz

und insgesamt auf Platz 3. Die Schlusslichter beim Endresultat in allen drei Disziplinen sind übrigens Brasilianer, Indonesier und schließlich Mexikaner.

Levines schonungsloses Fazit: «Die Langsamkeit durchdringt in diesen Ländern das tägliche Leben bis ins Mark.»[147] Doch warum auch hetzen, wenn sich eh kaum jemand nach der Uhr richtet und zum Beispiel die Brasilianer problemlos bereit sind, auf Spätankömmlinge bei einem Kindergeburtstag durchschnittlich 129 Minuten zu warten – neun Minuten länger, als solche Feiern in Levines Bekanntenkreis insgesamt zu dauern pflegen. Und wer in Brasilien bei solchen Anlässen fast eine Dreiviertelstunde *zu früh* kommt, tut dies gar nicht, sondern erscheint durchaus rechtzeitig. Andere Völker, andere Sitten! Und daraus lernen wir: Wo die Uhren meist genau gehen, machen sie uns Beine. Um Schweizer und Deutsche etwas zu entspannen, würde es vielleicht schon reichen, die Sekundenzeiger zu verbieten. Doch das triebe die Hersteller vielgerühmter *Präzisions*uhren auf die Barrikaden, und zwar in Sekundenschnelle.

Chemnitzer Psychologen haben sich vor zehn Jahren die Mühe gemacht, flotte und gemächliche Fußgänger ausfindig zu machen. Sie legten sich auf die Lauer und maßen das Gehtempo von rund 6000 Passanten in 20 deutschen Städten. So konnten sie ermitteln, dass Männer etwas eiliger als Frauen sind und die Geschwindigkeit von Norden nach Süden «tendenziell abnimmt». Auch gehen in größeren Städten die Menschen etwas flinker als in kleineren. Dörfler wurden nicht einbezogen, was die vergleichsweise hohen Werte erklären mag. Die deutschen Schnellgeher, zumindest nach dieser Studie, leben in Hannover und Dresden (fast 5,4 Kilometer pro Stunde); die Südwestdeutschen in Saarbrücken und Trier bewegen sich mit 5 Stundenkilometern etwas behäbiger voran.[148] Ihren besonderen Reiz gewinnt die Chemnitzer Erhebung daraus, dass die Passanten auch nach ihrer Lebenssituation befragt wurden. Denn

Gefühle, Absichten und Fitness steuern auch unser Gehtempo: Wer niedergeschlagen ist, trottet dahin; wer seinen Eltern ganz aufgeregt von einem Lottogewinn berichten will, nimmt die Beine in die Hände. Typisch ist Eile für sehr konkurrenzbewusste, aufstiegsorientierte Menschen mit engem Terminplan, von denen Mediziner wissen, dass sie überdurchschnittlich oft Herz-Kreislauf-Leiden entwickeln, vor allem, wenn sie keinen Ausgleichssport betreiben und sich ungesund ernähren. Ob schnelleres oder langsameres Gehen ratsamer ist, lässt sich indes nicht einfach sagen, schon weil flinkeres Gehen das Herz-Kreislauf-System besser trainiert als müßiges Dahinschlendern. «Einerseits konnten wir feststellen, dass in Städten mit höherem Lebenstempo altersbereinigt mehr Menschen an Herzgefäßerkrankungen sterben, andererseits scheint dort aber die Lebenszufriedenheit etwas höher zu sein», sagt Olaf Morgenroth, der Leiter der Studie. Klarer ist das Fazit, das Robert Levine in seinem Buch zieht: «Schnelle Orte sind reizvoll für schnelle Menschen, und schnelle Menschen erzeugen schnelle Orte.»[149] Krank macht letztlich nicht das höhere Tempo, sondern ein schnellerer Schritt ist Menschen eigen, die durch ihren Charakter und ihre Lebensweise häufiger an Herzleiden erkranken. Hoffentlich nehmen Stress-Typen wenigstens nicht den Aufzug und hasten stattdessen die Treppen hoch. Das würde sie länger fit halten.

6. Wo wir uns wohl fühlen

Jeder Organismus, sei es ein Eisbär, ein Grottenolm oder ein Wüstenfuchs, will dort leben und wendet sich dorthin, wo es ihm am ehesten behagt: zum Licht und zur Wärme die einen, ins Dunkle oder Kalte die anderen. Auch Menschenvölker haben ganz unterschiedliche Bedürfnisse: die Buschleute der Kalahari andere als die Mongolen und die Papua auf Neuguinea andere als die Inuit in Nordkanada oder auf Grönland, von Europäern oder Nordamerikanern ganz zu schweigen. Und doch gibt es menschliche Bedürfnisse, die nahezu universell sind. Gesundheit und Sicherheit, Kontrolle und Intimität, Fortpflanzung und natürlich die Aussicht auf genügend Nahrung und Wasser. Viele unserer Verhaltensweisen haben mit diesen und anderen Grundbedürfnissen zu tun. Wir verwenden viel Gehirnschmalz und Sorgfalt darauf, sie möglichst alle zu befriedigen – in Raum und Zeit.

Weshalb wir es lieben, am Fenster zu sitzen

Buchen Sie im Flugzeug auch so gerne einen Fensterplatz? Und reservieren Sie im Restaurant auch mit Vorliebe einen Tisch mit Blick nach draußen, vor allem bei ganz speziellen ersten oder auf andere Weise wichtigen Treffen? Na sehen Sie! Und vielleicht haben Sie ja, nach einem beruflichen Aufstieg, Bekannten auch schon stolz erzählt, dass Ihr neues Büro zwei (!) große Fenster aufweist statt des einen Fensterchens in Ihrem alten Kabuff – Pardon: in Ihrer bisherigen Verrichtungsbox? Ein Wunder wäre es jedenfalls nicht. Denn Arbeitszimmer gelten als umso repräsentativer, je mehr Ausblick ins Freie sie gewähren. «Ob das Büro zwei oder drei Fenster hat, drückt für alle deutlich sichtbar den Unterschied aus zwischen ‹Direktor Sonstwas› und bloß ‹Stellvertretender Direktor

Sonstwas»», witzelt der Jurist und Psychologe Volker Kitz, der auch als Redner in der freien Wirtschaft sein Geld verdient und recht gut weiß, wie Führungskräfte ticken.[150] Nicht umsonst arbeiten Bosse auch so gerne in Eckräumen. «Vermutlich legen sie darauf schon deshalb so viel Wert, weil es nicht so viele Eckbüros gibt», sagt der Managementberater und Status-Experte Tom Schmitz. Viereckige Büroetagen haben halt bloß vier Ecken, und Knappheit steuert in unserer Welt nun mal den Wert eines Gutes.

Doch warum um Himmels willen sind Fenster so wichtig? Übrigens nicht nur für Wichtigtuer, die wohl schon deshalb mehr davon benötigen, damit der Wind, den sie für gewöhnlich machen, möglichst folgenlos nach draußen entweichen kann. Immerhin kommt das englische Wort *window* für Fenster von *Windauge* (altnorwegisch: *Vindauga*) und bezeichnete früher ein Loch in der Hauswand, durch das es von draußen ungehindert hineinpfiff.

Doch Scherz beiseite: Arbeitsplätze am Fenster sind aus mehreren Gründen gut für uns. «Sie ermöglichen einen Ausblick und erweitern damit den Wahrnehmungsraum», befindet die Architekturpsychologin Antje Flade. So verhindern sie ein «Gefühl der Beengtheit», über das Menschen klagen, deren Schreibtisch im Großraumbüro weit entfernt vom nächsten Fenster steht oder sogar in einem Binnenraum mit Kunstlicht.[151] Das kann jeder leicht nachempfinden, der es dank eines nahen Fensters gewohnt ist, seine Gedanken jenseits der Glasscheibe auf Wanderschaft zu schicken, wann immer ihr Fluss stockt oder besondere Kreativität erwünscht ist. «Es ist immer meine Kunst gewesen, schön zu wohnen und eine ausgesucht schöne, weite Aussicht vor meinem Fenster zu haben», schwärmte nicht zufällig der Dichter Hermann Hesse von seiner ersten Bleibe in Montagnola im Tessin, wo er nach 1919 einige Zimmer in einem schon etwas hinfälligen barocken Palazzo bewohnte.[152] Bereits den Wolken am Himmel zuzuschauen, kann uns entspannen, und außerdem ist es für die Linsenmuskulatur (den *Musculus ciliaris* oder Ziliarmuskel) in beiden Augen gut, wenn wir ab und an etwas Entfernteres als den platten Flachbildschirm oder das Buch vor uns fixieren. Das trainiert nämlich die Sehkraft.

Vor allem aber lassen Fenster viel Tageslicht in den Raum fluten. Das ist viel weniger banal, als es den Anschein hat, denn «Licht ist ganz unmittelbar und seit Urzeiten mit unserer Stimmung verknüpft», sagt der Medizinpsychologe Josef Wilhelm Egger. «Freundliches Licht kann uns beruhigen oder unsere Stimmung aufhellen, je nachdem, ob wir gerade eher erregt oder niedergeschlagen sind.» Einen Arbeitsplatz oder Tisch am Fenster zu wählen, sei eine «unbewusste, aber seelisch sehr sinnvolle Strategie, die über unsere Gefühle wirkt». Außerdem ist Licht ein «ganz entscheidender Zeitgeber für unsere innere Uhr», sagt der Humanbiologe und Schlafforscher Thomas Penzel von der Berliner Charité. Wir brauchen die natürliche Helligkeit, um unsere an die Tageslänge gebundenen Rhythmen zu regulieren, beispielsweise den Schlaf- und Wachzustand inklusive des Ermüdens, aber auch den Hormonhaushalt und die Körpertemperatur.

Immer im Takt

Ohne Sonnenlicht als Zeitgeber würden die meisten Menschen in einen 25-Stunden-Rhythmus verfallen, wie Isolationsversuche in einem Schlafbunker unter Leitung des Verhaltensphysiologen Jürgen Aschoff in den 1960er Jahren bewiesen haben. Damit hinkten sie der Tageslänge etwas hinterher und gerieten innerlich aus dem Takt. «Im normalen Alltag sorgt vor allem das Tageslicht dafür, dass die innere Uhr sich laufend korrigiert und deshalb immer ganz genau geht», schreibt dazu der Neurobiologe Peter Spork in seinem «Schlafbuch».[153] Die Sonne stellt also fortwährend und selbst durch Wolken hindurch unsere innere Uhr, und dazu sind bei Büroarbeitern Fenster unerlässlich. Je größer die Scheiben, desto besser. Dass Tageslicht die Stimmung hebt, kommt Menschen in Zimmern mit großen Fenstern obendrein zugute. Denn selbst bei trübem Winterwetter beträgt die Lichtstärke des Himmels mindestens 1500, oft aber 2500 Lux, an sonnigen Sommertagen sogar etwa 100 000 Lux. Hingegen weist ein künstlich beleuchteter Büroraum mit Fenster immerhin noch 300–500 Lux auf, ein fensterloser aber nur ungefähr 100.[154] Wenn Chefs in großen Eckbüros übellauniger sind als der Hausmeister in seiner Kellerwerkstatt, dürfte das also andere Gründe haben als Lichtmangel.

Durch große oder viele Fenster dringt aber nicht nur Sonnenlicht. Wenn wir Glück haben, liegt jenseits der Glasscheiben ein hübscher Park, ein üppiger Garten oder wenigstens ein Baum, dessen Krone sich im Wind wiegt und dabei rauscht. Umweltpsychologen wie Terry Hartig von der Universität Uppsala in Schweden haben herausfinden können, dass der Anblick von Pflanzen hilfreich ist, um innere Anspannung zu lösen. Er ließ hundert Studierende schwierige Aufgaben lösen, wobei ein Teil von ihnen durchs Fenster freien Blick auf Bäume hatte. Diese Gruppe zeigte «nach der stressauslösenden Aufgabe einen stärkeren und gleichmäßigen Rückgang des Blutdrucks als Personen ohne Blick auf Pflanzen». Beschäftigte fehlen sogar etwas seltener, wenn Blattgrün nahe beim Arbeitsplatz sie erfreut.[155] Nicht immer ist der Blick auf Parkbäume oder einen Waldrand möglich, doch der Mensch ist findig. Wer in einem Raum ohne Fenster oder mit Ausblick auf graue Mauern arbeiten muss, hat nachweislich das Bedürfnis, sich dort auf andere Weise die Sicht auf Bäume oder Blüten zu verschaffen. Entweder stellt der Betreffende Zimmerpflanzen auf, oder es prangt bald ein Blumenbild an der Wand. «Der Mensch hat im Laufe der Evolution gelernt, positiv auf Pflanzen zu reagieren», sagt die Gartenbau-Professorin Virginia Lohr von der Washington State University, «denn er kann ohne Pflanzen nicht überleben.»[156] Wir wählen zwar nicht alle die Grünen, aber Grünes wollen wir ohne Ausnahme.

Warum Parks und Wälder gut für uns sind

Die Liebe des Menschen zu allem Lebendigen (Biophilie) hat Edward O. Wilson vor fast dreißig Jahren als etwas zutiefst Menschliches beschrieben. Nach Ansicht des amerikanischen Soziobiologen brauchen wir den Kontakt zur Natur, um uns wohl zu fühlen, um gesund zu bleiben oder es wieder zu werden. «Unsere Vorliebe für pflanzliches Grün zeigt sich bis heute an unserer Freude über Blumengeschenke, üppige Gärten oder Parks», sagt der Evolutionspsychologe Benjamin Lange. «Das wurzelt tief in unserer Psyche.» Man muss nur Hochhausbalkone betrachten oder an einem Frühlingswochenende ein Gartencenter besuchen, um das zu erkennen. Noch stärker als das Gärtnern in Pflanzkübeln und Beeten fördern Waldspaziergänge die Gesundheit. Wenn zu wenig Zeit dafür bleibt, etwa in der Mittagspause, kann es uns auch schon entspannen, eine büronahe Grünanlage aufzusuchen[157] – nur ein Beleg dafür, dass gut erreichbares und ansprechend gestaltetes Stadtgrün mehr ist als ein Kostenverursacher im kommunalen Haushalt. Ein Waldlauf oder Spaziergang im Park wirkt besänftigend, hellt die Stimmung auf und stärkt die Abwehrkräfte, nach einer japanischen Studie auch dadurch, dass sogenannte Killerzellen der Körperabwehr auf diese Weise angeregt werden.[158]

Kinder mit ADHS – gerne Zappelphilipp-Syndrom genannt – profitieren bereits von einem 20-minütigen Spaziergang durchs Grüne, wie zwei US-Wissenschaftlerinnen von der University of Illinois ermittelt haben: Danach waren die Kleinen ruhiger und erzielten bei einem Aufmerksamkeitstest höhere Punktzahlen als zuvor. Ein Innenstadtbummel half hingegen nicht, ebenso wenig ein Streifzug zu Fuß durch ein Wohngebiet. Unklar ist nur, ob es die grüne oder eher die unbebaute Umgebung war, die den meist viel zu eilfertig mit Ritalin-Tabletten ruhiggestellten Kindern zu größerer Konzentration verhalf. Ihr Medikament brauchten sie an ihrem Wandertag für die Wissenschaft jedenfalls nicht. «Eine Dosis Natur konnte ohne weiteres die Arznei ersetzen», berichtet die Verhaltensforscherin Andrea Faber Taylor, freilich ohne veranschlagen zu können, für wie lange die Bewegung im Grünen ein zappeliges Kind beruhigen kann. Die Hausaufgaben immerhin konnten nach dem Rundgang durch den Park ordentlich erledigt werden.[159] Mit den Kindern jeden Tag einmal flott spazieren zu gehen, statt ihnen Ritalin zu verabreichen, wäre einen beherzten Versuch zumindest wert. Auf dieselbe besänftigende Wirkung setzt mit Erfolg auch die wissenschaftlich begleitete Aktion «Wald statt Ritalin» des Förderkreises «Lernort Natur Bochum und Umgebung». Das Sozialverhalten der teilnehmenden Kinder bessert sich gegenüber dem einer Kontrollgruppe spürbar.[160] So mancher Zappelphilipp würde wohl schon ruhiger, wenn er jeden Tag im Wald oder auf der Fußballwiese zwei Stunden lang nach Herzenslust herumtoben könnte – und dürfte.

Natur statt Pillen

Das wäre auch für weniger hibbelige Kinder gut, deren Sinne unterfordert werden, weil die Kleinen sich vorwiegend in der Wohnung aufhalten. Der amerikanische Journalist und Umweltaktivist Richard Louv attestiert der nachwachsenden Generation eine «Naturdefizitstörung», wenn auch nicht im klinischen Sinne, sehr wohl aber mit feststellbaren Folgen. Dazu zählten «verringerte Sinneserfahrungen, Aufmerksamkeitsprobleme und ein höheres Maß an körperlichen und emotionalen Erkrankungen». Zudem belegten Studien, dass Kriminalität, Depressionen und andere «urbane Krankheiten» sich dort häufen, wo es keine Parks oder offenes Gelände gibt oder sie für tägliche Besuche schlicht zu weit entfernt liegen. Louvs Schlussfolgerung: «Ebenso sehr wie Kinder gute Ernährung und ausreichend Schlaf brauchen, benötigen sie vermutlich Kontakt mit der Natur.» Denn dort finde ein Kind «Freiheit,

Abenteuer und Ungestörtheit: eine Welt fern von den Erwachsenen, seinen eigenen Frieden».[161] Wenn Mütter und Väter ihren Sprösslingen allerdings den Weg ins Grüne nicht bahnen und sie regelmäßig in den Wald oder durch Parks führen (notfalls auch mal schleppen), werden die Kinder leicht zu Stubenhockern. Die Erwachsenen sind also einmal mehr die Vorbilder, und das zu ihrem eigenen Besten. Auch ihnen täte es gut, wo immer möglich durch den Wald zu stromern oder zu joggen, statt sich in muffigen Fitness-Studios abzurackern. Wie gut das tun kann, wissen die Deutschen wenigstens: Nach der regierungsamtlichen Studie «Naturbewusstsein 2011» gehört für 93 Prozent der Bundesbürger «Natur zu einem guten Leben dazu» und steht obendrein für Gesundheit und Erholung. Immerhin 86 Prozent der Befragten gaben an, «dass es sie glücklich macht, in der Natur zu sein».[162]

Josef Wilhelm Egger wundert das keine Spur: Die Natur – oder jedenfalls das, was die meisten Menschen dafür halten – könne uns so etwas wie ein Geborgenheitsgefühl vermitteln, sie habe etwas Tröstliches. «Sie überlebt uns offensichtlich und erscheint als einzige Konstante in einer ungewissen Welt, gerade auch wegen ihrer Fähigkeit, sich immer wieder zu regenerieren.» Insofern vermittelt Natur uns «Sicherheit, Beständigkeit und die Gewissheit, dass etwas weiterlebt, und so vielleicht ja auch wir selbst, wenn wir uns mit ihr umgeben». Wenn der Medizinpsychologe damit richtigliegt, dann signalisiert ein bunter Blumenstrauß einem Kranken, dass Hoffnung auf Heilung besteht. «So etwas wirkt auch ganz unbewusst», sagt Egger. Daran ist nichts Esoterisches: Wenn wir uns über einen Strauß Gladiolen freuen, dann schüttet unser Hirn Botenstoffe (Neurotransmitter) wie Serotonin und Dopamin aus, mit denen es sich quasi selber für das Blumengeschenk belohnt. Wir sind heiterer gestimmt, und Nervosität und Besorgtheit lassen nach. Dass Pflanzen Lebensfreude spenden, ist also keineswegs Unsinn oder platte Reklame von Blumenhändlern. Menschen mögen es seit jeher, wenn im Frühling Sumpfdotterblumen und Scharbockskraut, Buschwind-röschen und Veilchen aus dem Waldboden sprießen. Der oft triste Winter verliert seine Macht, und neues Leben wächst uns wieder zu.

Wodurch uns Landschaften gefallen

Im 18. Jahrhundert ereignet sich Ungeheuerliches: Die Alpen werden schön! Von den Römern nur «schreckliche Berge» (*montes horribiles*) genannt, in denen noch dazu primitive Barbaren lebten, war das Hochgebirge bis weit übers Mittelalter hinaus bei Transit-reisenden wegen seiner Unwegsamkeit, seiner eisigen Unwetter und tödlichen Felsstürze gefürchtet. «Die Städter projizierten ihre Angst vor der Natur auf die Alpen», sagt der Erlanger Geograph und Alpenkenner Werner Bätzing.[163] Reisende notierten in ihre Tagebü-cher, sie hätten bei der Fahrt mit der Postkutsche durch das Gebirge den Anblick der schroffen Felsen nicht ertragen und deshalb die Vorhänge zuziehen müssen. Die Berge galten «als wüste Wildnis und Inbegriff des Chaos», schreibt der Bonner Historiker und Berg-steiger Peter Grupp in seiner «Geschichte des Alpinismus». Im wil-den Urzustand belassen, sei die Natur den damaligen Menschen «als negativ, feindlich und hässlich» erschienen; «als schön und positiv wurde sie erst empfunden, wenn sie durch den Menschen gestaltet und zivilisiert war», etwa so wie in einem barocken Schlossgarten mit seiner strengen, völlig unnatürlichen Geometrie.[164]

Doch dann wandelt sich das Bild: Zwischen 1760 und 1780 geraten die Alpen auf einmal in ein völlig anderes Licht. «Aus den schrecklichen werden die schrecklich-schönen Alpen, die nicht mehr gemieden, sondern gezielt aufgesucht werden, um sich von ihnen beeindrucken und überwältigen zu lassen», berichtet Bätzing.[165] Ganz allmählich mausert sich das Gebirge vom lebens-feindlichen, felsigen Sperrriegel zur idyllischen, eindrucksvollen Tourismus-Landschaft. Heute verbringen jedes Jahr einige Millionen Menschen ihren Urlaub auf dem Dach Europas, und über hundert Millionen Tagesausflügler kraxeln auf Bergpfaden umher oder wedeln die Skipisten hinab. Die Alpen locken die Massen an.

Einer der maßgeblich Verantwortlichen für den Sinneswandel ist der Schweizer Albrecht von Haller. Im Jahre 1729 greift der lyrisch begabte Mediziner und Botaniker wieder einmal zur Feder und schreibt ein hymnisches, 49 Strophen langes Gedicht mit dem Titel «Die Alpen». Von Haller nennt sie ein «angenehm Gemisch von Bergen, Fels und Seen», was in gelehrten Kreisen Kopfschütteln hervorruft, und dichtet an anderer Stelle:

> «Wenn Titans erster Strahl der Gipfel Schnee vergüldet
> Und sein verklärter Blick die Nebel unterdrückt,
> So wird, was die Natur am prächtigsten gebildet,
> Mit immer neuer Lust von einem Berg erblickt ...»[166]

Das klingt ganz anders als das meiste, was bis dahin über Europas Hausberge verfasst worden ist. Allerdings wird das Schreckensbild der Alpen selbst nach dem vielbeachteten Gedicht des Schweizers zunächst von vielen Gebildeten weitergemalt. Der deutsche Archäologe und Kunsthistoriker Johann Joachim Winckelmann etwa schreibt 1768 in einem Brief von seiner Reise über den Brenner-Pass nach Triest: «Welch entsetzlicher Anblick, welche ungeheuerliche Höhe der Berge!» Noch 1790 fragt der nie in den Alpen gewesene Königsberger Philosoph Immanuel Kant, ein Kenner des Haller'schen Alpen-Gedichts: «Wer wollte auch ungestalte Gebirgsmassen, in wilder Unordnung übereinander getürmt, mit ihren Eispyramiden ... erhaben nennen?»[167] Doch schon Jean-Jacques Rousseaus Schilderungen der Bergwelt und Johann Wolfgang Goethes Berichte über seine Alpenreisen nach 1775 zeugen mehr und mehr von einem genaueren und milderen Blick auf das oberste Stockwerk Europas. Im Bericht über seine «Italienische Reise», die er 1786 unternimmt, quert Goethe abermals den Brenner, wohin er von Mittenwald aus aufgebrochen ist. Nachdem er frühmorgens, am 8. September, den «scharfen Wind» und eine «klare Kälte» beklagt hat, «wie sie nur im Februar erlaubt ist», notiert er wenig später: «Nun aber bei dem Glanze der aufgehenden Sonne die dunkeln, mit Fichten bewachsenen Vordergründe, die grauen Kalkfelsen dazwischen und dahinter die beschneiten höchsten Gipfel auf einem tieferen Himmelsblau, das waren köstliche, ewig abwechselnde Bilder.»[168] Der Dichter ist entzückt.

Heimat prägt

Was wir als landschaftlich ansprechend empfinden und wohin es uns als Reisende folglich zieht, kann sich also mit der Zeit ändern. Wer gelernt hat, in einem Gebirge mehr zu sehen als ein Hindernis oder einen Hort tödlicher Gefahren, erkennt auch das Reizvolle, Wilde und Schöne, das jeden Schutz verdient. Und doch scheint es Landschaften zu geben, die uns leichter für sich einnehmen als andere; Gegenden, in denen wir uns augenblicklich wohl fühlen, wo wir über den Tag hinaus gerne bleiben würden. Nur über die Frage, warum das so ist, streiten sich die Fachleute. Gewöhnen wir uns mit der Zeit an Landschaften, die sich als angenehm für uns erwiesen haben, an die wir mit guten Gefühlen zurückdenken und die wir schlichtweg Heimat nennen? Oder geben uns die Erbanlagen eine Art idealer Lieblingslandschaft vor und bestimmen so unsere Vorlieben? Doch müssten dann nicht die grönländischen Inuit im Grunde ihres Herzens landschaftlich schön finden, was auch den Menschen im Sudan oder in Neuseeland am besten gefällt?

Diese Fragen sind auch für Experten nicht leicht zu beantworten, schon weil man keine Neugeborenen nach ihren Vorlieben befragen kann, jedenfalls nicht, wenn man eine verständliche Antwort erwartet. Seriöse Wissenschaftler argumentieren also am besten vorsichtig, und genau so hält es auch Terry Hartig von der schwedischen Universität Uppsala. «Man kann wohl mit Fug und Recht sagen, dass weder die geographische Herkunft noch unsere Erbanlagen alleine darüber bestimmen, welche Landschaften wir besonders mögen», sagt der Umweltpsychologe. «Entscheidend ist vielmehr das Zusammenspiel zwischen unseren Genen, unserer Kultur und unserer persönlichen Entwicklungsgeschichte.» Das glaubt gerne, wer selber einmal hören konnte, wie eine Frau aus Coesfeld im Münsterland selbst die bescheidenen Gipfel des Saarlandes als «bedrückend» bezeichnete. Sie fühlte sich als Studentin in der Südwestecke Deutschlands zwischen meist nur wenigen hundert Meter hohen Hügeln immer wieder unwohl und vermisste arg den freien Blick zum Horizont, wie sie ihn von zu Hause kannte. Dort reckt sich allenfalls der Coesfelder Berg dem Himmel ganze 152 Meter hoch entgegen, überragt nur von den nicht weit entfernten Baumbergen, die sich noch gut 35 Meter höher wuchten. Die Menschen sind halt unterschiedlich geprägt, und manchem Saarländer, der eben noch schmunzelte, würden die Gipfel der Alpen Schatten auf die Seele werfen – wiederum zum Stirnrunzeln der Oberbayern, Berner oder Kärntner. Für den Natursoziologen Rainer Brämer sind solche Gefühle leicht zu erklären. «Die Landschaft der Kindheit gefällt uns, weil wir uns dort geschützt fühlen, weil die Eltern sich dort schon sicher gefühlt und dieses Gefühl auf uns übertragen haben.» Man muss hinzufügen: zumindest dann, wenn die Kindheit im Großen und Ganzen geglückt ist.

Von solchen Prägungen abgesehen, beharren viele, wenn auch nicht alle Fachleute darauf, dass die meisten Menschen sich am wohlsten in einer Landschaft fühlen, wenn diese drei Eigenschaften besitzt: Erstens sollte sie Standorte mit guter Aussicht aufweisen, zweitens Schutz bietende Rückzugsmöglichkeiten. Und Durst und Hunger stillen muss sie drittens auch. Diese «Aussicht und

Schutz»-Theorie («prospect and refuge») hat der englische Geograph Jay Appleton erstmals im Jahr 1975 aufgestellt und später verfeinert.[169] Ihr zufolge werden solche Landschaften als besonders ansprechend empfunden, in denen man von Hügeln oder Felsen aus einen unverstellten Blick ins Umland hat, die aber zusätzlich durchsetzt sind von kleinen Baumgruppen, Wasserläufen oder Seen. Appletons Begründung: Nur dort hätten unsere Vorfahren nach lockenden Beutetieren spähen können, ohne selbst von Raubtieren entdeckt zu werden. Am liebsten aufgehalten hätten sich die frühen Menschen dabei dort, wo sie einerseits nach vorne Ausschau halten konnten, andererseits aber nach hinten gesichert waren, etwa durch ein zufluchtbietendes Wäldchen, felsige Talflanken mit Höhlen oder wenigstens Bäume, hinter denen man sich verbergen oder auf die man bei Gefahr vor Fressfeinden fliehen konnte. Noch heute klettern Kinder gerne auf Bäume. Und bis heute nageln sie dort oben im Geäst mit Eifer Bretterbuden zusammen, in denen sie sich unangreifbar wähnen. Diesem Gefühl spüren auch Hotelgäste nach, die in modernen Komfort-Baumhäusern schlummern, wenn auch versorgt mit Flachbildfernseher, Minibar und Internetanschluss – wir wollen ja schließlich keine Affen mehr sein.

Schutz vor Gefahren und gute Aussicht auf mögliche Beute: Diesem doppelten, zutiefst menschlichen Bedürfnis verdanken wir auch die vielen tausend Burgen und Schlösser, die unsere Kulturlandschaft seit Jahrhunderten zieren. Die meisten von ihnen liegen auf Bergkuppen, Felsspornen oder wenigstens Hügeln. Für den über tausend Jahre alten Burgtyp der Motte schütteten die Erbauer sogar künstliche Erdhügel auf, um darauf ihre zunächst hölzernen Schutzbauwerke zu errichten. Dort wachten sie dann von hoher Warte aus und selbst im Flachland gut *geborgen* – eine der Bedeutungen des Wortes Burg. Und wenn bei Belagerungen gar nichts anderes mehr half, *türmten* die Burgleute buchstäblich, stiegen also hinauf in den vielleicht ja rettenden Bergfried und zogen die Leiter ein.

Bis heute tun wir es ihnen nach, wandern hinauf zu alten Burgen und genießen von dort – und noch lieber von einem Burgturm – die großartige Aussicht, ein gleichermaßen erhebendes wie beruhigendes Gefühl.

Verstören können uns hingegen dichte Urwälder, in denen man keine drei Meter weiter sieht. Sie bieten zwar viel Deckung und Essbares, beherbergen aber auch Tiger oder Jaguare, giftige Schlangen oder bedrohliche Parasiten, weshalb sie manchmal von unkundigen und ängstlichen Europäern als «grüne Hölle» beschrieben werden. In deutschen Forsten und den noch immer eher dünn gesäten naturnahen Wäldern ist der Kampf mit einem aufgebrachten Keiler oder einer Wildsau, die ihre Frischlinge bedroht sieht, so ungefähr das Gefährlichste, was einem zustoßen kann, auch wenn damit keineswegs zu spaßen ist.

Heikle Wildnis

Man sollte sich hier trotz aller Umfragen über die Waldvorlieben der Deutschen nichts vormachen: Wirklich wilde Wälder mit dichtem Unterholz, indem sich Braunbären und Wölfe aufhalten könnten, würden einem beträchtlichen Teil der Bundesbürger noch immer nicht sonderlich behagen. «Unser Verhältnis zum Wald ist bis heute ambivalent», sagt Rainer Brämer, der die Einstellung von Jung und Alt zur Natur seit Jahren ermittelt. «Grundsätzlich ist uns der Wald eher unangenehm, es sei denn, er ist licht.» Nur dann können wir Gefahren rechtzeitig erkennen, haben also wenigstens eine gewisse Kontrolle. Auf vielen selbstgeführten Wanderungen und bei seinen Befragungen hat Brämer eines immer wieder feststellen können: «Menschen fühlen sich wohl, wenn sie klar umgrenzte Räume sehen: eine von Wald umrandete Lichtung, einen nach oben durch Wald umgrenzten Talkessel.» In beiden Fällen bildet Wald den Horizont. «Der überschaubare Raum gefällt uns, verleiht uns ein Sicherheitsgefühl.» Die sogenannten Premium-Wanderwege in Deutschland liefen «wie geschnitten Brot», gerade weil sie die Bedürfnisse von Wanderern konsequent berücksichtigen.[170]

Von all diesen Gedanken ist es nicht weit zur Savannen-Theorie des Biologen Gordon Howell Orians mit ihrem zentralen Gedanken: Noch der moderne Mensch bevorzuge halboffene, locker bewaldete Landschaften, die jenen Savannen ähneln, in denen unsere biologische Art entstand und den aufrechten Gang für sich entdeckte. Noch heute lieben die meisten Menschen – und das schon als Kinder – savannenartige Parklandschaften, etwa das Dessau-Wörlitzer Gartenreich oder den Palais-Garten in Detmold. «Der Prototyp der Landschaften, die wir lieben, sind englische Parks», sagt der Evolutionspsychologe Harald Euler. Wo immer wir können, schaffen wir solche, und sei es im Kleinen. «Wenn im offenen Land ein Haus gebaut worden ist, werden zuerst Bäume gepflanzt.» Auch deutschen Häuslebauern erscheine ein baumloses Grundstück als «zu kahl», zu unwirtlich. Also pflanzten sie, was das Zeug hält und der Gartenmarkt zu bieten hat. Schon das kostet viel Geld. «Nach ein paar Jahren entstehen dann erneut große Kosten, um das Grundstück wieder halbwegs offen zu halten», sagt Euler. Wir liebten halt «unterbrochene Landschaften», weder die baumlose Prärie noch den dichten Wald.

Und das hat gute Gründe. Denn Baumsavannen signalisierten unseren Vorfahren dreierlei: Erstens wuchs hier pflanzliche Kost an Bäumen und Büschen oder am krautreichen Boden, zweitens graste in der Nähe von Tränken zumindest zeitweise jagdbares Wild, und drittens boten Baumgruppen Sichtschutz und notfalls die rettende Ausflucht hinauf ins schützende Geäst. Deshalb sei es «evolutionsbiologisch gut verständlich, dass noch heute ein Großteil der Menschen sich in buschsavannenartigen Gegenden und auf erhöhter Position im leicht übersehbaren hügeligen Gelände am wohlsten fühlt», findet der Biopsychologe Josef Wilhelm Egger. Die Baumsavanne sei geradezu der «Archetypus einer wohlempfundenen

Naturlandschaft».[171] Wobei freilich dieser Landschaftstyp *natürlich* nur dort ist, wo er von Natur aus vorkommt. Im ehedem mehr oder minder dicht bewaldeten Europa musste der Mensch solche Landschaften meist erst hervorbringen, indem er die Wälder großflächig rodete, um Platz für Dörfer und Ackerland zu schaffen. Fast immer lag unter den fallenden Buchen, Eichen und anderen Laubgehölzen mehr oder minder fruchtbarer Boden, aufgebaut aus zersetztem Laub sowie dem Kot von Regenwürmern und anderen Verwertern organischen Materials.

Wüste im Kopf

Dieses Wissen hatten auch die ersten weißen Siedler aus Europa in die noch jungen USA mitgebracht. Deshalb zögerten sie im frühen 19. Jahrhundert lange, bevor sie es wagten, zu Fuß oder mit ihren Planwagen die endlos erscheinende Prärie der Great Plains zu durchqueren, um das zu erreichen, was wir heute den Wilden Westen nennen. Noch größer waren die Vorbehalte, dort zu siedeln. Die Einwanderer aus den Waldländern der Alten Welt empfanden die Prärie nämlich als unfruchtbar und wüst, weil sie es aus Europa gewohnt waren, gutes Ackerland dem Wald erst abringen zu müssen. Dass aber unter Dauergrasland humusreicher Ackerboden, großenteils fruchtbare Schwarzerde, liegen konnte, war den meisten West- und Mitteleuropäern fremd. Ihre Scheu war noch dadurch genährt worden, dass die von Major Stephen Long im Jahr 1823 gezeichnete erste Landkarte den westlichen Teil der Prärie als «Great American Desert» auswies, also als baumlose Wüste. Heute gilt die rund zwei Millionen Quadratkilometer große Region als Korngürtel und Brotkorb der USA, wo etwa die Hälfte des heimischen Weizens und außerdem Mais erzeugt wird, von Unmengen an Rindfleisch ganz abgesehen. Die heute übliche künstliche Bewässerung erleichtert Landwirtschaft und Viehzucht großen Stils freilich immens.

An den lange lebensfeindlich erscheinenden Alpen wie an der

vermeintlichen Wüste in den Plains der USA wird deutlich, wie sehr wir uns sträuben, eine Landschaft als attraktiv zu bewerten, der wir uns machtlos ausgeliefert fühlen. Erst eine dressierte Natur behage dem Menschen, findet Josef Wilhelm Egger. «In ihr hat er die archaischen Ängste gezähmt und aus ihr vermag er vielfältige Kraft zu schöpfen.»[172] Dass nicht alle Tiere und Pflanzen in solchen Kulturlandschaften willkommen sind oder überleben können, ist die – aus ökologischer Sicht – betrübliche Seite der menschlichen Eingriffslust. Schön oder lieblich sieht es danach vielleicht aus in Wald und Flur, bloß nicht mehr nach einem Land, in dem die wilden Kerle wohnen. Solche Gegenden suchen Städter allenfalls in ihren Ferien auf: Dann fahren sie im Schlauchboot die tosende Ötztaler Ache hinab, durchqueren die Sahara oder besteigen einen Achttausender. Wie heißt es doch so treffend im Sprichwort: «Wenn es dem Esel zu wohl ist, geht er aufs Eis tanzen.»

Wieso es uns ans Wasser zieht

Heinrich Heine, einer der bedeutendsten deutschen Dichter des 19. Jahrhunderts, starb 1856 in Paris und liegt dort auf dem Friedhof Montmartre begraben. Auf seinem Grabstein findet sich eines seiner schönsten Gedichte, in dem er gleich zweimal seiner Sehnsucht, vielleicht auch seiner Hoffnung, Ausdruck verlieh, unweit eines Gewässers beerdigt zu werden. Die beiden ersten Strophen lauten:

«Wo wird einst des Wandermüden
Letzte Ruhestätte sein?
Unter Palmen in dem Süden?
Unter Linden an dem Rhein?

Werd ich wo in einer Wüste
Eingescharrt von fremder Hand?
Oder ruh ich an der Küste
Eines Meeres in dem Sand?»

Am Rhein also wollte er ruhen oder am Strand, vermutlich jenem der Nordsee, welcher er einen gleichnamigen Zyklus mit Reisebildern und Gedichten widmete. Bei einem Strandspaziergang, so schrieb er darin, «dehnt sich meine Seele so weltenweit», und an anderer Stelle wird gleich das ganze Meer zu seiner Seele. Und passen sie nicht in der Tat wundersam zueinander, die seelischen Untiefen des Menschen und jene eines Ozeans? «Seele des Menschen, wie gleichst du dem Wasser!», fand Goethe in einem Gedicht aus dem Jahr 1779, zu dem ihn der Schweizer Staubbach-Wasserfall inspiriert hatte.[173] Warum zieht es Sommer für Sommer zig Millionen Menschen an die Küsten der Weltmeere – und nicht wenige sogar im Herbst oder Winter? Was gibt es uns, aufs Meer hinauszustarren oder, gebeugt gegen den Wind, am Strand entlangzustapfen, die Gedanken so bewegt wie das Wasser?

Fragt man Liebhaber der Küsten, dann erwähnen sie fast sicher den «freien Blick» aufs Meer, wie er kaum sonst irgendwo so unverstellt zu haben ist, wenn man von Windenergie-Anlagen vor manchen Küsten einmal absieht. «Der wichtigste Eindruck am Meer ist der der Freiheit, Weite und Unendlichkeit, womit zugleich eine Atmosphäre von Abenteuer und Fernweh vermittelt wird», findet der Germanist Richard Reschika in seinem Lesebuch über das Meer.[174] Und damit ist noch kein Wort über die Flüsse und Binnenseen gesagt, an deren Ufern wir so gerne wandern; oder wo wir, mit ein wenig Glück oder viel Geld, wohnen oder gar ein Haus besitzen. Seegrundstücke sind beliebt, am besten natürlich mit eigenem Bootsanleger.

Das versteht sich weniger von selbst, als es den Anschein hat.

«Grundsätzlich meidet der Mensch das Wasser, wenn er wohnen möchte», sagt nämlich Gunter Schöbel, Direktor des Pfahlbaumuseums Unteruhldingen am Bodensee, das inzwischen zum Weltkulturerbe gehört. Sturmfluten an den Meeren und Hochwässer an den Flüssen haben den Bau von Häusern in allzu großer Nähe seit jeher riskant gemacht, weshalb nicht nur die deutschen Altstädte in gewisser Distanz zum Wasser liegen, wenigstens zur ursprünglichen Küsten- oder Uferlinie. Und im Sommer laden Mückenschwärme an stehenden Gewässern auch nicht dazu ein, an ihrem Ufer dauerhaft zu siedeln, ein stichhaltiges Problem, das auch die heutigen Bewohner des Bodenseeufers kennen. Und dennoch errichteten Menschen in der Zeit zwischen 4000 und 850 vor Christus, also in der Jungstein- und Bronzezeit, immer wieder Häuser auf Holzpfählen in Unteruhldingen, bewohnten sie eine Zeitlang und verließen sie dann wieder. Und so taten sie es an allen größeren Voralpenseen der Schweiz, Frankreichs, Italiens und Deutschlands. Allein am Bodensee haben Archäologen inzwischen über hundert Siedlungsplätze nachweisen können. «Bevorzugt wurden Standorte mit guten Ackerböden, ausreichender Frischwasserversorgung an geographischen Kreuzungspunkten von Handelswegen.»[175] In Unteruhldingen kommt hinzu, dass der Wasserweg von dort zur Insel Mainau nahe dem gegenüberliegenden Ufer nur 2,3 Kilometer lang ist, weshalb am besten hier den See querte, wer der historischen Route von der Donau nach Oberschwaben über den Bodensee in die Schweiz und weiter bis nach Italien folgen wollte.

Dass die Pfahlbauer ihre Häuser in den See bauten, hatte mehrere Gründe: Auf dem Wasser waren sie vor Angreifern und wilden Tieren besser als an Land geschützt, konnten ihre Abfälle einfach entsorgen und von den Stegen aus angeln. Doch zwei Gründe waren wohl noch wichtiger: Erstens erreichte man die Pfahlhäuser problemlos mit Booten, was den Nah- und Fernhandel mit anderen wassernahen Siedlungen am Bodensee und am Rhein immens erleichterte und den Verkauf von Metallen, Feuerstein und anderen Gütern förderte. «Die Pfahlbauten waren bewohnt, aber sie dienten auch als Umschlagplätze», merkt Schöbel an. Und zweitens schwankte der Wasserpegel des Bodensees im Jahresverlauf stark, in unserer Zeit um zwei bis drei Meter. Hauptsächlich verantwortlich dafür ist die alljährlich im März einsetzende Schneeschmelze. Der wechselnde Wasserstand war auch in den Tagen der Pfahlbauer ein Problem für jeden, der ufernah siedeln wollte: Entweder man legte die Dörfer weit im Hinterland an, sodass sie möglichst nie überflutet wurden, musste dann aber weit zum Fischen laufen oder Handelswaren ans Wasser schleppen. Oder man stellte die Hütten eben auf Pfähle und war damit aus dem Schneider.

Ans Wasser, marsch!

Heute fahren wir im Sommer an die Gestade eines Meeres oder wenigstens an einen schnöden Stausee. Und wem das zu umständlich ist, der mehrt sein Wohlbefinden womöglich durch einen Pool oder Tümpel – Pardon: Zierteich – im Garten. Der Grund dafür liegt nahe: Wasser ist nicht nur ein Hinweis auf fruchtbares Land, es ermöglicht dieses erst. Nach solchen Lebensräumen haben unsere Vorfahren immer schon gesucht, weshalb es kein Wunder ist, dass wir auch heute noch nach ihnen verlangen, um ein Urbedürfnis zu stillen. Wie sehr wir Menschen auf Wasser angewiesen sind, ist erkennbar schon daran, dass Säuglinge durchschnittlich zu etwa 75 und Greise zu 55 Prozent aus nichts anderem bestehen. «Die Verfügbarkeit von Süßwasser ist *die* zentrale Ressource überhaupt, weil wir täglich Trinkwasser brauchen», sagt Harald Euler. Täglich büßen wir etwa fünf Prozent unseres Körperwassers ein, und diesen Verlust müssen wir durch Trinken und Essen wieder ausgleichen.[176] Mehr als zehn Prozent Körperwasser zu verlieren, ist bereits sehr riskant, ab etwa 15 Prozent droht der Tod durch Verdursten. Wir mögen folglich Sand- und Eiswüsten bizarr und reizvoll finden, aber es zieht uns seit jeher hin zum Nassen; für den Evolutionspsychologen Ausdruck einer «tiefliegenden Erbschaft». Nicht umsonst enthalten Landschaften, die wir als schön empfinden, in aller Regel Flüsse, Bäche, Seen oder Teiche. Und nur wenige Modellbahner, die auf einem Brett oder Lattengerüst gottgleich eine Landschaft erschaffen, verzichten auf einen Bergsee, Feuerlöschteich oder Entenpfuhl, und sei er noch so winzig.

Wem das als Erklärung nicht genügt, der darf natürlich weiter spekulieren. Sehnen wir uns womöglich nicht nur nach Trink-, sondern auch nach Schwimmwasser, um dann darin zu schweben – erfüllt von ozeanischen Gefühlen der Grenzenlosigkeit und Geborgenheit, wie während der ersten neun Monate unseres Lebens im Mutterschoß? Es soll Menschen geben, die in stressigen Zeiten am liebsten wieder dorthin zurückschwömmen. Geboren werden wir immerhin als Fruchtwasser-Wesen und wären solche womöglich gerne auf Lebenszeit geblieben. Wenig später erobern Kleinkinder sich das Wasser immerhin eimerweise zurück und zeigen sich beim Plantschen quietschvergnügt. Gibt es überhaupt ein besseres Spielzeug? Schon Neandertaler-Kinder, zumindest jene in wärmeren Phasen des Eiszeitalters, dürften die Antwort gekannt haben.

Warum Männer lieber alleine pinkeln

Anfang Mai 2012 hatte Volker Arnold endlich genug von den stinkenden Urinpfützen vor dem Zwickauer Gewandhaus. Der Geschäftsführer des Theaters Plauen-Zwickau machte seinem Ärger Luft und schrieb an alle Fraktionen des Stadtrates, dass es so nicht weitergehe und dringend etwas gegen die Wildpinkler am fast 500 Jahre alten Gebäude unternommen werden müsse. Eindeutig zu viele Besucher der Innenstadt schlügen neben oder direkt an dem Bauwerk mit dem hübschen Fachwerkgiebel ihr Wasser ab, und das habe der Bau, der seit 1823 als Theater dient, nun wirklich nicht verdient. Rasch hatte der Zwickauer Architekt Sebastian Kriegsmann eine Idee: Man könne doch auf dem benachbarten Neuberinplatz einen Baum aufstellen, an den die Männer pinkeln könnten; keinen gewöhnlichen Baum allerdings, sondern einen aus Keramik mit Anschluss an die öffentliche Kanalisation. Einen passenden Entwurf dazu hat bereits vor Jahren – wenn auch nicht speziell für Zwickauer Zwecke – die Berliner Designerin Joanita Herrenknecht geliefert, freilich unter dem weltweit marktgängigen Namen Pee-Tree. «Da Männer in freier Wildbahn gerne zielstrebig einen geeigneten Baum für ihr kleines Grundbedürfnis suchen und diesen im modernen Zeitalter durch ‹die Ecke› in der Stadt substituieren, drängt sich der Gedanke – den Baum wieder in die Stadt zu bringen – geradezu auf», heißt es auf einer erhellenden Internetseite noch aus der Zeit, als die in Kanada geborene Herrenknecht an der Karlsruher Hochschule für Gestaltung studierte. Hervorgehoben wird dort auch die Sinnfälligkeit der 2,40 Meter hohen Uriniersäule: Ihr «signalstarkes Keramikweiß» sei «von weitem sicht- und ansteuerbar». Dies gilt allerdings nur für Männer, denn Damen dürften sich schwer damit tun, ihren Strahl derart an den Baumstamm zu lenken, dass sich die kreisrunde Rinne an seiner Basis auch wirklich füllt.[177]

Immerhin: Im Jahr 2008, zum Welttoilettentag, wurde Herrenknecht in Hamburg ein Design-Preis für ihren Pipi-Baum verliehen. Würden solche Pinkelsäulen in Deutschland endlich einmal aufgestellt, ließe sich interessante Wissenschaft betreiben. Man könnte zum Beispiel untersuchen, ob Männer den Porzellanbaum bevorzugt von Westen nach Osten besprenkeln, also mit den hierzulande gängigen Westwinden, oder aber eher nach Süden, wohin es so viele Deutsche zieht. Man könnte durch teilnehmende oder schicklich distanzierte Beobachtung zudem ermitteln, ob Männer sich den Urinier-Pfahl mit Geschlechtsgenossen teilen, zeitgleich oder zeitlich versetzt. Der Ausspruch eines Ermittlers aus dem Dortmunder *Tatort* stimmt einen in dieser Frage nicht allzu optimistisch, denn der Kripo-Beamte zeterte voller Wut auf seinen eigenwillig vorgehenden Kommissar-Kollegen Peter Faber: «Ich kann es nicht leiden, wenn man an meinen Baum pinkelt.» Bezeichnenderweise trug die *Tatort*-Folge vom 11. November 2012 den doppeldeutigen Titel «Mein Revier». Auch ließen sich unter Druck stehende Herren dann endlich befragen, warum sie es überhaupt so gerne gegen Bäume plätschern lassen, ersatzweise auch gegen Pfähle, Stangen oder notfalls auch Büsche, jedenfalls meist nicht einfach so ins freie Feld. Braucht der Mann ein Ziel? Oder eher einen Sichtschutz? Oder kennzeichnet er, wie Hunde, an aufragenden Gegenständen seinen Herrschaftsbereich?

Keine Reviermarke

In einer Welt, in der vom Nasebohren bis zum Gewirr der Nabelflusen alles erforscht wird, fehlen eindeutig klärende Beiträge zur Verhaltenspsychologie des pinkelnden Mannes. Bis dahin ist man auf Schauen und Staunen angewiesen, auf Mutmaßungen wohl auch. Als im Film «Up in the Air» der von George Clooney gespielte Unternehmensberater und Vielflieger Ryan Bingham seiner neuen Kollegin erzählt, er ziele darauf, 10 Millionen Flugmeilen zu sammeln, auch weil dann ein Passagierflugzeug der von ihm bevorzugten Linie sichtbar seinen Namen tragen werde, entgegnet die junge Frau: «Ihr Männer werdet nie erwachsen. Euer Leben lang müsst ihr irgendwo dranpinkeln.» Sie tippte also auf typisch männliches Revier- und Imponierverhalten. Dafür aber spricht wenig, wenn überhaupt etwas, zumindest wenn man uns mit unseren nächsten Verwandten vergleicht, den Menschenaffen. Anders als bei Feuchtnasenaffen wie Lemuren und Loris spielt bei Schimpansen oder Gorillas die Kommunikation mit Urin als Duftmarke nämlich

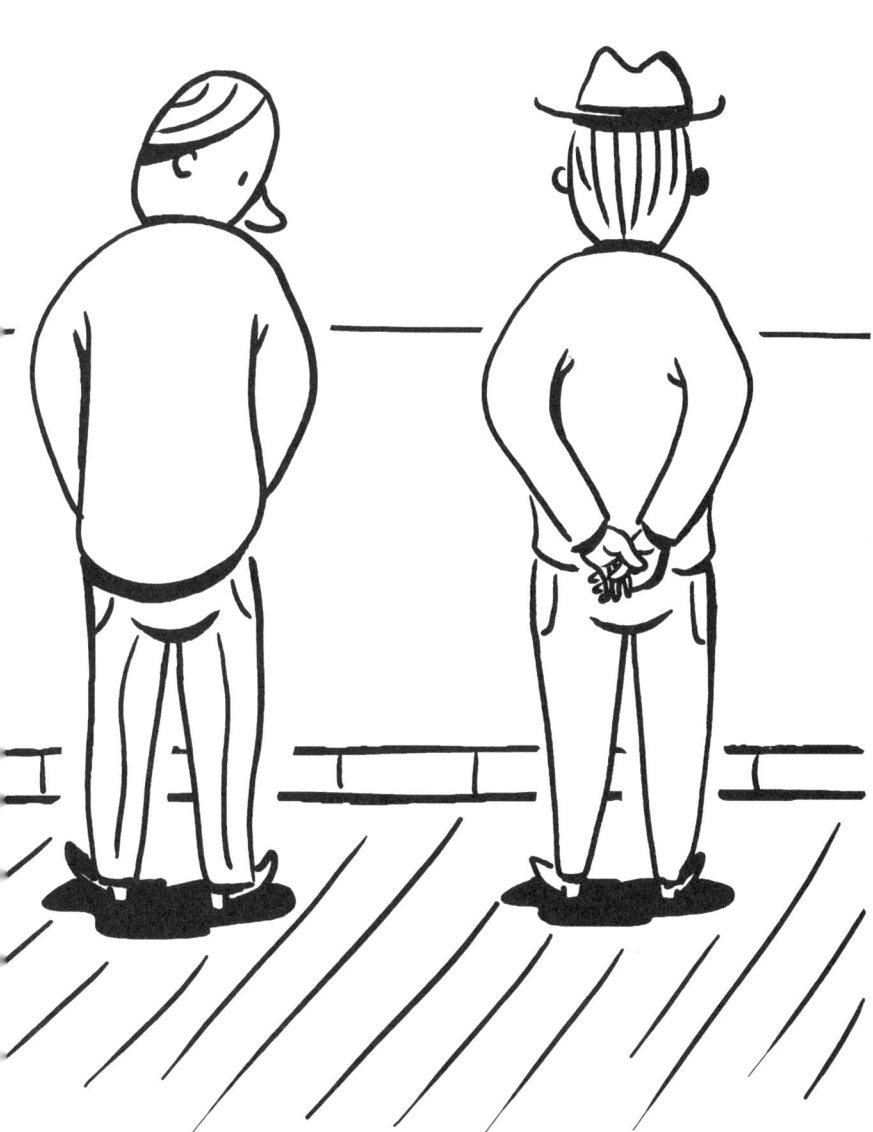

keine Rolle. Die großen Primaten tauschen sich «hauptsächlich visuell und akustisch» aus, sagt der Zoologe Alexander Sliwa vom Kölner Zoo. Dass Männer so gerne gegen Gebüsche oder Bäume pinkeln, geht wohl eher auf anerzogene Scham zurück, landläufig auch gute Erziehung genannt. Nicht jeder gewährt anderen halt gerne freien Blick auf sein Geschlecht.

Eines aber kann als gesichert gelten: Das Männchen der weltbeherrschenden Primatenart zieht es vor, wenn es beim Einnässen eines Pinkelbeckens mutterseelenallein ist. Am liebsten hat der Menschenmann die freie Auswahl und bleibt dann eine Weile ungestört. Unwillig, aber noch immer souverän meistert er seine drängende Aufgabe, wenn eines der drei aufgehängten Urinale besetzt ist, denn dieses ist mit an Sicherheit grenzender Wahrscheinlichkeit nicht das mittlere, sodass sich ein weiterer Außenplatz bietet. Wenn aber für den Hinzutretenden nur der Mittelplatz übrig bleibt, könnten unsichtbare Sozialpsychologen immer wieder Ausweichverhalten verschiedenster Ausprägung beobachten. So werden manche Männer so tun, als hätten sie sich in der Tür geirrt, und den Toilettenraum schnurstracks unter dem Ausruf «Na, so was!» wieder verlassen. Andere kriegen die Kurve insofern, als sie geschmeidig zu den abschließbaren Toilettenkabinen abdrehen. Eine dritte Gruppe wird sich lediglich die Hände waschen, nicht selten so gründlich, dass in der Zwischenzeit ein Urinal frei wird, wobei die Händereiniger dann so tun müssen, als fiele ihnen dummerweise erst jetzt ein, dass sie ja auch noch Harn ablassen müssen. Und ja, dann sind da auch noch jene Männer, denen es noch nie etwas ausgemacht hat, sich zwischen zwei Geschlechtsgenossen zu erleichtern. Und wenn doch, lassen sie sich nichts anmerken.

Unter den Ausweichenden sind auch Männer mit einer speziellen sozialen Phobie, die Fachleute als Paruresis bezeichnen und der Volksmund als «schüchterne Blase». Betroffen sollen etwa sieben Prozent der Menschen sein, doch «genaue Zahlen liegen derzeit nicht vor, da diese Störung bislang kaum erforscht wurde und die Symptome bei allgemeinen Studien nicht abgefragt werden», heißt es auf einer guten Informationsseite über das Leiden im Netz.[178] Außerdem dürften gerade die Betroffenen den Weg zu einem Arzt oder Psychologen scheuen. Männer sollen etwa 90 Prozent der Paruretiker ausmachen. Wie bei den betroffenen Frauen gibt es auch unter ihnen welche, die es selbst in verschließbaren Kabinen nicht wagen, sich zu erleichtern, nur um andere Toilettennutzer von missliebigen Geräuschen und Gerüchen zu verschonen. Dass unter Paruresis vor allem sehr angepasste Menschen leiden, die unter keinen Umständen auffallen wollen, nimmt nicht sonderlich wunder.

Der Kölner Psychotherapeut Philipp Hammelstein gilt als intimer Kenner des Phänomens. In einem Fachbeitrag schildern er und zwei Kollegen einen Betroffenen, der es lange Zeit nach Möglichkeit vermied, öffentliche Pissoirs zu nutzen, weil er dort nicht mehr pinkeln konnte oder jedenfalls nur dann, wenn ihn höchstwahrscheinlich niemand dabei stören würde. Man kann sich weder die seelische Not der Betroffenen vorstellen noch das Ausmaß der Vorkehrungen, die sie treffen, um dem für sie so peinlichen Gang auf öffentliche Toiletten auszuweichen. So bleiben sie sogar unter Ausreden längeren Veranstaltungen fern, denn dort könnten sie ja gezwungen sein, ein Urinal zu benutzen, wenn die Toilettenkabinen allesamt belegt sind. Bei manchen Paruretikern fließt der Harn immerhin nur verzögert, doch in «behandlungsbedürftigen Fällen besteht ein völliges Unvermögen, außerhalb der eigenen Wohnung Wasser zu lassen»,[179] was den Handlungsspielraum immens einschränkt.

Verstört seit der Kindheit

Der im Fachaufsatz geschilderte 29-Jährige konnte zum Glück in der Therapie die wahrscheinliche Ursache seiner Urinierangst schildern, und der Sachverhalt ist ein ebenso schönes wie schlimmes Bei-

spiel dafür, wie unbedachte Äußerungen von Kindern oder Jugendlichen über einen der ihren beklemmende Folgen haben können:
Während der Pubertät hatte der Patient in einer Jugendmannschaft
gekickt, in der es zur Gewohnheit geworden war, um die Wette zu
pinkeln. Dabei hatte er zum ersten Mal Probleme, auf Anhieb Harn
abzulassen, was die anderen Jungs verächtlich kommentierten. So
nahm das Unheil seinen Lauf. Denn typischerweise verkrampfen
Betroffene mit der Zeit immer mehr, und das buchstäblich: Denn
statt sich zu lösen, bleibt bei ihnen der Schließmuskel der Harn-
blase angespannt, wenn sie Urin ablassen wollen. Im beschriebenen
Fall war die Folge, dass der gehemmte Junge in Konflikt mit seinen
Vorstellungen von Männlichkeit geriet, ganz nach dem Motto: Ein
richtiger Mann muss doch pinkeln können! Wenn sich Zweifel an
diesem Vermögen erst einmal im Hirn festsetzen und dort mit der
gefürchteten Situation des öffentlichen Harnlassens verknüpft werden, was unweigerlich geschieht, dann hat die Phobie gute Chancen, zum Dauerproblem zu werden. Später, im Job, fürchtete der
junge Mann, im Beisein eines Kollegen die Bürotoilette benutzen
zu müssen. Den dort auftretenden Konflikt beschrieb er als Furcht,
in einem «Männlichkeitskampf» zu unterliegen, da er annahm, ein
Mann wolle «durch das Urinieren sein Revier abstecken». Indem
er in der Verhaltenstherapie lernte, seine Vorstellungen von Männlichkeit zu verändern und schrittweise im Beisein eines Therapeu-
ten den Weg in Pissoirs zu wagen, besserte sich seine «psychogene
Urinationsstörung» deutlich.

Doch noch einmal: Ansatzweise kennen viele Männer das Problem. Immerhin wird hier ein intimer Vorgang, für den viele
Menschen selbst zu Hause die Badezimmertür verriegeln oder
wenigstens schließen, öffentlich gemacht. «Hier wirken sich sicher
persönliche oder kulturell bedingte Schamgrenzen aus», sagt der
Berliner Sozialwissenschaftler Klaus Schwerma, Autor des Buchs
«Stehpinkeln. Die letzte Bastion der Männlichkeit?» Ihn wundert

ohnehin, dass noch immer viele Gaststätten-Inhaber oder andere Betreiber von Gemeinschaftsurinalen «offenbar davon ausgehen, dass Männer beim Pinkeln keinen Scham-Raum brauchen». Frauen hingegen können sich fürs große wie fürs kleine Geschäft in eine abschließbare Kabine zurückziehen, auch wenn das für sie des Öfteren längere Wartezeiten mit sich bringt.

Es geht hier nicht um ein Kinkerlitzchen: Stellt sich ein Mann neben einen bereits urinierenden, kommt das nach Ansicht des Evolutionspsychologen Harald Euler dem «Eindringen einer fremden Person in den persönlichen Raum» gleich. In engen Toilettenräumen wird dabei sogar die heikle Intimzone verletzt; das heißt, der Abstand von etwa einem halben Meter wird unterschritten. Noch heikler wird die Sache dadurch, dass der Fremde ebenfalls sein Glied entblößt, also plötzlich zwei Männer dicht an dicht etwas tun, was ansonsten tabu ist – außer natürlich, beide wären homosexuell und wollten einander näherkommen. Hier lohnt ein genauer Blick: Kaum etwas weisen heterosexuell veranlagte Männer so empört zurück wie den geäußerten Verdacht, sie begehrten ihresgleichen. Frauen sind da gelassener. «Sie sind in ihrer Sexualität offener, machen auch schon mal lesbische Erfahrungen, ohne eigentlich lesbisch zu sein», sagt Eulers Fachkollege Benjamin Lange. Vermutlich auch deshalb haben die meisten Frauen kein Problem damit, Toiletten gemeinsam aufzusuchen, oder tun es gar gezielt. Bei Männern ist dies, gelinde gesagt, äußerst unüblich. Man stelle sich nur einen Wirtshauszecher vor, der seinen Kumpel am Tresen munter fragt, ob dieser ihn zum Pissoir begleiten möchte! Nicht nur wollen Männer hier keine blöden Frotzeleien provozieren; sie neigen Lange zufolge auch dazu, «miteinander um Potenz, Macht, Status und Stärke zu rivalisieren», viel deutlicher jedenfalls als Frauen. Wer Geschlechtsgenossen «eher als Konkurrenten» erlebt, der verabredet sich nicht mit ihnen zum gemeinsamen Toilettengang – und mag es auch nicht, bloß einen halben Meter von ihnen entfernt den Hosenschlitz zu öffnen. Insofern könne das Rivalisieren «bei der Scheu, nebeneinander zu urinieren, eine Rolle spielen», sagt Lange, räumt aber ein, dass bei diesem Thema «sehr viel Spekulation im Spiel» sei. In der Regel hätten solche Verhaltensweisen «immer sowohl biologische als auch soziale Ursachen, sind also nie nur angeboren oder nur anerzogen».

Das ist doch ein schöner Kompromiss. Und noch besser ist, dass in jüngerer Zeit vermehrt Sicht- und Spritzschutzbretter zwischen den Urinalen angebracht worden sind. Dank dieser Schamwände hat jeder ein halbwegs geschütztes Plätzchen und kann den Dingen ein wenig entspannter ihren nötigen Lauf lassen.

Wieso die Wand im Rücken uns beruhigt

Mit dem Rücken zur Wand zu stehen, gilt nicht gerade als gemütlich. Auszubüxen ist nicht mehr möglich, man ist in größter Bedrängnis, und die Lage erscheint ausweglos. Was noch bleibt, ist die Flucht nach vorne, auch wenn von dort der Feind anrückt. Wer andere an die Wand drängt, muss also mit verzweifelter Gegenwehr rechnen. Sonderbar nur, dass wir uns in Gasthäusern ganz anders verhalten: Dort halten wir gezielt Ausschau nach Tischen, die es uns gestatten, mit dem Rücken zur Wand zu sitzen. Umweltpsychologen wissen, dass Menschen gerne Plätze wählen, «von denen sie einen geschützten Ausblick auf den umgebenden Raum haben». Freie Tische im Zentrum «werden in der Regel zuletzt besetzt».[180] Unser Gesichtsfeld hat nur einen Winkel von etwa 180 Grad, sodass wir nur etwa die Hälfte des Raumes sehen können – und damit auch keine Gefahren, die sich von hinten nähern. Die Wand im Rücken kompensiert diesen riesigen blinden Fleck. Fliegen hingegen schaffen dank ihrer Facettenaugen die Rundumsicht nahezu komplett, Frösche mit ihrem Gesichtsfeld von 330 Grad immerhin zu über 90 Prozent. Zu dumm, dass sie Restaurants und Gasthäuser eher meiden, Frösche zumindest lebend. Nicht nur fänden sie stets freie Tische in der Raummitte; sie würden sich dort auch noch wohl fühlen.

Menschen verhalten sich bei der Tischwahl bisweilen sonderbar. Vor Jahren fiel mir in einer Betriebskantine ein Neuling auf, der seit seiner Ankunft einige Tage zuvor stets denselben Platz eingenommen hatte: Er saß in einer hellen Ecke mit Fenstern und einer gekennzeichneten Notausgangstür. Genau hinter ihm befand sich jedoch keine Fensterscheibe, sondern ein etwa zwei Meter breites Stück gemauerte Wand. Als ich ihm zurief, er habe offenbar seinen Stammplatz gefunden, doch warum bloß ausgerechnet dort, antwortete er strahlend: «Hier habe ich den Rücken frei und sitze auch noch gleich neben dem Fluchtweg!» Der Mann verstand offenbar etwas von räumlicher Psychologie – und blieb seinem Platz auch später treu. Normalerweise jedoch lässt unsere Vorsicht bei der Platzwahl in dem Maße nach, wie wir mit der Lokalität vertraut sind. Wer bei seinem Lieblingsitaliener schon einige hundert Mal erfolgreich zu Mittag gegessen und dies stets überlebt hat, wird keine weichen Knie bekommen, wenn alle Plätze an den Wänden des Raumes besetzt sind.

Interessant wird es, wenn man Menschen den Fluchtweg abschneidet oder ihn blockiert. Ein maliziöser Personalchef, der es darauf anlegt, den Kandidaten für eine Position maximal zu verunsichern, wird diesem einen Sitzplatz verwehren, vom dem aus die Bürotür mit wenigen Schritten ungehindert zu erreichen ist. Je tiefer er den Kandidaten in sein Büro hineinzieht, desto unsicherer wird der Aspirant auf die freie Stelle, denn umso weiter entfernt ist der rettende Ausgang. Wer den Bewerber noch nervöser machen möchte, setzt sich selbst zwischen diesen und die Tür. So versperrt er dem ohnehin Angespannten also auch noch sichtbar den Fluchtweg. All das ist zwar nicht nett und keineswegs zur Anwendung empfohlen, aber sehr wirksam. Und es lässt sich erklären: «Gesellschaftlich zu versagen, also zum Beispiel bei einer Rede vor Publikum oder bei einem Vorstellungsgespräch, ist für die meisten Menschen mit starker Angst verbunden», sagt der Evolutionspsychologe Benjamin Lange.

Bewerber haben es schon deshalb nicht leicht, weil sie nicht nur irgendwen überzeugen müssen, sondern den Geschäftsführer, Personalvorstand oder Vorstandsvorsitzenden, und das auch noch in dessen Büro. Während also der mögliche künftige Vorgesetzte in seinem alltäglichen Revier agiert, befindet sich der Bewerber in maximal unvertrauter Umgebung. «Das ist eine Situation, aus der die meisten am liebsten flüchten würden, was man aber natürlich nicht darf. Und so etwas stresst umso mehr, je deutlicher der mögliche Fluchtweg verbaut ist.» Wer sich indes für cool hält und die angebotene Stelle nicht unbedingt braucht, könnte dem Chef Folgendes vorschlagen: «Wissen Sie was, Herr Dr. Suhrbier? Wir tauschen einfach mal die Plätze. Sie stellen mir schüchtern Ihre Fragen, und ich grille Sie mit meinen Antworten.» Wahrscheinlich bekommt man so zwar den Job nicht, aber es wäre ein unvergesslicher Auftritt, von dem beide Beteiligte noch lange erzählen würden.

Warum Ruhebänke am Waldrand stehen

Kann man den touristischen Erlebniswert einer Landschaft objektiv messen, etwa so wie die Schuhgröße? Im Jahr 1967 hat der Landschaftsplaner Hans Kiemstedt, später Professor an der Universität Hannover, ein vieldiskutiertes Verfahren präsentiert, mit dem genau das annähernd gelingen sollte. Die Messgröße nannte er den Vielfältigkeits- oder V-Wert.[181] Sollte eine Landschaft als besonders abwechslungsreich gelten, durfte sie nicht völlig eben sein und musste viele klar erkennbare Übergänge zwischen Wäldern, Feldern, Wiesen und Gewässern aufweisen. Anders ausgedrückt: Ihr V-Wert war hoch, wenn sie über zahlreiche sogenannte Randeffekte verfügte, zum Bespiel als Folge eines Bachlaufs oder einer langgestreckten Hecke. Kiemstedt sah in solchen Landschaftsrändern aber nicht nur Kennzeichen von Vielfalt, sondern «einfach Merkmale der Benutzbarkeit des Raumes, weil sie Anlehnung und Rückendeckung bieten, oft noch in Verbindung mit günstigen kleinklimatischen Bedingungen», womit er zum Beispiel die schattige Kühle einer Allee meinte.[182]

Je mehr Ränder also, desto interessanter und nützlicher für Urlauber das Gelände. Eine Zeitlang war Kiemstedts Ansatz in der Landschaftsplanung beliebt, denn in den 1960er und 1970er Jahren galt es als modern, auch kaum Messbares zu quantifizieren und in Rechenformeln zu pressen. In Landschaftsplänen aus jenen Jahren finden sich heute befremdlich wirkende Aussagen; in jenem der rheinland-pfälzischen Verbandsgemeinde Glan-Münchweiler von 1973 heißt es zum Beispiel: «Der V-Wert des Planungsgebietes beträgt 5.0.» Oder: «Ein Gewässerrand von ca. 10 km Länge würde den V-Wert des gesamten Planungsgebietes von 5.0 auf 5.5 anheben.» Hoffnungsfroh stand dort sogar: Mit einem «V-Wert von etwa 6.0 ... würde sich das Planungsgebiet ... einwandfrei als Naherholungs- und Fremdenverkehrsgebiet qualifizieren».[183]

Natürlich mussten die Urlauber in Glan-Münchweiler den V-Wert nicht selber berechnen oder abschätzen können; sie brauchten auch nichts über Randeffekte zu wissen. Für sie reichte es, sich beim Anblick der Wälder und Felder im Landkreis Kusel gut zu erholen und die Landschaft irgendwie ansprechend zu finden. Gerne genießen Wanderer schöne Anblicke von einer Ruhebank aus, oft verbunden mit einem Imbiss aus dem Rucksack. Solche Sitzmöbel stehen mit großer Wahrscheinlichkeit am Waldrand. Wanderer lieben das, auch wenn ihnen die Gründe dafür in der Regel nicht bewusst sind. Doch Bänke am Waldrand bieten gleich zweierlei: Aussicht ins Freiland *und* eine Fluchtchance ins rückwärtige Dickicht. Für unsere frühen Vorfahren konnte das lebensrettend sein. Dasselbe galt für ein Verhalten, das viele von uns heute noch zeigen, wenn wir aus dem dichten Wald kommen und als Nächstes auf ein freies Feld oder eine Lichtung treten müssten: Wir bleiben erst einmal stehen und verschaffen uns einen Überblick. Wir sondieren die Lage, auch wenn so mancher von uns das auf Nachfrage eher als «Genießen der Aussicht» oder «kleine Verschnaufpause» bezeichnen dürfte.[184]

Der wahre Grund ist ein altes Erbe: Unsere Vorfahren konnten es nicht riskieren, einfach aus der Deckung zu treten und sich auf offenes Grasland zu begeben. Einem lauernden Raubtier oder anderen Feinden hätten sie sich dadurch wie auf dem Präsentierteller dargeboten. Besser also, sie hielten erst einmal in Ruhe Ausschau, ob irgendwo eine Gefahr zu erkennen war. Gut auch, sie entdeckten einen kleinen Baumhain, ein paar Felsen oder ein dichtes Gebüsch auf der Lichtung. Das alles hätte beim Queren der freien Fläche quasi als Trittstein dienen können, der wieder etwas Sicherheit bot. Dort konnten unsere Altvordern erneut nach allen Seiten Ausschau halten, bevor es weiterging. Nicht anders verhalten sich bis heute Wildtiere, aber auch Hauskatzen, wenn sie auf der Straße von Auto zu Auto huschen. Selbst unser Unbehagen, völlig menschenleere Plätze zu überqueren, gerade in fremden Städten oder nachts, ist eine alte Angst. Lieber machen wir einen kleinen Umweg und umlaufen die Freifläche entlang der Hausfassaden, selbst wenn deren Türen verschlossen sind. Was natürlich dumm ist, denn so kann der Steinzeitmensch in uns keine rettende Höhle finden.

Was uns auf Gipfel lockt

Die Berge kommen immer mehr in Mode. Jeder neue Skilift und jede zusätzliche Seilbahn erleichtern den einst so mühsamen Anstieg und begünstigen fragwürdige Massenveranstaltungen wie Popkonzerte oder Modenschauen in 2000 Metern Höhe. Schon vor 25 Jahren forderten deshalb besorgte, vielleicht auch verzweifelte Naturschützer, Berghütten und Zufahrtswege verfallen zu lassen und so «vor den Alpen wieder die Barriere des Schweißes zu errichten».[185] Wer die Bergwelt genießen wolle, müsse also bereit sein, sich anzustrengen. Das allerdings hätte den aktuellen Zustrom von Menschen lediglich gemindert. Denn viele wollen durchaus Schweiß vergießen, wenn auch nicht in Sturzbächen, sondern bei einem «gemütlichen Aufstieg über 700 oder 800 Höhenmeter», an dessen Ende eine «phantastische Aussicht» lockt – so beschreibt Stefan Winter vom Deutschen Alpenverein den Herzenswunsch der meisten Bergwanderer. Am Ziel angekommen, freuen sich die Keuchenden über eine urige Hütte «oder wenigstens eine Alm, in der man ein Speck- oder ein Kasbrettl kriegt»[186] und natürlich ein Bier. Zwar lieben viele rüstige Rentner die Alpen, doch insgesamt werden die Freunde der Berge immer jünger. «Selbst das Bergwandern hat das Bundhosen- und Wadlstrumpf-Image längst abgelegt», findet der Geograph Michael Pröttel, der zum Vorstand der Organisation «Mountain Wilderness Deutschland» gehört. «Es sind immer mehr junge Leute um die 20 oder 25 unterwegs, sei es zu zweit oder in Gruppen, auf leichten Wanderwegen genauso wie auf Klettersteigen.» Noch vor 30 Jahren sei so etwas «unvorstellbar» gewesen.[187]

Was bloß treibt die Leute in Scharen die Hänge hoch? Und was zwingt einen kleinen Teil von ihnen sogar hinauf in die Todeszone eisiger Gipfel? Der französische Mathematiker und Physiker Blaise Pascal (1623–1662) schrieb einmal, alles Unglück von uns Menschen rühre daher, dass wir es nicht aushielten, «in aller Ruhe in unserem Zimmer zu bleiben».[188] Gäben wir uns nämlich damit zufrieden, ließen sich nicht nur Kriege verhindern. Wir könnten uns auch selber viel Schmerz und Leid ersparen. Doch auf einem seiner rund tausend hinterlassenen Zettel, die er «Gedanken» nannte, schrieb der naturwissenschaftlich geschulte Philosoph eben auch: «Das Herz hat seine Gründe, die der Verstand nicht kennt.»

Nur so lässt sich verstehen, warum am frühen 18. Juli 1936 vier Männer zur Eiger-Nordwand aufbrachen, um die 1650 Meter hohe, fast senkrechte «Mordwand» als Erste zu bezwingen. Die Deutschen Toni Kurz und Andreas Hinterstoißer sowie zwei Österreicher ließen dabei in der Felswand ihr Leben. Kurz starb am 22. Juli gegen 11:30 Uhr, an einem Seil hängend, mit dem der Halberfrorene sich noch zu einem Rettungstrupp hatte herunterlassen wollen. Doch der Knoten eines Verlängerungsseils verfing sich in einem Karabinerring, sodass es blockierte und der Berchtesgadener nur wenige Meter über den Köpfen seiner möglichen Retter baumelte. Dort starb er bald. Seine letzten Worte sollen «I ka nimmer» gewesen sein. Dass er nicht mehr konnte, war nach all den fürchterlichen Stunden im eisigen Sturm und angesichts seiner Wunden und Erfrierungen mehr als verständlich. Weniger klar ist, warum Menschen überhaupt ihr Leben riskieren, um einen Gipfel zu erklimmen.

Rufende Berge

Der Bergsteiger, Schauspieler und Regisseur Luis Trenker fand darauf eine legendäre Antwort, die er 1938 zum Titel seines Spielfilms über die Erstbesteigung des Matterhorns machte: «Der Berg ruft.» Doch warum ruft er und vor allem: wen? Dem Ruf folgen jedenfalls nicht nur Verrückte und Abenteurer. Der Brite George Mallory, der 1924 beim Versuch umkam, den Mount Everest zu erklimmen, hat einmal geäußert, er klettere auf Berge einfach deshalb, weil sie da seien. Das könnte ein Beweggrund für viele Millionen Erdenbürger sein, «aber die Mehrzahl der Menschen besteigt die Berge eben

nicht», gibt Peter Grupp zu bedenken.[189] Der Historiker ist selber Bergsteiger und weiß nur zu gut, dass die Bewunderung für die Besseren der Kraxler vermischt ist mit Unverständnis für ihren Antrieb. «Man erschauert vor den Risiken und Wagnissen, die herausragende Alpinisten eingehen, versteht ihr Tun aber eigentlich nicht.» Auch Menschen, die nur ab und an ihre Bergstiefel schnüren und sich mit Steigeisen, Karabinern und Seilen in den Felswänden nach oben stemmen und ziehen, begleite der Ruf, ziemlich «seltsame Gesellen» zu sein. Jedenfalls sei es bisher «noch keinem Bergsteiger gelungen», einem Flachlandtiroler seine Motive «wirklich plausibel zu machen».[190] Versuchen wir es dennoch.

Lange bevor die ersten Seilschaften die Gipfel ins Visier nahmen, galten diese als Sitze von Gottheiten – längst nicht nur in Europa. Gebirge seien «als Orte, wo sich Himmel und Erde berühren, von einer religiösen Aura umgeben», schreibt Grupp in seinem Buch über das Aufkommen des Alpinismus. Wo Sterbliche nur mühsam hingelangen, muss man den Göttern einfach nahe sein. Dies ahnend, zogen sich bereits die Menschen der Stein- und Bronzezeit «für kultische Handlungen in unzugängliche Berggegenden zurück».[191] Seit damals residieren die Götter auf den Gipfeln der Erde. Zeus und die anderen Hauptgottheiten der griechischen Mythologie wohnten auf dem fast 3000 Meter hohen Olymp. Die Japaner verehren bis heute den Fujiyama und die australischen Ureinwohner den nicht minder berühmten Uluru (Ayers Rock). Moses empfing von Gott die Zehn Gebote nicht in einem lieblichen Tal, sondern auf dem Berg Sinai. Mancherorts krallen sich sogar Klöster in die Felswände oder thronen auf Vorsprüngen: Der Berg Athos ist ein Beispiel dafür, aber auch die irische Felseninsel Skellig Michael, auf der ab dem späten 6. Jahrhundert n. Chr. Mönche in bienenkorbförmigen Steinhütten hausten, gepeitscht von Wind und Wetter und vom Atlantik umtost. Asketische Einsiedler passten seit jeher gut zum harten Leben auf dem nacktem Fels.

Auch die Alpen wurden von früheren Kulturen als heilig gepriesen, wirkten aber auch unheimlich. Bergdrachen, Geister und Dämonen schienen dort ihr Unwesen zu treiben, wo immer wieder der Donner durchs Gebirge grollte, Gletscher ächzten und Sturmgeheul die Nerven plagte. Besser also, man hielt sich fern davon. Außer freilich, man wollte Gott im Himmel möglichst nahe sein, so teuflisch der Aufstieg auch sein mochte. Der Altpfarrer des Südtiroler Bergdorfs Sulden, Josef Hurton, nahm oben auf der Spitze des über 3900 Meter hohen Ortlers einem Studenten aus dem italienischen Vicenza vor Jahren die Beichte ab. «Ich sagte, so einen Beichtstuhl findest du nirgends auf der Welt!», erzählt der Geistliche.[192] Es war eine luftige Abbitte, ganz nahe beim Schöpfer, und wer dafür empfänglich ist, zu dem springt der göttliche Funke auf Bergen wie dem Ortler besonders leicht über.

Lohn der Mühe

Zu jeder Zeit gab es freilich Menschen, die den mühsamen Gang ins Gebirge wagten, auch ohne dass eine Arbeit in den Bergen sie dazu zwang oder die Suche nach Gott sie trieb. So mancher forscht in der Höhe eher nach einem verborgenen Lebenssinn oder nach einer anderen Sicht auf sich selbst. Sieht man vom verständlichen Hochgefühl ab, das auch bequemere Menschen ergreift, wenn sie nach einer Seilfahrt mit der Bergbahn über die Spitzen eines Gebirges schauen, dürfte hier der Schlüssel zur Antwort nach dem Motiv so vieler Alpinisten zu finden sein: Wer sich die Strapazen und Lebensrisiken des Kletterns aufbürdet, sucht das Eigentliche womöglich weniger auf Gipfeln als in der Tiefe seiner Persönlichkeit, seltener auch in ihren Abgründen. Stets aber gilt es beim schweißtreibenden Aufstieg, die eigene Bequemlichkeit und eine ganze Meute innerer Schweinehunde niederzuringen. «Wir wünschen uns, dass das Glück uns in den Schoß fällt, und sind doch am meisten stolz auf das, was wir unter Mühen und Entbehrungen erreichen», urteilt der Bergführer und Psychotherapeut Martin Schwiersch aus dem Allgäu. Die Aussicht von einem per Seilbahn erreichten Gipfel «mag uns überwältigen, der eisige Wind dort oben frösteln lassen, doch können wir uns keiner Leistung rühmen». Fürs wahre Gipfelgefühl müsse die Bergspitze aus eigener Kraft erreicht werden.[193]

Nicht nur für die Kraxler auf diversen Karriereleitern, sondern auch für Bergsteiger geht es ganz schnöde darum, nach oben zu kommen. «Oben und unten sind zentrale existenzielle Verortungen des Menschen, zumindest in unserer Kultur», sagt Schwiersch. Wer oben anlange, gelte als stark und mutig, reif und souverän, mächtig und intelligent. Der Gipfelstürmer hat schlagartig seinen Selbstwert gesteigert, was mitunter als orgastisches Gefühl von Präsenz, Kraft und Lebensfülle erlebt werde. Die triumphale Körpersprache in solchen Momenten ist dem Fernsehpublikum nur allzu gut bekannt: gereckte Hände, Daumen und Eispickel, Umarmungen sowie das gespreizte V aus Mittel- und Zeigefinger als Siegeszeichen.

Skurrile Züge trägt bisweilen der Ansturm so vieler verbissen siegeswilliger Menschen hinauf zur felsigen oder eisigen Spitze, selbst auf den Mount Everest und andere Achttausender. Manche haken Gipfel ab wie Meilensteine beim Marathon. Es zählt nicht das Klettern, sondern das Ankommen am höchsten Punkt, und koste es das Leben während des zu spät begonnenen Abstiegs, wie immer wieder im Himalaja. Das Klettern selbst wird zum nötigen Übel, das Erlebnis beim Aufstieg gerät zum Beiwerk. «Dass der Gipfel das Ziel ist, leuchtet einerseits unmittelbar ein», findet Schwiersch. «Aber die Tatsache, dass knappe Verfehlungen des Gipfels als vollständiges Scheitern definiert werden – und zwar sowohl von den Bergsteigern selbst wie auch vom breiten Publikum –, scheint mir ein Auswuchs einer Gesellschaft zu sein, in welcher der Zweite bereits der erste Verlierer ist.»

Stiller sind die weniger spektakulären Gipfel, und auch sie können den Bergsteiger glücklich machen. Das Gewahrsein, sich an einem Ort aufzuhalten, «der die meiste Zeit sich selbst gehört», könne als etwas Heiliges empfunden werden. «Jedenfalls erleben es die meisten Menschen als ungebührlich, auf einem Gipfel dauernd zu lärmen.» Typisch sei dort oben eine gedämpfte Atmosphäre: «selten ein lautes Wort, eher dosierte Gesten, keine hektischen Bewegungen, eher sitzen, schauen, zurückhaltend miteinander reden, wenig lautes Lachen». Dann endlich ist Zeit, die Augen umherwandern zu lassen. Die Aussicht vom Gipfel unterscheidet sich von anderen dadurch, dass sie vollkommen unverstellt ist. Man hat buchstäblich den Überblick und verliert sich ein wenig im Wechselspiel von Weite und Nähe. Dadurch fühle sich der Mensch «zentriert – und damit nicht in den Weiten des unumschränkten Horizonts verloren, wie es vielleicht auf dem Meer sein könnte». Auf das entlegene Tiefland von so erhabener Warte hinabschauen zu können, schaffe «Distanz zum Alltag und den Problemen des Tals» und nähre die «Illusion, ihnen nun besser gewachsen zu sein». Die Enttäuschung folgt freilich auf dem Fuß, sobald man wieder unten ist, bei den Menschen. Dieser Seelenschmerz wird Schwiersch zufolge «am besten durch eine neuerliche Bergtour gelindert».

7. Wonach wir uns richten können

Es ist erstrebenswert zu verstehen, was einem guttut, wo man sich sicher fühlt und wodurch man sein Dasein behaglicher machen kann – oder für seine Kundschaft interessanter. Denn dann kann man eingreifen in den Strudel, der sich Leben nennt. Wir sind längst nicht immer Opfer der Umstände, im Grunde sogar selten, auch wenn es natürlich vorkommt.

Nur ein Beispiel: Ihr Büro mag trist aussehen, doch das brauchen Sie nicht auszuhalten, zumindest nicht in einem Unternehmen, das zufriedene Mitarbeiter lieber sieht als mürrische. Keine dumme Idee, einen Wandkalender mit hübschen Blumen- oder Waldfotos aufzuhängen. Oder Bilder Ihrer Kinder. Vielleicht sollten Sie auch Ihren Schreibtisch näher ans Fenster rücken und die Mittagspause im nahen Stadtpark verbringen. Wunder wirkt das wahrscheinlich nicht, aber es dürfte Sie entspannen und beruhigen. Und das ist sehr viel besser als nichts.

Warum wir Stau-Hinweise ignorieren können

In einen Stau zu rasseln, nervt mächtig. Und immer verschulden «diese vielen Autos da vorne» das zeitraubende Ärgernis; man selber wird bloß aufgehalten. Im Stau zu stehen, sei ein «starkes Frustrationserlebnis», findet der Dresdner Verkehrspsychologe Bernhard Schlag. Sein Kölner Fachkollege Gerd Pfeiffer spricht sogar von einem «Ohnmachtserlebnis».[194] Und da der Verkehr auf Deutschlands Straßen eher noch dichter werden wird, dürfte den Autofahrern nur eines bleiben: sich mit der Plage zu arrangieren. Es sei denn, sie wären bereit, ihre Motorkutsche abzuschaffen oder fallweise stehen zu lassen und stattdessen zu radeln oder mit Bussen und Bahnen zu fahren. Doch das wollen vergleichsweise wenige von ihnen, zumindest nicht wochentags. Denn sie lieben das Wohnzimmer auf Rädern, in dem sie nach Belieben rauchen, schimpfen oder laute Musik hören dürfen.

Mit gehörigem Aufwand hat sich die Wissenschaft des Stauphänomens angenommen. Verkehrsexperten verstehen inzwischen sogar, wie Staus selbst aus dem Nichts entstehen können, ohne die Folgen von Unfällen oder Baustellen zu sein. Die Hauptursache sind überreagierende Fahrer: Der erste Wagenlenker bremst plötzlich ab, weil er zu dicht auf den Vordermann aufgefahren ist oder gerne ein wenig genauer die Folgen des Unfalls auf der Gegenfahrbahn begaffen möchte. Der nachfolgende bremst etwas kräftiger, worauf der dritte noch heftiger in die Eisen geht, bis schließlich jemand gezwungen ist, sein Auto anzuhalten. So beginnt der selbsterzeugte Stau 15 bis 20 Fahrzeuge vor dem ersten, das zum Stehzeug wird, ohne dass sein Fahrer den Grund dafür erkennen könnte. Die genaue Zahl hängt natürlich von der Fahrgeschwindigkeit der Beteiligten ab, «doch typischerweise sind es auf unseren Autobahnen mindestens 15 Autos», sagt der Kölner Verkehrsforscher Andreas Schadschneider. Ursächlich für solche Staus ist der fehlende Anreiz, vorausschauend zu fahren. Wer zu dicht aufschließt und deshalb abrupt bremsen muss, verursacht den Stau zwar, doch bekommt er ihn selber gar nicht zu sehen. Man wird also «für sein eigenes Fehlverhalten nicht bestraft und hat somit keinen Anreiz, sein Verhalten zu ändern».

Stockt der Verkehr erst einmal, lauschen die Autofahrer begierig den Stau-Durchsagen im Radio oder folgen den Umleitungsvorschlägen ihrer Navigationsgeräte, die inzwischen ebenfalls Blockaden melden können, wenn auch nur bereits entstandene. Das Problem dabei: Wenn zu viele Fahrer die empfohlene Alternativroute wählen, staut sich der Verkehr bald dort, während der anfänglich gemeldete Pfropf sich womöglich munter auflöst. Erst wenn es gelänge, nur einem Teil der Kraftfahrzeuge eine oder auch mehrere mögliche Ausweichstrecken anzuraten, würden alle Straßen optimal ent- oder belastet. Genau in diese Richtung geht die nicht mehr ganz neue Idee von «Greenway», einem Zusatzprogramm für Alleskönner-Handys, das Studenten aus Hannover und Bielefeld erfunden haben. «Normale Navigationsgeräte können auf Verkehrsbehinderungen nur reagieren, wenn es schon zu spät ist», sagt der Informatiker Christian Brüggemann, einer der findigen Köpfe. «Außerdem leiten sie die Autos dann alle auf die gleiche Route um, und es entsteht weiteres Chaos.» Greenway hingegen berechne «für jedes Auto eine individuelle Strecke und schickt nur so viel Verkehr auf eine bestimmte Straße, wie von dieser bewältigt werden kann».[195] Das Programm handelt also wie von einer höheren Warte aus und lenkt die Verkehrsteilnehmer rechtzeitig so um, dass nirgends zu viele mit ihren Karossen aufkreuzen. Im Idealfall würden Staus so erst gar nicht entstehen. Das klingt einleuchtend und äußerst vielversprechend, muss sich in der Praxis aber erst noch bewähren. Und damit die Sache funktioniert, müssten mindestens 10 Prozent aller Kraftfahrer das inzwischen preisgekrönte Programm auch wirklich nutzen.

Vorerst müssen die Gewohnheiten der Asphaltpiloten möglichst gut in Simulationsprogramme für Staus einfließen, um abschätzen zu können, wie die Wagenlenker typische Stau-Infos verarbeiten. Mit diesem Problem kennt sich Michael Schreckenberg von der Universität Duisburg-Essen so gut aus wie kaum jemand sonst hierzulande. Wenn zu viele Informationen auf die Autofahrer einstürmen und die Folgen einer Entscheidung vernebeln, entschieden Menschen «fast intuitiv». Brauchbare Prognosen müssen deshalb neben den bestmöglichen auch unvernünftige oder widersprüchliche Fahrerreaktionen berücksichtigen. Der Mensch ist eben kompliziert.

Zusammen mit dem Bonner Wirtschafts-Nobelpreisträger Reinhard Selten hat Schreckenberg vier typische Reaktionsweisen auf einen Stauhinweis ermittelt.[196] Die größte Gruppe von Auto- und Brummifahrern, immerhin 44 Prozent, verändert offenbar spontan den Kurs. «Das sind die *Sensiblen*, die sofort zusammenschrecken, wenn ein Stau zu erwarten ist», erklärt Schreckenberg diesen Typus. Mit etwas mehr als 40 Prozent fast ebenso groß ist die Gruppe derer, die sich nicht beirren lassen und einfach weiter der für diesen Tag vorgesehenen Route folgen – entweder, weil sie sich für «cleverer halten als jedes Stau-Infosystem», oder weil sie Angst haben, durch Ausweichmanöver verloren zu gehen. Schreckenberg nennt sie die *Konservativen*, weist aber darauf hin, dass diese Wagenlenker nicht unbedingt an jedem Werktag denselben Weg zur Arbeit fahren, sondern montags und dienstags womöglich gute Erfahrungen mit Route A gemacht haben und mittwochs bis freitags besser mit Route B gefahren sind. Interessant ist die dritte Gruppe, die antizyklisch Denkenden, mit einem Anteil von 14 Prozent. Diese *Zocker* folgen der Strategie: «Erstens ist die Meldung bestimmt überaltert, da Staus häufig zwar an-, aber nicht mehr abgemeldet werden.» Und zweitens denken sie, «dass die Warnung bestimmt so viele andere Fahrer abschreckt, dass die Strecke leer sein wird, wenn sie selber dort ankommen». Das klingt schlau, ist es aber längst nicht immer.

Was also sollte man tun? Gut fahren die Konservativen, die sich in ihrer manchmal ausgefeilten Strategie nicht beirren lassen, aber noch besser beraten ist die nur etwa 1,5 Prozent umfassende vierte Gruppe der Fahrer, die sogenannten Stoiker: Stur steuern sie ihr Gefährt immer dieselbe Strecke entlang – komme, was da wolle. «Das Beste ist, bei einer Staumeldung der Ausweichempfehlung nicht zu folgen und einfach weiter wie geplant zu fahren», sagt Schreckenberg, obwohl er natürlich weiß, dass diesem Rat nicht alle Fahrer folgen dürfen, damit er ratsam bleibt. Am übelsten dran sind jedenfalls die schon erwähnten Sensiblen, die beunruhigt von der Autobahn abfahren, nicht selten ohne jede Ortskenntnis.

Die nächste Ausfahrt nehmen sollte man allenfalls dann, wenn die Strecke durch einen schweren Unfall stundenlang und «komplett gesperrt» ist, also nicht nur eine Fahrspur, empfiehlt der Stau-Fachmann. Umleitungsstraßen können im Vergleich zur Autobahn nämlich nur etwa ein Drittel des Verkehrs bewältigen. Wer die Autobahn verlässt, hat zwar das Gefühl, erst einmal in Bewegung zu sein, doch schneller voran kommt er nicht. Selbst ein Stau bewegt sich nämlich im Schnitt mit etwa 10 Kilometern pro Stunde vorwärts. Man muss es nur sehen wollen.

Der Publizist Axel Hacke resümiert den Sachverhalt satirisch so: «Die Einführung der Stau-Meldung war unnütz. Sie führt dazu, dass sehr viele Menschen den Stau umgehen wollen, sodass sich nun auf den Umgehungswegen ein Stau bildet, während der eigentliche Stau sich schneller auflöst, als man dachte. Das Einzige, was vom Stau bleibt, ist die Stau-Meldung, sie wird aber erst Stunden später wieder gelöscht. Die Menschen weichen also Staus aus, die es nicht mehr gibt. Und stehen im Stau.»[197] Man könnte es wohl wissenschaftlicher ausdrücken, aber schöner sicher nicht.

Wie man Warteschlangen den Giftzahn zieht

Selten fühlt man sich so überflüssig wie in einer Warteschlange. Das vielköpfige Reptil lebt in Supermärkten und vor Fußballstadien, fühlt sich aber auch an Kinokassen wohl. Es verspritzt ein Gift, das nicht tötet, aber innerhalb von Sekunden lähmt: Man nennt es Langeweile. Zusätzlich saugt das Schlangentier in kürzester Zeit die gute Laune aus seinen Opfern, erkennbar an missmutigen Blicken, verbissenen Gesichtern und nervösem Treten auf der Stelle. Auch geflucht wird beim Anstehen, vor allem, wenn es nicht vorangeht. Mit 25 anderen Antragstellern vor einem Amtszimmer auszuharren, ist schon schlimm genug, aber ein Pappenstiel verglichen mit der

Plage, als einer von vielen vor einem Behördenschalter zu stehen, hinter dem erkennbar niemand schaltet und waltet. In Super- oder Baumärkten mit acht Kassen kommt ein Spezialproblem hinzu: In welcher Schlange soll man sich anstellen? Die Wahrscheinlichkeit, in der falschen, weil zäheren zu stehen, steigt mit der Zahl der Möglichkeiten. Bei nur zwei Schlangen beträgt die Wahrscheinlichkeit eines Fehlgriffs 50 Prozent, bei fünfen bereits 80 Prozent. Wie wir darauf reagieren, hat auch mit unserem Naturell zu tun: Ungeduldige Menschen hören die Uhr beim Warten schmerzhaft laut ticken; gelassenere nehmen das schwer Vermeidliche einfach hin, wie es oft in Kulturen und Völkern der Fall ist, die weniger unter dem Diktat der Zeitmesser stehen und wo der Bus irgendwann heute kommt, womöglich auch erst morgen, doch jedenfalls nicht exakt um 17:23 Uhr und bitte schön keine Minute später.

Die meisten Menschen jedoch kennen den Stress, den Langeweile hervorruft. Es nervt uns, Zeit zu verschwenden. Wer wartet, dessen Zeit verrinnt zwar nicht schneller als sonst, aber es kommt einem so vor. Es ist, als spürten wir, dass unser Körper nicht nur sinnlos Energie verbraucht, während wir warten, sondern auch Lebenszeit vernichtet wird. Betrachten wir es ruhig mal biologisch: Um möglichst sicher Nachkommen in die Welt zu setzen und somit unser Erbgut weiterzugeben, sollten wir nicht einfach faul in der Landschaft herumliegen, während unsere Mitmenschen jagen, Beeren sammeln und attraktive Sexualpartner becircen. Darüber hinaus wollen wir Dinge tun, die uns sinnvoll erscheinen, unser Hirn beschäftigen und unsere Talente einsetzen, damit andere und wir selber uns achten. Die Psychologen Wijnand van Tilburg und Eric Igou von der Universität Limerick in Irland sprechen von «zentralen menschlichen Bedürfnissen nach bedeutungsvollen und herausfordernden Tätigkeiten», die in langweiligen Zeiten unbefriedigt bleiben und die uns immer dorthin steuern lassen, wo wir endlich wieder mit Interesse bei der Sache sind.[198] Und weil das so ist, kann man mit

Langeweile auch hervorragend Geschäfte machen – auch dort, wo sich Menschen die Beine in den Bauch stehen.

«Wir sehen Warteschlangen auch als Geschäftsfeld», sagt zum Beispiel Miro Gronau, Betriebs- und Service-Leiter im Europapark Rust, Deutschlands größtem Freizeitpark. «Die Leute sind ja gelangweilt – also dankbar für jede Ablenkung.» Und damit lässt sich Geld verdienen: In Rust geben es die Besucher an Getränke- und Eisständen aus, die dort stehen, wo sich vor Attraktionen erfahrungsgemäß Schlangen bilden. «Die Leute fangen an zu konsumieren und sind ausgesprochen dankbar für das Angebot.»[199] Mit der Zeit ist Gronau zu einem Fachmann für die Psychologie der Langeweile geworden. «Wenn es in der Schlange langsam, aber permanent weitergeht, fühlt sich die Wartezeit kürzer an als in einer Schlange, die sich im Stop-and-Go-Modus bewegt», sagt er. Viele Menschen müssten «nur ein paar Sekunden stehen», schon fingen sie an zu maulen. Das kennt man auch von Staus auf der Autobahn: Wiederholtes Anfahren und Bremsen nerven; viel erträglicher ist es, man rollt im Schritttempo langsam, aber stetig voran.

Gezielt nutzen die Mitarbeiter des Europaparks die Vorfreude ihrer Gäste auf eine Achterbahnfahrt. «Wir führen die Schlangen zum Beispiel ganz nah an besonders aufregende Stellen der Bahn. Man hört das Kreischen der anderen und denkt: Mein Gott, worauf hab ich mich da bloß eingelassen.» Wer die erlebnishungrige Kundschaft bei Laune halten wolle, dürfe sie keinesfalls «in ein Kuhgatter» stellen und sich selbst überlassen, sondern lenke die Warteschlange am besten durch eine «Abenteuerlandschaft, die immer wieder ganz bestimmte Blicke auf die Achterbahn eröffnet». Zudem werden die Parkbesucher durch verschiedene Räume mit Projektionen oder Filmen geschleust oder dazu angestiftet, Quizfragen zu beantworten, etwa diese: «Wie schnell fährt die Achterbahn am schnellsten Punkt?» All das vertreibt die Langeweile oder lässt sie erst gar nicht aufkommen. Auch dass die Warteschlangen im Park

sich wirklich schlängeln, also nicht gerade sind, ist gewollt, denn das erlaubt den Blick nach hinten auf jene armen Tröpfe, die sich noch länger werden gedulden müssen als man selber. Und damit die Besucher am Ende sogar das Gefühl mitnehmen, so schlimm sei die Warterei doch gar nicht gewesen, lässt die Parkleitung sie über spezielle Anzeigen am Eingang wissen, mit welcher Wartezeit am betreffenden Tag zu rechnen ist.

Lohnendes Warten

Der Trick dabei ist Übertreibung, und zwar stets um «fünf bis zehn Minuten – dann ist man, wenn man tatsächlich drankommt, positiv überrascht und denkt: Huch, das ging ja schneller als erwartet.» Etwas ausharren müssen die Parkbesucher aber immer, auch wenn es gar nicht nötig wäre. Denn Psychologen haben herausgefunden, dass wir knappen Gütern mehr Wert beimessen als beliebig verfügbaren. Was jeder jederzeit haben kann, kann ja nichts taugen, so denken wir. «Wir wissen aus der Forschung, dass eine Wartezeit von 15 bis 30 Minuten die Erwartung an das Ereignis steigert, dass die Freude sich aufbaut», sagt Gronau. «Anders gesagt: Wenn ich die Leute direkt in die Bahn setze, haben sie weniger Spaß, als wenn ich sie ein wenig warten lasse.» Durch diesen Kniff falle das Urteil über das Erlebte «hinterher deutlich besser aus».

Wo aber nun wirklich nichts Spannendes geboten werden kann, muss man die Menschen stattdessen wenigstens mit Routineaufgaben beschäftigen. Der berühmte Sisyphos aus der griechischen Mythologie war in Wirklichkeit gar nicht so arm dran, wie wir heute glauben mögen. Zwar könnte man annehmen, dass sein Unglück darin bestand, eine Ewigkeit lang den schweren Stein immer wieder sinnlos den Berg hinaufzuwälzen, wozu der Götterboss Zeus ihn verdonnert hatte. Doch womöglich wäre der Steinroller viel unglücklicher gewesen, wenn es ihm gelungen wäre, seine Last oben auf der Bergspitze zu fixieren. Dann nämlich hätte ihm ewige Tatenlosigkeit gedroht, ein grässliches Schicksal. Die beste Alternative ist natürlich eine sinnstiftende und also befriedigende Tätigkeit, doch nicht alle Menschen sind dazu imstande, jedenfalls nicht jederzeit. Der Rat von Christopher Hsee, Verhaltensforscher aus Chicago, ist eindeutig: Besser für die Laune, als nichts zu tun, sei es immer noch, etwas Überflüssiges zu machen, notfalls also die Küche ein zweites Mal zu putzen oder die Bücher im Regal noch einmal neu zu ordnen, obwohl man das gestern gerade erst getan hat. Hauptsache, man ist aktiv. Und wer zwar Sinnloses, aber immerhin etwas tut, reagiert seinen Frust über die eigene Tatenlosigkeit wenigstens nicht ab, indem er Sachgüter beschädigt, wie es besonders unbeschäftigte Jugendliche in sozialen Brennpunkten immer wieder tun. Der Mensch will gestalten, seine Umwelt verändern, notfalls eben mit der Sprühdose oder dem Vorschlaghammer. Hier liegt auch die tiefere Ursache für aufgeschlitzte Sitzpolster in Bussen oder Straßenbahnen – was solches Zerstörungswerk natürlich nicht entschuldigt.

Allen Ernstes empfehlen Hsee und zwei Forscherkollegen sogar Folgendes: «Hausbesitzer könnten die Zufriedenheit ihrer Haushälterin erhöhen, indem sie im Gebäude Mäuse aussetzen, deren Schmutz beseitigt werden muss. Regierungen könnten untätige Bürger aufmuntern, indem sie diese Brücken bauen lassen, die eigentlich unnütz sind.»[200] Klingt verrückt, doch ähnliche Maßnahmen gibt es offenbar bereits: Manche Flughafenbetreiber haben den Weg zur Gepäckausgabe länger als nötig gemacht, damit frisch gelandete Passagiere weite Wege latschen müssen, statt an den Transportbändern untätig auf die Rückgabe ihrer Koffer zu warten. Das soll die Fluggäste zufriedener machen oder wenigstens weniger unzufrieden. Auch wenn das unethisch klingt, womöglich gar skandalös: Letztlich ist es nichts anderes, als wenn einem auf U-Bahn-Steigen bunte Filmchen oder Klatschnachrichten gezeigt werden. Wenn unsere Lebenszeit beim Warten schon verrinnt, dann doch wenigstens so, dass wir es – abgelenkt von flimmernden Belanglosigkeiten – nicht merken.

Wo wir uns platzieren – und warum

Wir alle kennen es: Die Wahl des Steh- oder Sitzplatzes beim Zuhören und Zuschauen will wohlbedacht sein. Und wie sich ein Raum mit Menschen füllt, hängt ganz davon ab, ob es sich um einen Kinosaal, eine Konzerthalle oder einen Vortragsraum handelt. Beweggründe, uns hierhin und nicht etwa dorthin zu setzen oder zu stellen, gibt es viele, und meistens schließen wir einen Kompromiss, der aus individueller Sicht größtmöglichen Sinn ergibt, Ängste und Schamgefühle eingeschlossen. Auch im Klassenzimmer gelten ganz spezielle Regeln, nach denen sich die Sitzreihen füllen, freie Platzwahl und Frontalunterricht vorausgesetzt. Die amerikanischen Umweltpsychologen Paul Bell, Thomas Greene und Jeffrey Fisher sprechen von der «Aktionszone» im Klassenraum, wo der intensivste Kontakt zwischen Lehrern und Schülern möglich ist. Es sind die Plätze im vorderen Zentrum der Tischreihen. «Die Schüler, die vorn und in der Mitte sitzen, sind aktiver als diejenigen, deren Sitzplätze sich weiter hinten und am Rand befinden. Die Schulnoten der in der Aktionszone sitzenden Schüler sind im Durchschnitt besser, die Unterrichtsbeteiligung höher.»[201]

Eine andere US-Studie mit 124 Schülerinnen und Schülern ergab, dass im vorderen Zentrum des Klassenzimmers eher selbstbewusste Schüler sitzen als hinten oder an den Rändern des Raumes.[202] Schüler – wie auch Seminarteilnehmer – regulieren über die Sitzposition ihren Abstand zum Lehrer: Wer die Aufmerksamkeit auf sich ziehen will, wird also einen Platz wählen, auf den das Augenmerk des Dozenten am ehesten gerichtet oder wohin es sich am leichtesten lenken lässt. Wer hingegen übersehen und in Ruhe gelassen werden möchte, ist darauf bedacht, sich den Lehrerblicken zu entziehen. Beides erhöht die Wahrscheinlichkeit dafür, dass vor allem die oft verunglimpften Streber sich nahe beim Lehrerpult oder dem wesentlichen Aktionsraum des Dozenten platzieren.

Allerdings dürfen hier Ursache und Wirkung nicht miteinander verwechselt werden. Maulfaule oder oft geistig abwesende Schüler in die Aktionszone umzusetzen oder alle Schüler in gewissen Abständen im Klassenraum rotieren zu lassen, wird nicht allzu viel bewirken. Denn Schüler, die ohnehin wenig sagen, «werden auch in der Aktionszone nicht sehr redefreudig».[203] Vielmehr profitierten die ohnehin Mitteilsamen zusätzlich davon, dem Unterricht im vorderen Zentrum des Klassensaales zu folgen, da sich die Bereitschaft zur regen Mitarbeit dort am ehesten in besseren Noten auszahlt – nach Ansicht der Psychologin Antje Flade ein «treffendes Beispiel für die Wechselbeziehung zwischen Mensch und Umwelt».[204] Und für den Verstärkereffekt: Menschen bewegen sich nämlich dorthin, wo ihr Verhalten am ehesten zur Geltung kommt, was wiederum ihre Neigung bekräftigt, sich gewinnbringend zu verhalten. Aus ähnlichen Gründen halten sich wissbegierige Menschen bei Exkursionen in der Nähe des Lehrers oder Wanderführers auf und verwickeln ihn immer wieder in Gespräche, um ihre Sachkunde zu vertiefen – oder sich als Schlaumeier zu erweisen.

Anderswo gelten andere Vorlieben oder Motive. Ungeduldige Patienten wählen im Wartebereich des Arztes einen Stuhl, von dem aus sie das Treiben, manchmal auch den Stillstand am Empfangsschalter optimal verfolgen können. Bei einem Popkonzert sind die Plätze direkt vor der Bühne die begehrtesten, vielleicht mit Ausnahme jener direkt vor den trommelfellzerreißenden Lautsprecher-Türmen. Im Kino ist an den Platzbelegungs-Bildschirmen des Kassenpersonals leicht ablesbar, welche Sitze zuerst vergeben worden sind: die mittleren in den Mittelreihen, was im Grunde merkwürdig ist, weil man einander dort rasch die freie Sicht auf die Leinwand versperrt, sodass ein leicht dezentraler Platz günstiger erschiene. Bei Seminaren, Vorträgen oder Kabarett-Veranstaltungen mit ungewissem Verlauf wiederum bleiben die vorderen Sitzreihen am längsten unbesetzt – dies noch eher bei Kabarettisten oder Clowns, die dafür bekannt sind, sich sogenannte Freiwillige aus dem Publikum herauszugreifen, um sie dann der erleichterten übrigen Zuschauermeute vorzuführen. Distanz ist auch bei Rednern geboten, die über eine derart feuchte Aussprache verfügen, dass sie noch zwei Meter entfernt eine Fensterscheibe benetzen könnten. Man wähle seinen Platz also tunlichst mit Bedacht.

Wieso wir im eigenen Revier souveräner sind

Es gibt nur drei Gründe, warum man wichtige Verträge nicht im eigenen Büro aushandeln sollte, sondern in dem der Gegenseite. Erstens: Man hat keine andere Wahl, weil der Vertrags*partner* (oft ja eher ein -*gegner*) mächtiger ist und den Ort bestimmen kann, zum Beispiel ein künftiger Arbeitgeber. Zweitens: Der Betreffende ist schon dafür bekannt, ständig irgendwelche «wichtigen Unterlagen» in seinem Büro vergessen zu haben, weswegen der Vertragsabschluss «leider nicht möglich» sei und man sich noch einmal vertagen müsse. Oder drittens: Es geht nur um ein Vorgeplänkel, und die eigentliche Unterschrift soll erst später erfolgen. In diesem Fall ist es sogar von Vorteil, wenn man sich im Büro des Verhandlungsgegners so aufmerksam wie unauffällig nach sachdienlichen Hinweisen auf Hobbys, Familiensinn oder Ordnungsliebe umschauen kann – und sei es nur, um mit ihm entspannter ins Gespräch zu kommen. Die Lage des Büros im Firmengebäude wiederum verrät, an welcher Stelle der Mann oder die Frau «in der Hackordnung des Unternehmens steht», wie Michael C. Donaldson es auszudrücken beliebt, ein amerikanischer Anwalt für Medienrecht und Fachmann für Verhandlungsstra-

tegien.[205] Den Rang erkenne man zum Beispiel daran, wie weit das Büro von den Räumen der Geschäftsleitung entfernt liegt: bloß zwei Türen weiter und mit großzügiger Aussicht ins Grüne oder aber drei Stockwerke tiefer und mit Blick auf einen schäbigen Hinterhof?

Grundsätzlich aber sollte man wichtige Verträge nicht in fremden Geschäftsräumen abschließen. «Ihr eigenes Büro bietet Ihnen oft einen enormen Vorteil, weil Sie sich auf vertrautem Terrain befinden», meint Donaldson und begründet es so: «Es ist Ihre gewohnte Operationsbasis. Hier liegen alle benötigten Informationen beisammen. Kollegen können Sie unterstützen, falls Sie auf deren Erfahrung und Hilfe zurückgreifen müssen. In dieser Umgebung werden Sie sich immer am wohlsten fühlen.»[206] Dieses Behagen verspürt, wer Herr der Lage ist, sie also kontrolliert. «Und wer die Kontrolle hat, hat die Macht», findet Robert Greene, ein klassisch gebildeter US-Publizist, der gerne über Strategie und Einfluss schreibt. Dass er in seinen Büchern auch Napoleon und andere gewiefte Feldherren ins Feld führt, ist kein Zufall. Denn gute Strategen wissen, dass ein Rückzug in vertraute Gefilde manchmal die beste Verteidigung ist und eine Schlacht entscheiden kann, weil der Gegner auf fremdem Territorium operieren muss und weitab von eigenen Ressourcen. Das schwäche nicht nur seine Kräfte; es mache ihn zudem nervös. Die Konsequenzen: übereiltes Handeln und folglich Fehler – so auch im unvertrauten Büro oder Konferenzraum, wo man vom Hausherr «subtil in die Defensive gedrängt» werde.[207]

Umweltpsychologen wissen seit langem, wie gut es für das «Erleben von Kontrolle und Macht» ist, im eigenen Herrschaftsbereich zu handeln.[208] Das zeigt sich auch beim Heimvorteil von Fußball-Teams und anderen Sportmannschaften, auch wenn dessen entscheidende Ursachen unter Fachleuten bis heute umstritten sind. Denkbar ist hier manches: Feuern die meist zahlenmäßig überlegenen heimischen Zuschauer ihre Mannschaft womöglich effektiver an, und schüchtern sie gleichzeitig den Gegner ein? Lassen sich die Schiedsrichter davon ebenfalls beeindrucken, sodass sie Regelverstöße des heimischen Teams seltener ahnden, womöglich schon aus Angst vor Übergriffen nach dem Spiel? Ist die Gastmannschaft vielleicht sogar geschwächt von einer langen Anreise? Etliche Tests und Überblicksstudien haben sich damit befasst und mal das eine, mal das andere als Faktor hervorgehoben.[209] Die Quintessenz: Die Anreise scheint immerhin keine Rolle zu spielen. Einiges aber spricht dafür, dass in der Tat die größere Vertrautheit mit dem eigenen Sportplatz die Kampfeslust des heimischen Teams steigert und dessen «Selbstwirksamkeitserwartung»[210] stärkt, also das Vertrauen darauf, überlegen zu sein und am Ende zu siegen.

Einsatz für die Heimat

Zumindest in diesen Punkten sind Tiere auch nur Menschen. Auch sie kämpfen um angestammte Reviere mit großem Einsatz. Für dieses Bemühen müssen die «Platzhirsche» (und seien es Insekten oder Vögel) sehr viel Zeit und Energie aufwenden, denn entfernt man sie aus ihrem Einflussbereich, wird dieser in aller Regel sehr schnell von Artgenossen eingenommen. Nach Ansicht des Göttinger Verhaltensbiologen Peter Kappeler zeigt dies, «dass viele Territoriumsinhaber ständig mit der Verteidigung ihres Gebietes beschäftigt sein müssen».[211] Bei Revierstreitigkeiten mit seinen Kräften haushalten zu können und diese nicht zu verschwenden, ist für das Überleben eines Tieres demnach sehr förderlich – ganz abgesehen davon, dass Kämpfe bei vielen Tierarten Verletzungen nach sich ziehen oder gar den Tod bedeuten können. Hierin liegt der tiefere Grund dafür, warum Tiere darauf aus sind, Reviere deutlich erkennbar zu markieren. Singvögel setzen dazu ihren Gesang ein, viele Säugetiere Duft- und Kotmarken, aber auch Drohgebärden, Gebrüll oder andere markante Laute. Die aus gutem Grund so heißenden Brüllaffen Mittel- und Südamerikas zum Beispiel müssen täglich sehr viele, mehr schlecht als recht sättigende Blätter futtern, um bei Kräften zu bleiben. Energiereichere Früchte gibt es nicht immer oder nicht ausreichend. Da ist es nur sinnvoll, wenn man Rivalen durch vergleichsweise kraftsparendes Brüllen auf Distanz halten kann, statt sich immer wieder mühselig mit ihnen raufen zu müssen. Letztlich nichts anderes haben auch wir Menschen im Sinn, wenn wir gut sichtbar an der Wand unseres Eigenheims das Blinklicht einer Alarmanlage anbringen, unser Grundstück umzäunen oder es gar mit Stacheldraht umgeben.

Zu klären ist noch die Frage, warum Tiere ihr Revier nicht einfach aufgeben, wenn ein Artgenosse es haben will, und sich anderswo ein Neues suchen. Das wäre nur dann ein Ausweg, wenn es genügend gleich gute Plätze zum Leben gäbe, doch das ist meist nicht der Fall. Schon deshalb versuchen Platzhirsche sich zu behaupten. Doch es gibt noch einen anderen Grund für ihre Beharrlichkeit: Tiere brauchen nämlich in der Regel weniger Energie aufzuwenden, um einen günstigen Brutplatz oder Futtergrund zu verteidigen, als sie aufbringen müssten, um anderswo ein gleichwertiges Revier zu erobern. Denn die Inhaber eines Territoriums wehren Eindringlinge mit all ihrer Kraft ab, und das meist erfolgreich.

Der Verhaltensforscher Konrad Lorenz hat den Kampfeswillen von Revierbesitzern mehrfach beschrieben. Die Dohle zum Beispiel kämpfe im eigenen Einflussgebiet «viel intensiver» als in fremden. So auch das Männchen des Dreistachligen Stichlings: Seine Kampfeslust sei umso geringer, je weiter der Fischmann sich von der Bruthöhle entfernt, die er am Gewässergrund baut. Und in der etwas dröhnenden Sprache seiner Zeit fügt der 1989 verstorbene Zoologe hinzu: «Am Nest selbst ist er ein Berserker, der sogar die menschliche Hand todesmutig rammt. Je weiter er sich aber während des Schwimmens von seinem Hauptquartier entfernt, desto schwächer wird seine Angriffslust.» Treffen zwei Stichlingsmännchen aufeinander, fliehe meist dasjenige, das «am weitesten von zu

Hause weg ist», unabhängig von der Körpergröße.²¹² Es lohnt sich also, den eigenen Boden oder Baum zu verteidigen. Denn indem die Platzhirsche ihr vertrautes Terrain mit Zähnen und Klauen besetzt halten, können sie «unter dem Strich erstaunlich viel Energie einsparen».²¹³ In einem eroberten und dann lange besetzt gehaltenen Revier stecken viel Kraft und Mühe, oder anders gesagt: eine hohe Anfangsinvestition. Und auch Tiere wägen laufend, wenn auch freilich nicht bewusst, die nötigen Kosten eines bestimmten Verhaltens gegen den erzielbaren Nutzen ab.

Bei Kohlmeisen und anderen Vögeln sowie bei Eidechsen fanden Zoologen eine weitere unbewusste Energiesparmethode beim Revierverhalten und nannten sie den «Lieber-Feind-Effekt». Die Forscher konnten nämlich beobachten, «dass territoriale Auseinandersetzungen zwischen bekannten Nachbarn weniger intensiv sind und seltener eskalieren, als wenn ein fremder Eindringling gestellt wird».²¹⁴ Auf uns Menschen übertragen: Hören wir nachts ein Rumpeln und Poltern im Garten hinter unserem Haus und entdecken im Lichtkegel unserer Taschenlampe, dass es nur der Nachbar ist, der seiner entlaufenen Katze hinterhergeeilt ist, meckern wir vielleicht kurz, weil wir im Schlaf gestört worden sind. Aber wir fallen nicht gleich über den Störenfried her und ringen ihn nieder oder schlagen ihn gar zusammen. Im Tierreich profitieren die Reviernachbarn gleichermaßen von diesem Verhalten, weil beide weniger Energie für gelegentlichen Zwist aufbringen müssen.

Dieser Vorteil macht überdies das eigene Revier für den Besitzer wertvoller. Denn in ein neues Gebiet müsste ja nicht nur Kraft investiert werden, um es zu erringen, sondern auch, um den neuen Anrainern klarzumachen, wer hier das Röhren, Brüllen oder Zirpen hat. Auch das kennen wir Menschen in abgewandelter Form: So manche Begrüßungsrunde im ganzen Haus – mit der scherzhaften Botschaft: «Wir besetzen ab jetzt den 3. Stock» – könnte hier ihre tiefere Ursache haben. Übrigens auch manch anfänglicher Zwist, bis Rechte und Pflichten aller Parteien im Mietshaus geklärt und die Reviere auf den Wäscheleinen im Trockenraum oder im gemeinsamen Fahrradkeller abgesteckt sind.

Teure Habe

Es gibt eine weitere verblüffende Parallele zwischen Tier und Mensch: Auch von uns weiß man nach diversen Experimenten, dass wir den Wert eines bereits erworbenen Gegenstandes höher einstufen als den eines gleichwertigen Objekts, das uns nicht oder noch nicht gehört. Dank unseres Verstandes wissen wir nämlich oft nur allzu gut, wie mühsam es war, was wir an Kräften, Zeit und anderen Ressourcen investiert haben, um in den Besitz des betreffenden Gegenstandes zu gelangen. Insofern sind wir allesamt Besitzstandswahrer und handeln nach der Maxime: «Was man hat, das hat man.» In einem schon über zwanzig Jahre alten Experiment des Psychologen Daniel Kahneman bekam ein Teil der Versuchsteilnehmer (Gruppe A) jeweils einen Kaffeebecher und konnte diesen behalten oder weiterverkaufen. Wer ihn wieder loswerden wollte, sollte den Verkaufspreis festlegen, wobei eine Spanne von 0,25 bis 9,25 Dollar vorgegeben war. Wie sich zeigte, wollte die Hälfte der Testpersonen aus dieser Gruppe mindestens 7,12 Dollar für das Trinkgefäß.

Die Mitglieder einer zweiten Gruppe B konnten zu Beginn entscheiden, ob sie einen Becher haben wollten oder lieber gleich einen Geldbetrag. Und siehe da: Die Hälfte von ihnen war bereit, auf den Becher für höchstens 2,87 Dollar zu verzichten, also für deutlich weniger, als die Mitglieder der Gruppe A verlangt hatten. Wir schätzen also Dinge, die wir bereits eine Zeitlang besessen haben, für wertvoller ein als solche, auf die wir lediglich verzichten müssen. Dieser sogenannte Besitztums- oder Endowment-Effekt hat beispielsweise zur Folge, dass wir sehr lange an erworbenem Eigentum festhalten – eine wichtige Ursache für überquellende Schränke, vollgestopfte Dachböden und überladene Keller. Geschickte Autoverkäufer nutzen unsere Neigung zum Besitzstandswahren aus, indem sie schon während eines völlig unverbindlichen Informationsgesprächs die ganze Zeit von «Ihrem Wagen» sprechen. Sie wissen nämlich, dass wir uns von «unserem Auto» nur schwer trennen können, und werden die Limousine, die uns vermeintlich längst gehört, dann mit einiger Wahrscheinlichkeit tatsächlich an uns los.[215]

Dass wir uns zu Hause, im eigenen Büro oder auf dem heimischen Sportplatz aggressiver und mit größerem Einsatz wehren, kann auch hormonelle Gründe haben. Britische Psychologen von der Universität Northumbria fanden im Speichel von Fußballern auffallend mehr Testosteron, wenn diese zu Hause auf einen Gegner trafen als bei den entsprechenden Rückspielen.[216] Dabei empfanden sich die Spieler selber vor heimischem Publikum gar nicht aggressiver als sonst. Evolutionsbiologisch gesehen wäre ein solches Platzhirsch-Gehabe durchaus sinnvoll. Denn zu Hause lebt nicht nur unsere Familie; dort droht auch unser Hab und Gut gestohlen zu werden, für das wir viel Zeit und Arbeit aufgewandt haben. Ein Verlust würde uns also sehr schmerzen, schlimmstenfalls unser Überleben gefährden; man denke nur an das harte Leben unserer Vorfahren vor Jahrhunderten oder Jahrtausenden, als Feinde nicht nur Ernte, Waffen und Hausrat, sondern auch Frauen und bisweilen die Kinder raubten. Interessant ist hier wieder ein Befund aus der Welt der Tiere: Erhöhten Biologen den Testosterongehalt von männlichen Eidechsen, gingen die gedopten Reptilien vermehrt auf Patrouille in ihrem Revier, um Eindringlinge zu entdecken, und versuchten zudem öfter, Konkurrenten durch Drohgebärden abzuschrecken. Allerdings fraßen sie auch weniger, vernachlässigten also den Selbsterhalt. Ohnehin wiesen die manipulierten Tiere eine «deutlich erhöhte Sterblichkeitsrate»[217] auf, was einen unweigerlich an den hohen Preis denken lässt, den typischerweise sehr konkurrenzbetont lebende, eher feindselig gesinnte Männer in Form schwerer Herz-Kreislauf-Leiden zahlen müssen.

Schlussendlich wissen auch Militärs um den motivierenden Effekt der früher vielbeschworen «heimischen Erde»: Nicht umsonst haben seit jeher Generäle bei ungünstig verlaufenden Kriegen ihre ehedem siegreichen, zuletzt aber müde gekämpften und vom «Feindesland» zurückweichenden Soldaten dazu aufgerufen, die Staatsgrenze bis auf den letzten Mann erbittert zu verteidigen, auf dass kein Zoll des Heimatlandes in fremde Hände falle. Letztlich hilft auch das zu erklären, warum wir im eigenen Büro besser verhandeln: Wir wollen dort einfach nicht verlieren – und unserem Gegenüber liegt fern von seinem eigenen Arbeitsplatz weniger an einem Sieg als im eigenen Revier.

Warum uns Raumwechsel vergesslich machen

Sind Sie Erfinder? Oder auf der Suche nach dem ersten Satz für Ihre Vereinsrede? Oder tüfteln Sie seit Wochen an den allerbesten Lottozahlen, die jemals auf einem Tippzettel angekreuzt wurden? Wozu auch immer Ihr Geistesblitz taugen soll, den Sie demnächst hoffentlich haben werden: Schreiben Sie ihn bloß auf, bevor Sie den Raum verlassen, in dem er Sie durchzuckt hat! Denn schon durch die nächste Tür zu gehen, kann uns vergessen lassen, was uns gerade eingefallen ist. Und das wäre sehr dumm, falls uns beim Geschirrspülen gerade eine Idee gekommen ist, auf welche die Welt gewartet hat. Oder wenigstens Ihr Lebensgefährte. Man tappt von der Küche in den Flur, und zack: Schon ist sie weg. Sehr ärgerlich! Das Problem ist vielen Menschen geläufig. Während wir zum Beispiel im Wohnzimmer sitzen und eine Zeitschrift lesen, fällt uns ein, dass wir das Abonnement eigentlich längst haben kündigen wollen. Also beschließen wir, dem Verlag eine E-Mail zu schreiben. Doch der

Computer steht nebenan, und dort angekommen, ist uns entfallen, was wir eigentlich erledigen wollten. Es scheint, als gehöre die Idee der Kündigung zu einem anderen Raum. Aus demselben Grund wissen wir manchmal in der Garage nicht mehr, wohin wir gerade eben den Autoschlüssel gelegt haben, als wir noch in der Küche gewesen sind, um etwas zu trinken. Meine Nachbarin hat das auch schon erlebt, weiß dann aber Rat: «Ich gehe dann einfach in das Zimmer zurück, wo ich noch wusste, was ich habe machen wollen.» Manchmal hilft der kleine Trick, aber längst nicht immer.

Der amerikanische Psychologe Gabriel Radvansky von der University of Notre Dame hat das Raumwechsel-Phänomen untersucht.[218] Seine Studenten mussten zum Beispiel Gegenstände auf einem Tisch auswählen und in verschiedenen Kisten verstauen und sollten sich wenig später daran erinnern, was sie in welche Box gepackt hatten. Bevor sie das taten, sollten alle Testpersonen eine kurze Strecke gehen, wobei eine Gruppe im selben Raum bleiben durfte, die andere diesen durch eine Tür verlassen musste. Das Ergebnis: Die an Ort und Stelle bleibende Gruppe konnte sich deutlich besser erinnern als die zweite. Doch was ist da passiert? Der Gedächtnisforscher erklärt sich das Geschehen so: «Einen Raum durch eine Tür zu verlassen oder zu betreten, schafft im Gehirn eine Ereignisgrenze.» Das Hirn kann in Raum B auf das, womit es in Raum A beschäftigt war, nur noch schwer zurückgreifen. Der Wechsel der Umgebung zerreißt offenbar die Wahrnehmung, wobei das Arbeitsgedächtnis gelöscht oder stark irritiert wird. Man kann den Vorgang mit einem Update beim Computer vergleichen, nur dass beim Raumwechsel kein neues Programm hochgeladen wird, sondern lediglich die Örtlichkeit sich ändert, mit der unsere Wahrnehmungen und Gedanken im Hirn unentwegt verknüpft werden. Das ist, als schlösse man beim Passieren der Tür die eine Gedankenschublade und zöge eine neue auf, um dann dorthinein all das zu packen, womit man sich im nächsten Raum beschäftigen wird. Ein

Blick zurück in die erste Schublade ist dann nicht mehr ohne weiteres möglich. Dummerweise haben Tests ebenfalls belegen können, dass es meistens nicht hilft, in das ursprüngliche Zimmer zurückzukehren, um sich wieder zu erinnern (meine Nachbarin scheint also eine Ausnahme zu sein). Einmal ins Hirnarchiv weggepackt, ist die Idee, die Erinnerung oder der Entschluss oft nicht mehr willentlich greifbar, sosehr wir uns auch bemühen.

Fragt sich nur, wozu diese sonderbare Vergesslichkeit nütze sein soll. Möglicherweise spart unser Gehirn unterm Strich so schlicht Energie. Indem nämlich das Arbeitsgedächtnis beim Ortswechsel quasi bereinigt wird, «können wir uns in der neuen Umgebung einfach darauf konzentrieren, was hier wichtig sein könnte», vermutet Radvansky. Das muss auch schon für unsere frühen Vorfahren von Vorteil gewesen sein, etwa wenn sie von ihrer Höhle hinaus ins Freie traten: Mit dem Ortswechsel änderten sich auch die Aufgaben, die zu erledigen waren. Warum noch lange über die missglückten Pfeilspitzen aus Feuerstein nachsinnen, wenn es doch jetzt galt, auf die Geräusche möglicher Beutetiere zu lauschen?

Weshalb man Bummler lieber nicht überholt

Wer gerne flott marschiert, hat es an Samstagen in Innenstädten noch schwerer als sonst. Das liegt nicht nur daran, dass die meisten Fußgänger dann mehr Zeit haben und gerne schlendern, statt zu hasten. Sie tun das am Wochenende zu allem Überfluss auch noch besonders gerne in Gruppen, an denen schwer vorbeizukommen ist. Wie eine groß angelegte französische Studie in einer Geschäftsstraße von Bordeaux ergeben hat, sind dort von montags bis freitags etwa 45 Prozent aller Passanten alleine unterwegs und alle anderen mindestens zu zweit – wobei nur wenige in Gruppen von mehr als vier Personen durch die Straßen stromern.[219] Samstags jedoch steigt der Gruppenanteil auf 70 Prozent, vor allem wegen der vielen Fußgängerpaare, die einander auf Sehenswertes aufmerksam machen, vor Schaufenstern stehen bleiben oder Händchen haltend – Pardon – die Gehwege verstopfen. Aber auch ein paar mehr Gruppen von drei bis fünf Fußgängern sind auf den Beinen. Sie laufen umso langsamer, je mehr Mitglieder sie zählen, was auch an der gewählten Formation liegt. In Dreier- und Vierergruppen nämlich fallen die im Zentrum Gehenden gegenüber den beiden Mitläufern an den Rändern etwas zurück, damit alle noch miteinander sprechen und einander anschauen können. Das freilich geht auf Kosten des Tempos. Denn die nach vorne offene V- oder U-Formation gerät an den Rändern mit Entgegenkommenden leicht in Rempeleien; sie eckt quasi an. Somit verhalten sich Fußgängergruppen völlig anders als Zugvögelverbände, die eine umgekehrte und damit strömungsgünstige V-Formation aufweisen. Indem die Tiere im Zentrum immer die Spitze bilden, verringern sie den Luftwiderstand der ganzen Gruppe. Aber Graugänse oder andere weit reisende Vögel wollen beim Fliegen ja schließlich möglichst viel Energie sparen und nicht pausenlos miteinander schnattern oder zwitschern.

Wie wichtig Gruppen beim Modellieren des Fußgängerverkehrs sind, ist lange Zeit unterschätzt worden. «Nach unseren Beobachtungen ist nur etwa ein Drittel der Passanten alleine unterwegs», sagt Mehdi Moussaid von der Universität Toulouse, der die Studie leitete. Solchen Menschen, die auch samstags in Eile sind, empfiehlt der Verhaltensforscher übrigens, sich bloß nicht an plaudernden Grüppchen genervt vorbeizudrängeln. «Fußgängerströme sind sich selbst organisierende Systeme, und wer sich nicht an ihre Spielregeln hält, trägt nur dazu bei, dass sie zusammenbrechen und alle Beteiligten langsamer vorankommen.»[220] Am besten, Sie beherzigen diesen Rat, wenn Sie das nächste Mal in der Stadt eine Gruppe von Teenagern vor sich haben, die sich eifrig austauschen und als fleischgewordenes Verkehrshindernis den ganzen Betrieb aufzuhalten scheinen. An der nächsten Boutique biegt die hormonell verwirrte Formation höchstwahrscheinlich ohnehin ab.

Warum wir beim Nachdenken gehen sollten

Unseren Geist bis ins hohe Alter fit zu halten, wird von Medizinern und Alternsforschern immer wieder empfohlen. «Fordern Sie Ihr Gehirn», rät die AFI, ein gemeinnütziger Verein, der mit Geldspenden die Alzheimer-Forschung fördert und über das Altersleiden aufklärt. «Betrachten Sie es wie einen Muskel, der trainiert werden muss, um dauerhaft leistungsfähig zu bleiben.»[221] Je mehr das Hirn zu tun bekommt, desto enger vernetzen sich seine Nervenzellen miteinander und umso besser widersteht unsere Schaltzentrale ihrem Abbau. Auch körperlich sollten wir rege bleiben, und zwar nicht nur, um Herz und Kreislauf sowie die Muskulatur in Schuss zu halten, sondern auch, um altersbedingtem Gedächtnisschwund die Stirn zu bieten. Wie Studien mit älteren Menschen ohne Demenz gezeigt haben, beugt schon maßvolles Fitness-Training dem Verlust von Gehirngewebe vor und fördert den Blutfluss in manchen Hirnteilen.[222] Deshalb empfiehlt die AFI: «Laufen Sie Treppen, statt den Aufzug zu benutzen. Gehen Sie viele Wege im Alltag zu Fuß oder benutzen Sie Ihr Fahrrad.» Wer rastet, der rostet also wirklich: körperlich und geistig.[223]

Auch der alltagspraktisch orientierte Berliner Philosoph Wilhelm Schmid rät dazu, sich im wahrsten Sinne des Wortes «gehen zu lassen», und zwar täglich, um so mit Hilfe des Körpers die «Zirkulation der Lebenskräfte» anzukurbeln und klares Denken zu fördern. In seinem Buch über die Lebenskunst zitiert er den französischen Philosophen und Politiker Michel de Montaigne (1533–1592), der über seinen Geist einmal schrieb, dieser rühre «sich nicht, wenn meine Beine ihn nicht bewegen».[224] Was für ein hellsichtiger Satz, welch eine Weitsicht! Denn was Montaigne zum Ausdruck brachte, bestätigt heute die Hirnforschung. Die Hinweise verdichten sich nämlich, dass abstraktes Denken und körperliche Aktion eng miteinander verzahnt sind. Eindrücklich vermitteln das Sprachbilder: Zum Beispiel können wir unseren Geist *auf Trab halten* oder genauer: in Trab versetzen, indem wir gehen oder laufen. Auch können wir unsere Gedanken *auf Wanderschaft schicken*, wenn wir selber wandern. Und mehr noch: Wir können kreatives Denken offenbar gezielt *lostreten*, wenn wir uns passend dazu bewegen.

Was damit gemeint ist, hat Alejandro Lleras von der University of Illinois mit einer Kollegin in einem verblüffenden Experiment verdeutlicht. Die beiden US-Psychologen stellten 52 Studierende jeweils einzeln vor die Aufgabe, zwei von der Decke hängende Schnüre miteinander zu verknüpfen, wofür nur eine gewisse Zeit zur Verfügung stand. Klingt simpel, doch die Schnüre befanden sich über vier Meter voneinander entfernt und ließen sich deshalb nicht gleichzeitig ergreifen. Verständlicherweise bereitete dieser Umstand den Testpersonen einiges Kopfzerbrechen. Zu allem Überfluss mussten sie auch noch herausfinden, wie ihnen ein Schraubenschlüssel, kleine Hanteln sowie ein Buch beim Lösen des Schnur-Problems helfen sollten. Die Gegenstände lagen eigens, aber ohne eine weitere Erklärung, auf einem Tisch bereit. Während die in zwei Gruppen eingeteilten Studenten ihr Hirn anstrengten, stifteten die Studienleiter sie unter einem Vorwand immer wieder dazu an, ihre Arme zu bewegen. Während ein Teil der Versuchsteilnehmer die Arme wiederholt weit ausstrecken musste, sollte der Rest sie mehrfach nach vorne und nach hinten schwingen lassen. Und siehe da: Den Armschwingern fiel die einzig mögliche Lösung des Problems deutlich öfter ein als den Armstreckern. Die Schnüre ließen sich ohne fremde Hilfe nämlich nur auf eine einzige Weise verknüpfen: Man musste etwas Schweres, zum Beispiel den Schraubenschlüssel, an eine der beiden Schnüre binden und diese so stark in Schwingung versetzen, dass man sie – inzwischen beim zweiten Seil stehend – mit der Hand einfangen konnte. Diese Lösung fanden 62 Prozent der Armstrecker, aber 85 Prozent der Armschwinger, und dies im Durchschnitt auch noch schneller.

Alejandro Lleras erklärt das Ergebnis so: «Indem wir die Körperbewegungen von Personen lenken, lenken wir auch ihre Denkprozesse.» Der Körper gibt dem Hirn durch eine ähnliche Bewegung die Lösung vor, hilft ihm sozusagen auf die Sprünge – oder in diesem Fall treffender: auf die Schwünge. Psychologen nennen das «verkörpertes Begreifen» (*embodied cognition*). «Die meisten Leute glauben, dass ihr Geist in ihrem Hirn sitzt und sich, völlig losgelöst vom Körper, mit abstrakten Konzepten beschäftigt», sagt Lleras. Doch das ist offenkundig falsch. «Die Art und Weise, wie man denkt, wird durch den Körper beeinflusst. Tatsächlich kann man den Körper nutzen, um das Denken zu unterstützen.»[225] Auf eine einprägsame Formel bringt diesen Sachverhalt der US-Psychologe Arthur Glenberg: «Ich handle, also denke ich.»[226]

Um dem Hirn beim Lösen einer kniffligen Aufgabe zu helfen, erscheint es demnach ratsam, vom Schreibtisch aufzustehen und den Körper möglichst vielfältig zu bewegen, also zu hopsen, in die Knie zu gehen oder andere gymnastische Übungen auszuführen. Denn so steigt die Wahrscheinlichkeit, zufällig eine zum Problem passende Bewegung auszuführen, bei der es dann im Oberstübchen klick macht.

Kreativer Gang

Ein kleiner Trost für alle, denen das Herumturnen zu albern ist: Zuweilen hilft es ja schon, sich die Beine zu vertreten, weshalb es auch kein Wunder ist, dass manche Menschen beim Nachdenken im Zimmer auf und ab gehen. Schauspieler behalten so zum Beispiel ihren Rollentext besser. Mönche studierten früher gehend im

Kreuzgang die Bibel, und die Schüler des antiken griechischen Philosophen Sokrates hießen Peripatetiker just nach der Wandelhalle (Peripatos), in der sie beim Nachdenken und Diskutieren auf und ab gewandelt sein sollen. Auch Dichter lassen sich und so auch ihre Gedanken umherschweifen: Der Österreicher Thomas Bernhard hat nicht nur eine Erzählung namens *Gehen* veröffentlicht, sondern war auch selber viel auf Schusters Rappen unterwegs. Doch dabei schlenderte oder flanierte er nicht, «sondern bewegte sich wie ein Jäger, der einem Wild nachstellt so, wie er auch in seinen Büchern rast- und ruhelos einen Gedanken verfolgt».[227] Der Schweizer Robert Walser war sogar ein «fanatischer Geher, der, um schreiben zu können, schnell und weit ausschreiten musste». Fast täglich brach er zu einsamen Spaziergängen auf und sammelte dabei verwertbare Eindrücke. «Ohne Spazieren wäre ich tot», notierte er einmal.[228] Es traf sich insofern gut, dass er am ersten Weihnachtstag 1956 auf einer seiner Touren durch ein Schneefeld starb. Körper und Geist kamen gleichzeitig und final zur Ruhe.

Dass Motorik und geistige Kreativität offenbar miteinander verzahnt sind, lässt sich auch therapeutisch nutzen. Wenn Reiner Fuchs, Seelsorger in der psychosomatischen Klinik Bad Grönenbach im Allgäu, seine Patienten zum Nachdenken über ein spirituelles und psychisch relevantes Thema anregen möchte, lässt er sie kreuz und quer im Raum umhergehen. Der katholische Theologe hat eine Ausbildung zum Integrativen Leib- und Bewegungspsychotherapeuten absolviert und weiß, dass Stuhlhocker sich schwerer mit Einfällen tun als Menschen, die unterwegs sind. «Wir beschäftigen uns hier in der Klinik mit seelischen *Vorgängen*», sagt Fuchs. Um diese zu beeinflussen, sei es «wichtig, dass der Körper in Aktion versetzt wird, weil das die Dinge buchstäblich *in Gang* bringt». Hinzu kommt: Nicht nur im Leben, sondern auch in Fragen der Religiosität oder Spiritualität gehe es darum, «Stellung zu beziehen und Standpunkte einzunehmen». Dazu müssten sich die Patienten unter Umständen «neu platzieren», also alte Positionen verlassen und bisher ungewohnte ausprobieren. Das Gehen bringe sie nicht nur im Therapieraum dorthin, sondern vor allem gedanklich. Ist das Zimmer oder die Wohnung für einfallsreiche Spaziergänge zu klein, kann es helfen, ein paarmal um den Häuserblock zu stapfen. Ein Studienfreund von mir tat genau das mit Erfolg, wenn er beim Gliedern eines Referates nicht weiterkam. Er schnappte sich sein Diktaphon und lief selbst nachts durch die stillen Straßen der Nachbarschaft. Oft löste er auf diese Weise sein Problem – und kehrte buchstäblich gelöst zurück.

Mit Bewegungen lassen sich dem Hirn jedoch nicht nur wertvolle Gedanken entlocken; wir können damit auch unsere Gefühle verändern. Zeitlebens steckt unser Körper schmerzliche Emotionen weg, wodurch wir zu geknickten Menschen werden können. Aber auch schöne Gefühle gehen uns in Fleisch und Blut über, lassen uns aufrecht durchs Leben gehen oder unsere Augen strahlen. Daraus erwachsen Chancen beispielsweise für die Therapie von Depressiven. Denn schmerzlich Niedergeschlagene lassen häufig Kopf und Schultern hängen, oft begleitet von herabfallenden Mundwinkeln. Dummerweise merkt sich das Hirn dabei, dass immer dann, wenn der Körper sich erkennbar deprimiert verhält, tatsächlich Trauer und Schwermut uns plagen. Körperausdruck und Gefühl werden zusammen abgespeichert. Deshalb lacht auch kein Mensch schallend, während er wie ein Häufchen Elend zusammengesunken dasitzt. Das passt nicht zusammen, weshalb unser Hirn diese Kombination nicht kennt. Genau hier setzen klinische Psychosomatiker an, also Fachärzte für leib-seelische Zusammenhänge und entsprechende Leiden. Sie wissen, dass man depressive Menschen mit der Zeit spürbar aufheitern kann, wenn man sie immer wieder Haltungen einnehmen lässt, die zu ihrem gewaltigen Stimmungstief gar nicht passen. Denn nach dem gleichen Prinzip, wie die Seele den Körper lenkt, kann dieser umgekehrt auch die Seele steuern: Kopf

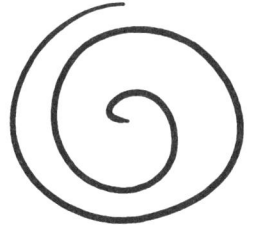

und Schultern zu heben, das Kreuz durchzudrücken und zusätzlich noch zu lächeln, hebt nachweislich die Laune, nur trainieren muss man es eine Weile. Wolf-Jürgen Maurer, Chefarzt der Panorama-Fachklinik in Scheidegg, nennt solche Übungen «Problem-Lösungs-Gymnastik» und geht mit ihnen gegen die typischen Depressionshaltungen seiner Patienten vor.[229]

Als ob das alles nicht schon überraschend genug wäre: Unser Körper drückt sogar räumlich aus, ob wir an Künftiges oder Vergangenes denken, wie Psychologen im schottischen Aberdeen herausgefunden haben.[230] Sie veranlassten 20 Studierende dazu, sich ihren Alltag *in* vier Jahren vorzustellen, und in einem zweiten Schritt, sich an einen typischen Tag *vor* vier Jahren zu erinnern. Dabei sollten die Versuchspersonen gerade und möglichst locker stehen. Am linken Bein, in Höhe des Knies, trugen sie einen Bewegungssensor. Im ersten, in die Zukunft gerichteten Fall verzeichneten die Forscher eine durchschnittliche Bewegung der Studenten um drei Millimeter nach vorne (wenn man so will: in die Zukunft), beim Erinnern hingegen eine Rückwärtsbewegung um zwei Millimeter. Auch wenn das nicht viel ist, so stützt es doch die Alltagsbeobachtung, dass wir uns beim Denken an früher auf dem Stuhl sinnend nach hinten sinken lassen.

Reger Geist

Überhaupt das Gedächtnis: Einer der entwicklungsgeschichtlich ältesten Hirnbereiche, der Hippocampus, spielt sowohl beim Erinnern als auch bei der räumlichen Orientierung eine ganz wesentliche Rolle. Dort werden aus kurzfristigen Eindrücken langfristig abrufbare Erinnerungen. Arbeitet die seepferdchenförmige Hirnregion nicht mehr richtig, was bei Alzheimer bereits sehr früh der Fall ist, irrt der betroffene Mensch nicht nur orientierungslos umher, sondern kann sich auch an vieles nicht mehr erinnern. Gedächtnistrainer hingegen nutzen gezielt die Doppelfunktion des

Hippocampus, um Erinnernswertes quasi räumlich abzuspeichern, weil das den Zugriff auf Gedächtnisinhalte sehr erleichtert. So kann man die Stichworte einer Rede im Hirn wie auf einer Landkarte anordnen. Oder man platziert sie in den Zimmern eines mehrstöckigen Hauses, durch das man im Geiste wandert, um sich an das Gewünschte zu erinnern. Auf diese Weise kann man seine Gedanken gut sortieren, also räumlich gesehen in Fächer einordnen. Solche Techniken sind sehr menschengemäß, da wir den allergrößten Teil unserer Geschichte als biologische Art damit zugebracht haben, auf der Suche nach Essbarem oder geeigneten Wohnplätzen durch die Landschaft zu streifen, während unser Hirn die dabei gesammelten Eindrücke verarbeiten und speichern musste. Wenn wir beim Abspulen unserer im Geist zurechtgelegten Rede unterbrochen werden, sagen wir nicht umsonst oft: «Wo war ich gerade stehen geblieben?» Und wer uns zum Weiterreden ermuntern möchte, ruft uns zu: «Fahren Sie doch bitte fort!» Zwei Hinweise darauf, dass wir beim Denken einen Weg abschreiten und erst beim letzten Satz unser Ziel erreichen – ganz wörtlich das Ende unseres *Gedankengangs*.

Daraus ergeben sich drei drängende Fragen, auf die Wissenschaftler Antworten suchen: Könnte es sein, dass körperliche und gedankliche Trägheit miteinander *einhergehen* – womit schon wieder so ein bewegter Gedanke geäußert wäre? Und welche Folgen für unsere geistige Kreativität hat unser Leben als lauffaule Sofa-Kartoffeln (*couch potatoes*), denen schon ein kurzer Abendspaziergang zu mühsam erscheint? Drittens schließlich: Vernetzen sich in den Köpfen unserer Kinder womöglich wichtige Hirnteile nicht so gut, wenn diese täglich stundenlang vor Rechnern und Fernsehgeräten hocken, statt durch ausgedehnte Spielreviere zu streifen, wie es ihre Eltern und vor allem Großeltern viel häufiger taten? Hier sind noch viele Fragen offen. Doch inzwischen sind einige Studien zu dem Fazit gelangt, dass körperlich rege Menschen auch geistig von ihrer

Fitness profitieren – sei es, weil sich bei ihnen bestimmte Hirnregionen enger miteinander verschalten, ihr Hirn besser durchblutet ist oder der für die räumliche Orientierung wichtige Hippocampus bei ihnen größer wird oder im Alter wenigstens nicht schrumpft.[231] Nach einer schwedischen Studie zum Beispiel liefert die Herz-Kreislauf-Fitness junger Männer eine recht treffende Prognose über deren geistige Leistungskraft im späteren Leben: Wer sich in jungen Jahren bei Ausdauersportarten viel bewegt, verfügt auch später mit großer Wahrscheinlichkeit über ein gut funktionierendes Gehirn und geistige Beweglichkeit. Schiere Muskelkraft, die man sich auch liegend und sitzend im Fitnesscenter antrainieren kann, bewirkt dies nicht. Die Studie ist auch deshalb bemerkenswert, weil in sie die Daten von immerhin 1,2 Millionen schwedischen Rekruten der Geburtsjahrgänge 1950–1976 eingeflossen sind.[232]

Seine eigene Antwort auf die aufgeworfenen Fragen fand schon vor über hundert Jahren Friedrich Nietzsche (1844–1900) in seiner autobiographischen Schrift *Ecce Homo*. Darin riet der Philosoph allen, die üppige Geistesfrüchte ernten wollen: «So wenig wie möglich sitzen, keinem Gedanken Glauben schenken, der nicht im Freien geboren ist und bei freier Bewegung, in dem nicht auch die Muskeln ein Fest feiern.» Sitzfleisch sei die «eigentliche Sünde wider den heiligen Geist» und «nur die *ergangenen* Gedanken» seien von Wert. Erstaunliche Worte! Dabei war Nietzsche gar kein Hirnforscher.

8. Schlussendlich:
Weshalb es uns in die Ferne zieht ...

Wir haben mit einem Urlaubsstrand begonnen, und also hören wir auch damit auf. Oder besser mit der Frage, warum wir überhaupt unsere Heimat, zumindest aber unseren vertrauten Wohnort, möglichst jedes Jahr verlassen, um in die Ferien zu fahren, manche Leute sogar mehrmals. Fliehen wir dabei wirklich nur vor dem in Deutschland angeblich so miesen Wetter, worauf der 2003 verstorbene Kölner Soziologe Erwin Kurt Scheuch anspielte, als er einmal sagte: «Auf Reisen suchen viele Deutsche eigentlich nicht das fremde Land, sondern Deutschland mit Sonne»?[233] Der Wahrheit kommt näher, dass wir es daheim auf Dauer schlicht nicht aushalten. Der Mensch empfinde «die beengenden Räume als einen Druck, der ihn quält; er sucht sie zu sprengen und in die befreiende Weite vorzustoßen», schrieb der Philosoph Otto Friedrich Bollnow schon vor 50 Jahren, als es Billigflüge noch lange nicht gab. Nicht umsonst heißt es in Volksliedern oder Märchen, jemand wolle *in die weite Welt hinaus.*[234] Dorthin konnte man, nach einem Reklamespruch aus dem Jahr 1958, mit Zigaretten der Marke Peter Stuyvesant ziehen, indem man den «Duft der großen weiten Welt» inhalierte. Glimmstängel werden seit jeher mit dem Versprechen verkauft, sie böten mit jedem Zug ein Stück mehr Freiheit.

Und die weite Welt? Sie lockt noch immer. Touristen sowieso, aber bis in unsere Tage auch junge Zimmerleute oder Handwerksburschen, wenn sie nach Abschluss ihrer Lehre auf die Walz gehen. Unterwegs auf erfahrungsträchtiger Wanderschaft, wird solch ein Nachwuchshandwerker als *Fremder* oder *Fremdgeschriebener* bezeichnet. Doch hier hat sich Entscheidendes geändert: Wer früher in die Fremde zog, der brauchte Mut, denn dort war nichts – oder doch nur wenig – Vertrautes. Heute ist die Welt ein globales Dorf, und selbst wer 10 000 Kilometer weit reist, kann seine Lieblingspizza mümmeln oder die vertraute Biermarke süffeln.

Anders verhält es sich mit der Ferne, die stets etwas Verlockendes haben wird. Denn die Ferne bleibt auf ewig ein Ort der Sehnsucht, was im *Fernweh* wortwörtlich zum Ausdruck kommt. «Im Unterschied zur Fremde, die dem Menschen durchaus real erreichbar ist und in der er sich auch gegen seinen Willen befinden kann, kann der Mensch nie in der Ferne sein», urteilte Bollnow. «Sie weicht, wie der Horizont, vor ihm zurück, wenn er sich nähern will.» Allein der Mensch suche in der Ferne etwas, was ihm die Heimat nicht bieten kann; für ein Tier hingegen könne es «keine Sehnsucht in die Ferne geben; denn es ist in seiner Umwelt geborgen, es wurzelt fest in seiner Heimat und nimmt diese mit sich, selbst wenn es große Entfernungen auf der Erde zurücklegt». Nur der Mensch sei «der Heimatlosigkeit ausgesetzt», und darum gebe es nur für ihn eine «echte Ferne».[235] Die Seefahrer Kolumbus und James Cook wussten das, der Naturforscher Alexander von Humboldt natürlich auch, und der Pauschaltourist ahnt es bis heute.

Quellen und Anmerkungen

1   *Süddeutsche Zeitung* vom 17.5.2010

2   Die Idee zum Strandbeispiel geht auf folgendes Lehrbuch aus meinem Studium zurück: Peter Haggett: «Geographie. Eine moderne Synthese», 1983, UTB Große Reihe, S. 29 ff.

3   Charles Widmer: «Über die Romantik der Wegspur, den Weginstinkt und das Verirren», in: Jahrbuch des Schweizer Alpenclub, 1919, S. 149–168

4   Antje Flade: «Architektur – psychologisch betrachtet», 2008, Verlag Hans Huber, S. 16

5   *Schweizerische Depeschenagentur* (sda), 4.7.2012, und Online-Video der *Aargauer Zeitung* vom 5.7.2012: www.aargauerzeitung.ch/solothurn/kanton-solothurn/nach-kuh-attacke-auf-dem-weissenstein-wie-sich-wanderer-verhalten-sollten-124793567, Zugriff am 29.11.2012

6   *Der Tagesspiegel* vom 12.11.2007: www.tagesspiegel.de/weltspiegel/messerstecherei-toedlicher-streit-um-parkplatz/1094218.html, Zugriff am 10.7.2012

7   *Augsburger Allgemeine* vom 31.3.2012 und N24: www.n24.de/news/newsitem_5965057.html, Zugriff am 10.7.2012

8   Joachim Bauer: «Schmerzgrenze. Vom Ursprung alltäglicher und globaler Gewalt», 2011, Blessing Verlag, S. 10

9   A.a.O., S. 49

10 Manfred Stelzig: «Was die Seele glücklich macht. Das Einmaleins der Psychosomatik», 2009, Ecowin Verlag, S. 68

11 Pressemitteilung des Instituts zur Zukunft der Arbeit (IZA) vom 25.7.2012; zur Studie: David Johnston, Wang-Sheng Lee: «Extra Status and Extra Stress: Are Promotions Good for Us?», IZA Discussion Paper No. 6675, Studie im Netz unter: http://ftp.iza.org/dp6675.pdf

12 Angela Schönberger: «Die neue Reichskanzlei von Albert Speer. Zum Zusammenhang von nationalsozialistischer Ideologie und

Architektur», 1981, Gebr. Mann Verlag; zugleich: Berlin, Freie Universität, Dissertation, 1978

13   Antje Flade: «Architektur – psychologisch betrachtet», 2008, Verlag Hans Huber, S. 173

14   Ebd.

15   A.a.O., S. 176

16   Tom Schmitt, Michael Esser: «Statusspiele. Wie ich in jeder Situation die Oberhand behalte», 2012, Fischer Verlag

17   www.forbes.com / profile / michael-otto, Zugriff am 27. 6. 2012

18   Arthur Schopenhauer: «Die Kunst zu beleidigen», 2008 (3. Aufl.), Verlag C. H. Beck, S. 85 f. Die Parabel trägt den Titel «Die Stachelschweine».

19   Graham Brown: «Claiming a corner at work: Measuring employee territoriality in their workspaces», in: *Journal of Environmental Psychology*, Band 29, Ausgabe 1, März 2009, S. 44–52

20   *Süddeutsche Zeitung* vom 31. 8. 2012

21   Kemal Yildirim; Aysu Akalin-Baskaya; Mine Celebi: «The effects of window proximity, partition height, and gender on perceptions of open-plan offices», in: *Journal of Environmental Psychology*, Band 27, Heft 2, 2007, S. 154–165

22   *Psychologie heute*, 8 / 2009, S. 14

23   Infos zum Projekt unter: www.office21.de

24   *Süddeutsche Zeitung* vom 3. 8. 2012, *Welt am Sonntag* vom 5. 8. 2012 und *n-tv* (online) vom 4. 9. 2012

25   Pinar Dinc: «Gender (in)difference in private offices: A holistic approach for assessing satisfaction and personalization», in: *Journal of Environmental Psychology*, Band 29, Heft 1, 2009, S. 53–62

26   Vgl. auch: Jochen Mai: «Schutzmarke – Wie Frauen und Männer ihr Büro markieren», in: *die karrierebibel*, 2. 9. 2011: http: // karrierebibel. de / schutzmarke-%E2%80%93-wie-frauen-und-manner-ihr-buro-markieren, Zugriff am 13. 1. 2013

27   Internetangebot Peter Modlers, www.drmodler.de

28 *Süddeutsche Zeitung* vom 28./29. 4. 2012

29 Zitiert nach: Jürgen Brater: «Wir sind alle Neandertaler. Warum
    der Mensch nicht in die moderne Welt passt», 2009, Piper Verlag,
    S. 142 ff.

30 Vgl. Volker Kitz; Manuel Tusch: «Psycho? Logisch! Nützliche
    Erkenntnisse der Alltagspsychologie», 2011, Heyne Verlag, S. 257 ff.

31 Thilo Eisenhardt: «Mensch und Umwelt. Die Wirkungen der
    Umwelt auf den Menschen», 2008, Verlag Peter Lang, S. 91

32 A. a. O., S. 95

33 Flade, a. a. O., S. 124

34 Eisenhardt, a. a. O., S. 90; Zitat orthographisch korrigiert

35 Eisenhardt, a. a. O., S. 95

36 Vgl. Samy Molcho: «Umarme mich, aber rühr' mich nicht an: Die
    Körpersprache der Beziehungen. Von Nähe und Distanz», 2009,
    Ariston Verlag, S. 63 f.

37 Werner Stangl: «Lexikon für Psychologie und Pädagogik», http://
    lexikon.stangl.eu/3680/territorialverhalten; Zugriff am 22. 6. 2012

38 Rainer Brämer: «Auf Nummer Sicher gehen. Archaische Verhaltens-
    muster beim Wandern», in: «Wandern als Natur- und Selbsterfah-
    rung – Studien zum sanften Natursport», 5/2005

39 *Süddeutsche Zeitung* vom 24./25. 11. 2012

40 Flade, a. a. O., S. 124

41 Information der Hochgrat-Klinik Wolfsried: www.hochgrat-klinik.
    de/therapie/therapeutische-angebote-bonding.php, Zugriff am
    29. 7. 2012

42 Stefanie Stahl: «Jein! Bindungsängste erkennen und bewältigen»,
    8. Auflage 2012, Ellert & Richter Verlag, S. 63 f.

43 Ebd.

44 Vgl. Hellbrück/Kals, a. a. O., S. 79

45 Eisenhardt, a. a. O., S. 90

46 Vgl. Hellbrück/Kals, a. a. O., S. 79

47 Flade, a. a. O., S. 126

48 «Oxytocin hält Flirtende auf Distanz», Pressemitteilung der
    Universität Bonn vom 15. 11. 2012. Siehe auch: Dirk Scheele et al.:
    «Oxytocin Modulates Social Distance between Males and Females»,
    in: *The Journal of Neuroscience*, 14. 11. 2012, 32(46): 16074–16079;
    doi:10 1523 / JNEUROSCI.2755–12 2012

49 E-Mail-Auskunft von DB-Sprecher Jürgen Kornmann, Leiter Kom-
    munikation Personenverkehr, 15. 6. 2012

50 www.hsv.de / saison / meldungen-saison / bundes-
    liga / 2012 / juli / berg-werde-hart-fuer-einen-stammplatz-arbeiten;
    rp-online, 1. 8. 2012; www.sport1.de / de / fussball / fussball_bundes-
    liga / newspage_591 364.html, Zugriff für alle drei am 9. 8. 2012

51 Eisenhardt, a. a. O., S. 228

52 Kauka Comic, Nr. 8, 1970, «Rangelei um rote Rosen»

53 «Guter Nachbar, böser Nachbar. Die Psychologie der ungewollten
    Nähe», in: *GEO*, 8 / 2012, S. 116

54 *Psychologie heute*, 10 / 2012, S. 64

55 Jan Philipp Reemtsma: «Nachbarschaft als Gewaltressource»,
    in: *Eurozine*, 2. 11. 2005; zuerst veröffentlicht in: *Mittelweg 36*,
    Heft 5 / 2004

56 Brämer bezeichnet seine Begründung für das Voranschreiten der
    Männer zwar als «Spekulation»; das Phänomen als solches bestätige
    sich aber «immer wieder», so auch in der «Profilstudie Wandern»
    der Marburger Beratergruppe «Projekt-Partner Wandern» (PPW).

57 Jürgen Warneken; Christiane Pyka; Franziska Roller: «Großstadt-
    kompetenz – Orientierungswissen und Orientierungspraxis von
    Frauen aus dem städtischen und dem ländlichen Raum», 1999,
    Universität Tübingen, zitiert nach: *Psychologie heute*, 11 / 2000

58 Ulrich Weidmann: «Transporttechnik der Fußgänger», 1992, in:
    Schriftenreihe des Instituts für Verkehrsplanung und Transportsys-
    teme der ETH Zürich, Nr. 90, S. 44

59 «Später» erschien als Teil des kompilierten Albums «Bis hierher
    und weiter» aus dem Jahr 1988.

60 Eine gründliche Diskussion möglicher Ursachen der geschlechts-
spezifischen Orientierungsgabe, wenn auch auf Englisch, findet sich
hier: Catherine M. Jones; Victoria A. Braithwaite; Susan D. Healy:
«The Evolution of Sex Differences in Spatial Ability», 2003, in: *Beha-
vioral Neuroscience*, Band 117, Nr. 3, S. 403–411; im Netz einsehbar
unter: http://anthro.vancouver.wsu.edu / media / Course_files / anth-
395-nicole-hess / jones-et-al-2003-the-evolution-of-sex-differences-in-
spatial-ability_1.pdf

61 Israel Abramov et al.: «Sex & vision I: Spatio-temporal resolution»
und «Sex and vision II: color appearance of monochromatic lights»,
beide in: *Biology of Sex Differences*, 2012, 3:20, doi:10 1186 / 2042-6410-
3-20 bzw. 2012, 3:21 doi:10 1186 / 2042-6410-3-21, vgl. auch: *Süddeutsche Zeitung* vom 4. 9. 2012

62 Doris Bischof-Köhler, «Von Natur aus anders. Die Psychologie der
Geschlechterunterschiede», 2011 (4. Aufl.), Kohlhammer Verlag,
S. 150

63 Bischof-Köhler, a. a. O., S. 148

64 Siehe dazu auch: Bischof-Köhler, a. a. O., S. 218

65 Markus Hausmann: «Sex oder Gender? Neurobiologie kognitiver
Geschlechtsunterschiede», in: Gottfried Magerl; Reinhard Neck;
Christiane Spiel (Hrsg.): «Wissenschaft und Gender», 2011, Böhlau
Verlag, S. 58

66 Bischof-Köhler, a. a. O., S. 218

67 Hausmann, a. a. O., S. 72

68 Bischof-Köhler, a. a. O., S. 217

69 Hausmann, a. a. O., S. 65

70 Warneken; Pyka; Roller, a. a. O.

71 Bischof-Köhler, a. a. O., S. 260

72 Bischof-Köhler, a. a. O., S. 263 f.

73 Dazu müsste man eine ausreichend große Zahl männlicher und
weiblicher Säuglinge von denselben Eltern nach einem wissenschaftlich festgelegten, geschlechtsneutralen Plan erziehen lassen

und regelmäßigen Tests in der freien Landschaft unterziehen – schon vom Ansatz her unvorstellbar. Der Biopsychologe Markus Hausmann hält es für äußerst waghalsig und «unseriös», auf Basis der wenigen klaren Befunde zur räumlichen Orientierung beider Geschlechter Aussagen darüber zu treffen, ob Männer oder Frauen sich in Wald, Stadt und Flur besser orientieren können. Umso mehr, als die gängigen abstrakten Tests viel zu praxisfern sind, um zu überprüfbaren Ergebnissen zu gelangen. Wer Rotationsaufgaben geschickt bewältigt, muss deshalb noch lange kein guter Scout sein. Und ob Frauen, die sich auf einem Zettel die Position etlicher aufgemalter Symbole gut merken können, wirklich findige Sammlerinnen von Früchten und Nüssen wären, lässt sich ebenfalls nicht sagen. Vor allem aber ist der Einfluss der Biologie von dem der Eltern und der Gesellschaft selbst bei Experimenten mit Kleinkindern schwer zu trennen.

74 Jan L. Souman et al.: «Walking straight into circles», *Current Biology*, 2009, S. 1538–1542; doi:10 1016/j.cub.2009.07.053

75 «Warum wir im Kreis gehen, wenn wir uns verirren», Presse-Info des Max-Planck-Instituts für biologische Kybernetik vom 20.8.2009

76 Mündliche Auskünfte Günter Bachs vom rheinland-pfälzischen Landesamt für Vermessung und Geobasisinformation sowie Dieter Ahrendts von der Bayerischen Vermessungsverwaltung am 6.11.2012

77 www.verlaufen.com, Zugriff am 6.11.2012

78 Flade, a.a.O., S. 96

79 Carlson, L., et al.: «Getting lost in buildings», 2010, *Current Directions in Psychological Science*, 19(5), S. 284–289, und *Seattle Post-Intelligencer*: http://www.seattlepi.com/ae/article/On-Architecture-How-the-new-Central-Library-1 232 303.php?source=mypi, Zugriff am 14.8.2012

80 Christian Jarrett: «Is there a psychologist in the building? », in: *The Psychologist*, 2006, Band 19, Teil 10

81 *Psychologie heute,* 7 / 2011, S. 12

82 *Bild der Wissenschaft* vom 13. 7. 2010, www.wissenschaft.de / wissenschaft / hintergrund / 311 419.html?page=1, Zugriff am 2. 11. 2012

83 Ebd.

84 Hellbrück / Kals, a. a. O., S. 19 f.

85 *Süddeutsche Zeitung* vom 24. / 25. 11. 2012

86 Otto Friedrich Bollnow: «Mensch und Raum», 1994 (7. Aufl.), S. 143

87 *Süddeutsche Zeitung* vom 10. 9. 2012. Zitiert wird dort Ali Masarwah vom Investment-Analysehaus Morningstar.

88 Thomas Brudermann: «Massenpsychologie: Psychologische Ansteckung, kollektive Dynamiken, Simulationsmodelle», 2010, Springer Verlag

89 Erwin-Josef Speckmann; Jürgen Hescheler; Rüdiger Köhling (Hrsg.): «Physiologie», 2008 (5. Aufl.), Urban & Fischer Verlag / Elsevier, S. 593

90 Stangls Arbeitsblätter, «Energieverbrauch des Gehirns», http: // arbeitsblaetter.stangl-taller.at / news / 102 / energieverbrauch-des-gehirns, Stand: 28. 1. 2009, Zugriff am 13. 8. 2012

91 Ebd.

92 Rainer Brämer: «Auf Nummer Sicher gehen. Archaische Verhaltensmuster beim Wandern», in: «Wandern als Natur- und Selbsterfahrung – Studien zum sanften Natursport», 5 / 2005

93 Die «Neuen 7 Weltwunder» wurden 2007 in Lissabon ausgerufen, auf etwas fragwürdige Weise, indem man ein Jury-Votum mit etwa hundert Millionen Stimmen kombinierte, die via Internet oder per Telefon abgegeben werden konnten. Freilich nur, sofern man Zugang dazu hatte, was Menschen in Industrieländern bevorzugte.

94 Dirk Helbing; Pratik Mukerji: «Crowd disasters as systemic failures: Analysis of the Love Parade Disaster», in: *EPJ Data Science*, 2012, 1:7 (25. 6. 2012). Andere Quellen sprechen von 64, 66, 76 oder auch von über 80 Zugängen. Im Buch verwendet wird die Angabe des römischen Touristen-Büros, nämlich 80. Siehe unter: www.rome.info / colosseum

95 WDR-*Servicezeit* vom 23. 1. 2012, www.wdr.de / tv / servicezeit / sen-
    dungsbeitraege / 2012 / kw04 / 0123 / 01_flucht.jsp, Zugriff am
    6. 9. 2012

96 Uwe Gieler: «Die Sprache der Haut. Das Wechselspiel von Körper
    und Seele», 2006, Patmos Verlag, S. 24 f.

97 Walter Schmidt: «Dicker Hals und kalte Füße. Was Redensarten
    über Körper und Seele verraten – Eine heitere Einführung in die
    Psychosomatik», 2011, Gütersloher Verlagshaus, S. 58

98 Chad R. Mortensen: «Infection Breeds Reticence: The Effects of
    Disease Salience on Self-Perceptions of Personality and Behavioral
    Avoidance Tendencies», in: *Psychological Science*, März 2010, 21:
    S. 440–447

99 *Psychologie heute*, 9 / 2010, S. 56 f.

100 Kitz; Tusch, a. a. O., S. 207 ff.

101 Vgl. Paul R. Amato: «Helping behavior in urban and rural environ-
    ments: Field studies based on taxonomic organization of helping
    episodes», in: *Journal of Personality and Social Psychology*, 45, 1983,
    S. 571–586

102 Eisenhardt, a. a. O., S. 91

103 Luther-Bibel von 1912, Buch Hiob 7,13, zitiert nach: http://www.
    bibel-online.net / buch / luther_1912 / hiob / 7, Zugriff am 30. 7. 2012.
    Die eigentlichen Hiobsbotschaften waren übrigens Unglücksnach-
    richten seines Knechts an Hiob (Ijob) selber.

104 Bollnow, a. a. O., S. 168

105 Bollnow, a. a. O., S. 277 und 153

106 *Süddeutsche Zeitung* vom 5. / 6. 1. 2013

107 Bollnow, a. a. O., S. 230, 236 und 238

108 www.vital.de / artikel / schlafen-sie-gut, Juni 2012, Zugriff am
    4. 7. 2012, sowie persönliche telefonische Auskunft des Schlafmedi-
    ziners Jürgen Zulley

109 Matthias Spörrle; Jennifer Stich: «Sleeping in Safe Places: An
    Experimental Investigation of Human Sleeping Place Preferences

from an Evolutionary Perspective», in: *Evolutionary Psychology*, 8(3), 2010, S. 405–419, und: Matthias Spörrle; Jennifer Stich: «I want (my) children to sleep in a safe place: Experimental analysis of human sleeping site preferences from an evolutionary point of view», 2008. International Congress of Psychology, 20.–25. 7. 2008, Berlin; veröffentlicht in: *International Journal of Psychology*, 3 / 4, 43, 2008, S. 119; vgl. auch: *Psychologie heute*, 2 / 2011, S. 13

110 Brämer, a. a. O.

111 Ebd.

112 Speckmann; Hescheler; Köhling (Hrsg.), a. a. O., S. 81

113 *Süddeutsche Zeitung* vom 12. 10. 2006

114 Brämer, a. a. O.

115 Alle Zitate aus: *Psychologie heute*, 10 / 2009, S. 41 ff.

116 Flade, a. a. O., S. 153

117 Walter Schmidt: «Morgenstund ist ungesund. Unsere Sprichwörter auf dem Prüfstand», 2012, Rowohlt Verlag, S. 49

118 Schmidt, «Morgenstund», S. 50

119 Studie «Mobilität in Deutschland», 2008, im Auftrag des Bundesministeriums für Verkehr, Bau und Stadtentwicklung

120 Birgit Wallmann; Ingo Froboese (Zentrum für Gesundheit [ZfG] der Deutschen Sporthochschule Köln): «Es muss gar nicht soviel sein! Schon 3000 Schritte mehr am Tag senken Cholesterinwerte!», Presseinfo des ZfG vom 1. 1. 2009; s. auch: http://wanderforschung. de / files / schritte1 232 542 960.pdf, Zugriff am 13. 2. 2013

121 Robert-Koch-Institut, «Erste Ergebnisse aus der ‹Studie zur Gesundheit Erwachsener in Deutschland›», Bundesgesundheitsblatt 2012, doi: 10 1007 / s00 103-011-1504-5, S. 4 und 6. Anmerkung: Der Körper-Masse-Index (BMI) von Fettleibigen liegt bei 30 oder höher. Das liegt nur in einer Minderzahl der Fälle an einer ausgeprägten Muskulatur, die den BMI ebenfalls hochtreiben kann. Vor allem viele junge Erwachsene sind eindeutig viel zu dick. Immerhin ist der Anteil Übergewichtiger gegenüber einer vergleichbaren Umfrage des RKI

zum Gesundheitszustand der Bundesbürger aus dem Jahr 1998 nicht gestiegen; auch 2012 wiesen 67,1 Prozent der Männer und 53 Prozent der Frauen einen BMI von über 25 auf. Das Auftreten von Übergewicht «scheint sich in den letzten Jahren auf einem hohen Niveau eingependelt zu haben», bemängelt das RKI. Zwar bewegen sich die Befragten eigenem (!) Bekunden nach etwas mehr als früher, doch «erreichen immer noch vier Fünftel der Erwachsenen nicht die von der WHO für einen gesundheitlichen Nutzen empfohlene Aktivitätszeit von 2,5 Stunden wöchentlich».

122 Vgl. Regina Guthold et al.: «Physical Activity and Sedentary Behavior Among Schoolchildren: A 34-Country Comparison». In: *The Journal of Pediatrics*, Band 157, Heft 1, S. 43–49. e1, Juli 2010

123 Eine US-Studie aus dem Jahr 2012 kratzt gehörig an dieser gängigen Sichtweise. Der Anthropologe Herman Pontzer vom New Yorker Hunter College bezweifelt die herrschende Lehrmeinung, heutzutage seien viele Menschen vor allem deshalb so dick, weil sie sich zu wenig bewegen und auch sonst viel weniger Muskelarbeit verrichten als unsere frühen Vorfahren. Pontzer und andere maßen den täglichen Kalorien- und Sauerstoffverbrauch von 30 Angehörigen des Hadza-Volks in Nord-Tansania, das noch heute als Jäger-und-Sammler-Kultur lebt und damit sehr wahrscheinlich in etwa so, wie die Menschen im späten Eiszeitalter vor etwa 12 000 Jahren. Überraschenderweise unterscheidet sich der Stoffwechsel der schlanken und sehnigen Hadza kaum von dem der Bewohner westlich geprägter Industrieländer, und dies obwohl die urtümlich lebenden Afrikaner sich deutlich mehr bewegen als Menschen in Deutschland, den USA oder Japan. Es scheint, als beeinflusse die täglich zurückgelegte Wegstrecke den Gesamtenergieverbrauch nur unwesentlich, auch wenn dies sonderbar anmutet. Dabei sind die Hadza Tag für Tag allesamt gut unterwegs: Ein Mann legt auf der Suche nach jagdbarem Wild oder energiereichem Honig durchschnittlich 11,4, eine Hadza-Frau beim Sammeln von essbaren Wurzeln und Früchten immerhin noch 5,8 Kilometer

zu Fuß zurück. Das ist weniger, als bei den traditionell-landwirt-schaftlich lebenden Amish-Leuten in Pennsylvania gemessen wurde, aber deutlich mehr als bei typischen Menschen in Industriestaaten. Pontzer vermutet, dass unser Gesamtenergieverbrauch pro Tag – über alle Kulturen hinweg – viel stärker genetisch festgelegt ist als bisher vermutet. Übergewicht und Fettleibigkeit wären demnach viel eher die Folgen davon, dass wir heute zu viele verarbeitete Lebensmittel und Fertignahrung mit hoher Energiedichte verzehren. Trotzdem spricht sich Pontzer für ausreichend tägliche Bewegung aus, da sie viele Zivilisationskrankheiten verhindern könne und Übergewichtigen helfe, abzunehmen und ihr Zielgewicht dann beizubehalten. Quelle: Herman Pontzer et al.: «Hunter-Gatherer Energetics and Human Obesity». In: *PLoS One* 7(7), e40 503. doi:10 1371 / journal. pone.0 040 503, online veröffentlicht am 25. 7. 2012

124 «The Pedometer Test: Americans Take Fewer Steps», *The New York Times* vom 19. 10. 2010, http://well.blogs.nytimes. com / 2010 / 10 / 19 / the-pedometer-test-americans-take-fewer-steps, Zugriff am 16. 7. 2012; zitiert wird aus einer Studie in: *Medicine & Science in Sports & Exercise*, October 2010, Band 42, Heft 10, S. 1819–1825, doi: 10 1249 / MSS.0b013e3181dc2e54. Die Daten zu den Amischen stammen aus: *Medicine & Science in Sports & Exercise*, Band 36, Heft 1, S. 79–85, 2004

125 *Süddeutsche Zeitung* vom 7. 11. 2012

126 John Thyfault et al.: «Lowering physical activity impairs glyce-mic control in healthy volunteers», in: *Medicine & Science in Sports & Exercises*, February 2012, Band 44, Heft 2, S. 225–231; doi: 10 1249 / MSS.0b013e31822ac0 c0

127 «Why It's So Important to Keep Moving», *The New York Times*, 29. 2. 2012, http://well.blogs.nytimes.com / 2012 / 02 / 29 / why-its-so-important-to-keep-moving, Zugriff am 16. 7. 2012

128 Internetangebot von Dipl.-Ing. Johannes Windt, http://www. frischer-windt.de / gartenwege-weggestaltung-planung.htm

129   Flade, a. a. O., S. 115

130   Flade, a. a. O., S. 77

131   Dirk Helbing et al.: «Modelling the evolution of human trail systems», in: *Nature* 388, S. 47–50 (Ausgabe vom 3. 7. 1997), doi:10 1038/40 353

132   http://www.ankowitsch.de/news/34, 14. 8. 2010; Website von Christian Ankowitsch. Das Interview mit Dirk Helbing erschien gekürzt im Magazin der *Süddeutschen Zeitung*, Heft 32, 2010

133   Vgl. Wegeordnung für die Provinz Westpreußen vom 27. 9. 1905. In: Gesetz-Sammlung für die Königlich-Preußischen Staaten, Bd. VII, 1900–1906, S. 682

134   Heiner Monheim; Rita Monheim-Dandorfer: «Straßen für alle. Analysen und Konzepte zum Stadtverkehr der Zukunft», 1990, Verlag Rasch und Röhring, S. 180 f.

135   Harald Bodenschatz: «Lob der Hauptstraße», in: *Deutsches Architektenblatt*, 9/2012, S. 22

136   Studie «Mobilität in Deutschland 2008», Ergebnisbericht 2010 im Auftrag des Bundesministeriums für Verkehr, Bau und Stadtentwicklung; befragt wurden etwa 61 000 Personen und 50 000 Haushalte

137   Richard Wrangham: «Feuer fangen. Wie uns das Kochen zum Menschen machte – eine neue Theorie der menschlichen Evolution», 2009, DVA, S. 163

138   Wrangham, a. a. O., S. 155 f. und 148

139   Wrangham, a. a. O., S. 151 f.

140   Wrangham, a. a. O., S. 164

141   Hellbrück/Kals, a. a. O., S. 21. Kleine Grammatik- und Satzbaufehler im Originalzitat wurden zur besseren Verständlichkeit korrigiert.

142   Brämer, a. a. O.

143   Kluge – Etymologisches Wörterbuch der deutschen Sprache, bearbeitet von Elmar Seebold, Berlin, New York 1999 (23. Aufl.), S. 317

144   Zitiert in: Gaston Bachelard: «Poetik des Raumes», 1987, Fischer Verlag, S. 104 f.

145 Bollnow, a.a.O., S. 133

146 Ulrich Weidmann: «Transporttechnik der Fußgänger», in: Schriften-
reihe des Instituts für Verkehrsplanung und Transportsysteme der
ETH Zürich, Nr. 90, 1992, S. 43 f. Nach mündlicher Auskunft Weid-
manns im Herbst 2012 sind die Tempoangaben nach wie vor gültig.

147 Robert Levine: «Eine Landkarte der Zeit. Wie Kulturen mit Zeit
umgehen», Piper Verlag, 2005 (11. Aufl.), S. 185

148 «Wir leben, wie wir laufen», Presseinformation der TU Chem-
nitz vom 13. 6. 2003. Im Netz unter: http://www.tu-chemnitz.
de/tu/presse/aktuell/2/1916, Zugriff am 15. 8. 2012. Eine Untersu-
chung in der Schweiz gelangte ebenfalls zu regionalen Unterschieden sowie zu dem Ergebnis, dass Schweizer Städter etwa 5 Kilometer pro Stunde schnell gehen; siehe dazu: «Speed of Life. Wie
schnell läuft ein Schweizer?», unveröffentlichte Gruppenarbeit bei
Professor Andreas Diekmann an der ETH Zürich vom 29. 11. 2011

149 Levine, a.a.O., S. 209

150 Volker Kitz: «Die 365-Tage-Freiheit. Ihr Leben ist zu wertvoll, um es
mit Arbeit zu verbringen», 2012, Ariston Verlag, S. 47 f.

151 Flade, a.a.O., S. 162

152 *Psychologie heute*, 8/2012, S. 79

153 Peter Spork: «Das Schlafbuch. Warum wir schlafen und wie es uns
am besten gelingt», 2007, Rowohlt Verlag, S. 66

154 Jürgen Zulley; Barbara Knab: «Unsere Innere Uhr. Natürliche Rhythmen nutzen und der Non-Stopp-Belastung entgehen», 2000, Herder
Verlag, S. 95 ff.

155 *Psychologie heute*, 12/2012, S. 40

156 Virginia Lohr: «What are the benefits of plants indoors and why do
we respond positively to them?», in: *Acta Horticulturae*, 2010, 881(2):
S. 675–682

157 Terry Hartig et al.: «Tracking restoration in natural and urban field
settings», in: *Journal of Environmental Psychology*, Band 23, 2009,
S. 109–123

158 *Psychologie heute*, 12 / 2012, S. 41

159 *Focus*, 16. 10. 2008

160 Pressemitteilung des Deutschen Jagdschutz-Verbandes vom
     12. 9. 2012

161 *Psychologie heute*, 10 / 2011, S. 36 ff.

162 Gemeinsame Pressemitteilung des Bundesumweltministeriums
     und des Bundesamtes für Naturschutz vom 28. 8. 2012. Die Studie
     fußt «auf einer repräsentativen Stichprobe von 2031 Personen aus
     der deutschsprachigen Wohnbevölkerung im Alter ab 18 Jahren, die
     alle soziodemographischen Segmente berücksichtigt und Menschen
     aus allen Regionen Deutschlands einbezieht».

163 Persönliche Auskunft Bätzings sowie http://www.aurora-magazin.
     at / gesellschaft / interview_baetzing_1_frm.htm, Zugriff am 6. 7. 2012

164 Peter Grupp: «Faszination Berg. Die Geschichte des Alpinismus»,
     2008, Böhlau Verlag, S. 36

165 Werner Bätzing: «Die Alpen. Geschichte und Zukunft einer europäi-
     schen Kulturlandschaft», 2003 (2. Aufl.), Verlag C. H. Beck, S. 14

166 Gutenberg- Projekt: http://gutenberg.spiegel.de / buch / 5457 / 1,
     Zugriff am 6. 7. 2012, und Wolf Schneider: «Die Alpen. Wildnis Alm-
     rausch, Rummelplatz», 1987 (2. Aufl.), GEO Verlag, S. 186 ff.

167 Schneider, a. a. O., S. 187

168 Johann Wolfgang Goethe: «Italienische Reise», 2009, S. Fischer Ver-
     lag, S. 16

169 Vgl. Jay Appleton: «The Experience of Landscape», 1975, Verlag John
     Wiley

170 Infos zum Konzept der Premiumwege unter www.premium-wan-
     dern.de

171 Josef Wilhelm Egger: «Naturerleben – zwischen Angst und Gebor-
     genheit». In: *Psychologie in der Medizin*, 1994, Band 5, Heft 4, Facultas
     Universitätsverlag Wien, S. 37–40

172 Ebd.

173 Johann Wolfgang Goethe: «Gesang der Geister über den Wassern»

174 Richard Reschika: «Meer, du berührst meine Seele», 2012, Gütersloher Verlagshaus, S. 67

175 Informationen des Pfahlbaumuseums, www.pfahlbauten.de / museum / fragen-pfahlbaumuseum.html, Zugriff am 5. 9. 2012

176 Speckmann; Hescheler; Köhling (Hrsg.), a. a. O., S. 531 f.

177 *Freie Presse*, 17. 5. 2012, sowie Produktbeschreibung auf der Seite http://peepee.hfg-karlsruhe.de / pages / pee-tree.htm, Zugriff am 19. 7. 2012

178 www.paruresis.org, Zugriff am 19. 7. 2012

179 Philipp Hammelstein; Britta Jäntsch; Winfried Barnett: «Paruresis. Ein bisher vernachlässigtes psychotherapeutisches Problem», in: *Psychotherapeut*, 2003, Heft 48, S. 260–263, DOI 10 1007 / s00278-003-0308-3

180 Jürgen Hellbrück; Manfred Fischer: «Umweltpsychologie. Ein Lehrbuch», 1999, Hogrefe Verlag, S. 256; zit. in: Eisenhardt, a. a. O., S. 219

181 Die Formel zum Berechnen des V-Wertes lautet: $V = (Rw + 3Rg + Re + N) \cdot K : 1000$. Dabei entspricht Rw dem Waldrand (in m / km^2), Rg dem Gewässerrand (in m / km^2), Re der sogenannten Reliefenergiezahl, N der Nutzungszahl und K dem Klimafaktor.

182 Hans Kiemstedt: «Zur Bewertung der Landschaft für die Erholung», in: *Beiträge zur Landespflege*, 1967, Stuttgart, Sonderheft 1, S. 19

183 Michael Roth: «Landschaftsbildanalyse. Entwicklungsgeschichte eines Planungsinstruments», 2004, PDF eines Vortrags: www.bfn.de / fileadmin / MDB / documents / vortrag_roth_181 004.pdf, Zugriff am 8. 8. 2012

184 Rainer Brämer: «Auf Nummer Sicher gehen. Archaische Verhaltensmuster beim Wandern», in: «Wandern als Natur- und Selbsterfahrung – Studien zum sanften Natursport», 5 / 2005

185 *Der Spiegel*, 11. 1. 1988

186 *Süddeutsche Zeitung* vom 15. / 16. 9. 2012

187 Ebd.

188 Blaise Pascal: «Pensées»,1669, S. 139, im Original: «J'ai découvert que tout le malheur des hommes vient d'une seule chose, qui est de ne savoir pas demeurer en repos dans une chambre.», zitiert nach: http://www.etudes-litteraires.com/pascal.php, Zugriff am 2. 8. 2012

189 Grupp, a. a. O., S. 363

190 Grupp, a. a. O., S. 9

191 Grupp, a. a. O., S. 15

192 *Süddeutsche Zeitung* vom 8. 11. 2012

193 Martin Schwiersch: «Gipfelgefühl», September 2012, unveröffentlichter Kurzaufsatz, daraus auch alle anderen Zitate

194 *Welt am Sonntag* vom 22. 5. 2011

195 *Der Spiegel* vom 18. 7. 2012

196 «Ja, wo fahren Sie denn?», Presseinformation der Universität Duisburg-Essen vom 21. 1. 2005

197 Magazin der *Süddeutschen Zeitung*, Heft 38 vom 23. 9. 2012

198 Wijnand van Tilburg; Eric Igou: «On boredom: Lack of challenge and meaning as distinct boredom experiences», in: *Motivation and Emotion*, Juni 2012, Band 36, Heft 2, S. 181–194, doi 10 1007 / S11 031-011-9234-9

199 *Psychologie heute*, 7 / 2012. S. 40 ff. Alle Zitate aus diesem Interview Jochen Metzgers mit Miro Gronau

200 Christopher Hsee et al.: «Idleness aversion and the need for justifiable busyness», in: *Psychological Science*, Band 21, Heft 7, 2010, S. 926–930

201 Flade, a. a. O., S. 184 f.

202 Richard Hillmann; Charles Brooks; Jean O' Brien: «Differences in self-esteem of college freshmen as a function of classroom seating-row preference», in: *Psychological Record*; Sommer 1991, Band 41, Heft 3, S. 315–320. zit. in: Flade, a. a. O., S. 184 und 310

203 Flade, a. a. O., S. 184 f.

204 Ebd.

205 Michael C. Donaldson: «Erfolgreich Verhandeln für Dummys. So

werden Verhandlungen zum Gewinn», 2008 (4. Aufl.), Wiley-VHC
Verlag, S. 62

206 Ebd.

207 Robert Greene: «Power. Die 48 Gesetze der Macht», 2002 (2. Aufl.),
dtv, S. 100 f.

208 Hellbrück / Kals, a. a. O., S. 81

209 Nevill, A. M., Holder, R. L.: «Home advantage in sport: an overview of
studies on the advantage of playing at home», 1999, *Sports Medicine*,
28(4), S. 221–236; oder auch: Niels van de Ven: «Supporters are not
necessary for the home advantage: Evidence from same-stadium der-
bies and games without an audience», 2011, *Journal of Applied Social
Psychology*, 41(12), S. 2785–2792

210 Hellbrück / Kals, a. a. O., S. 81

211 Peter Kappeler: «Verhaltensbiologie», 2012 (3. Aufl.), S. 182

212 Zit. in: Bollnow, a. a. O., S. 298 f.

213 Kappeler, a. a. O., S. 183

214 Ebd.

215 Daniel Kahneman; Jack L. Knetsch; Richard H. Thaler: «Anomalies:
The Endowment Effect, and Status Quo Bias», in: *Journal of Economic
Perspectives*, Band 5, Nummer 1, Winter 1991, S. 193–206, und *Psycho-
logie heute*, 12 / 2009, S. 34 f.

216 Neave, N.; Wolfson, S.: «Testosterone, territoriality, and the ‹home
advantage›», 2003, in: *Physiology and Behavior*, 78, S. 269–275

217 Kappeler, a. a. O., S. 185

218 *Die Welt*, 17. 3. 2012 sowie: Gabriel A. Radvansky; Sabine A. Krawietz;
Andrea A. Tamplin: «Walking through doorways causes forgetting:
Further explorations», in: *The Quarterly Journal of Experimental Psy-
chology*, 2011, 64 (8): S. 1632–1645

219 Mehdi Moussaïd et al.: «The Walking Behaviour of Pedestrian Social
Groups and Its Impact on Crowd Dynamics», in: *PLoS ONE*, 2010,
5(4): e10047; doi:10 1371 / journal.pone.0010047

220 «Secret of Annoying Crowds Revealed», in: *Science Now*, 7. 4. 2010

221 Alzheimer Forschung Initiative e. V., http://www.alzheimer-forschung.de / alzheimer-krankheit / vorbeugen.htm#Bewegung, Zugriff am 11. 9. 2012

222 *Focus* vom 3. 9. 2008, sowie: «Körperliche Fitness und Demenz», siehe unter: Alzheimer Forschung Initiative e. V., www.alzheimer-forschung.de / alzheimer-krankheit / aktuelles.htm?showid=2831&archivemode=1&archiveyear=2009, Zugriff am 11. 9. 2012

223 Vgl. dazu: Walter Schmidt, «Morgenstund», a. a. O., S. 47 ff.

224 Wilhelm Schmid: «Mit sich selbst befreundet sein. Von der Lebenskunst im Umgang mit sich selbst», 2007, Suhrkamp Verlag, Seite 218 f.

225 «Bewegung inspiriert», Scienceticker, 12. 5. 2009, www.science-ticker.info / 2009 / 05 / 12 / bewegung-inspiriert, Zugriff am 11. 9. 2012

226 *Psychologie heute*, 1 / 2011, S. 78

227 Svenja Flaßpöhler: «Gedankengänge», in: *Psychologie heute*, 8 / 2007

228 Ebd.

229 Walter Schmidt, «Dicker Hals», a. a. O., S. 210 f.

230 Lynden Miles et al.: «Moving through time», in: *Psychological Science*, OnlineFirst, 8. 1. 2010, doi:10 1177 / 0 956 797 609359 333

231 Siehe z. B.: Gerd Kempermann et al.: «Why and how physical activity promotes experience-induced brain plasticity», 2010, in: *Frontiers in Neuroscience*, Band 4, Artikel 189, doi: 10 3389 / fnins.2010 00189, sowie: Lövdén, M. et al. (2012): «Spatial navigation training protects the hippocampus against age-related changes during early and late adulthood», in: *Neurobiology of Aging*, 33 (3), 620. e9–629. e22. doi: 10 1016 / j.neubiolaging.2011. 02. 013

232 M. A. Aberg et al.: «Cardiovascular fitness is associated with cognition in young adulthood», 2009, in: *Proc. Natl. Acad. Sci. U. S. A.* 106, S. 20906–20911

233 *Spiegel online*, 27. 12. 2008

234 Bollnow, a. a. O., S. 89

235 Bollnow, S. 93 f.